日米戦争を策謀したのは誰だ！

ロックフェラー、ルーズベルト、近衛文麿そしてフーバーは——

林 千勝

WAC

プロローグ——なぜ、人類は戦争をするのか

私が最も尊敬するアメリカ大統領は第三十一代ハーバート・クラーク・フーバー（任期一九二九年三月～一九三三年三月）です。残念ながらご当地アメリカでは一九二九年の大恐慌と結びついたイメージが強くて依然として不人気です。

フーバーは大統領を退いてから、アメリカにおける「平和」運動の代表者として活躍します。大統領選でフーバーを破って第三十二代大統領となったフランクリン・デラノ・ルーズベルトはアメリカを「戦争」に巻き込もうと企《たくら》みます。フーバーたち「戦争」を嫌い「平和」を維持しようとする側は、結局のところ、ルーズベルトたち「戦争」を企む側に敗れ、日米戦争、第二次世界大戦という空前の惨事を招きます。アメリカ国民は全く参戦を望んでいなかった日米戦争、第二次世界大戦に引きずり込まれたのです。

私はこれを「平和」が「戦争」に負けた結果、と表現します。なぜ「平和」は「戦争」に負けたのか？——このことを深く掘り下げて探求することが本書の狙いです。

そもそも、なぜ、人類は戦争をしなければならないのか？　我々の日常の営みからは「戦争をしよう」という発想は生まれません。どの国の人々も戦争は嫌だし避けるべきだと思っていま

す。余程の特別な理由がない限り戦争は起こりにくいのです。ましてや当時のアメリカの世論は「ヨーロッパで再び始まった戦争に、今度こそ絶対に関わるべきではない」という強固な意志を有していました。日本の指導者たちや軍の上層部にしても「小国日本が大国アメリカと戦争などできるわけがない」との認識で一致していました。ドイツの指導者ヒトラーもまた「大国アメリカとの戦争は断乎として避ける」と決意していたのです。日本・ドイツとアメリカの双方から戦争は否定されていました。

それなのに「なぜ、『平和』は『戦争』に負けたのか？」――「平和」の陣営と「戦争」の陣営にいる主要人物に焦点をあてて少し述べてみます。

「平和」は、アメリカにおいて無意味で有害な戦争を避けようとした勢力、第一次世界大戦の経験を深く反省し過ちを繰り返すまいとしていた良識あるアメリカ人を指します。無意味で有害な戦争を避けようとした勢力とは、フーバー前大統領（宿敵ルーズベルト大統領の前職の意でこの表記を使います）やフィッシュ、リンドバーグなどを軸とする共和党を中心とする勢力、ビーアドなどの歴史研究者・知識人、そして健全な判断力を持っていた将軍たちも含みます。フーバー前大統領が「平和」の陣営の代表であり、「平和」の天使です。

一方、「戦争」は、無意味で有害な戦争にアメリカや日本などを巻き込むべく計画し様々な策を弄《ろう》して煽り立てた悪魔のような勢力を指します。ロックフェラーなどを含めた国際金融資本家およびその傘下にある者たち、アメリカの各界に入り込んでいたソビエトやコミンテルンとつながる国際共産主義者たち、ルーズベルト大統領と彼の取り巻きたちなどもそうです。ルーズベルト大統領に「戦争」の陣営を代表させます。

昭和十六年十二月七日(現地時間)のある時刻まで「平和」の側が圧倒的に優勢でした。これはアメリカ国民への世論調査で証明されています。

それなのに、なぜ、「平和」の天使は「戦争」の悪魔に敗れたのか?

「平和」の側に打つ手はなかったのか?

「戦争」の側は周到に準備していたのか? それはいつから、どの程度なのか?

「平和」の側と「戦争」の側に圧倒的な力の差があったのか? 桁違いであったのか? それとも紙一重であったのか?

「平和」の側は迂闊《うかつ》であったのか?

更にこの「平和」と「戦争」の戦いを決着させるべく仕組まれていた舞台はどこであったのか?

ご存知のように、アメリカでは第二次世界大戦の原因究明に関する研究がかなり進んでいます。しかしながら、日米戦争に限っても、日本での研究はなかなか深まってきません。そのためか、日本側の有意な情報がアメリカの研究者に伝わることが少ないのです。このことも見逃すことができない点です。そこには我々日本人も直視し肝《きも》に銘じなければならない〝歴史の真実〟があります。

世界は今も戦争の危険と恐怖が絶えません。「なぜ、人類は戦争をしなければならないのか?」。私は、現実的な観点から平和な世界をつくる手がかりを探る試みとして、本書を世に問います。

なお、本文で引用した文献については、原文を読みやすいように現代表記に改めたり振り仮名をつけたところがあります。また、一部を除いて、引用文献をその都度明記はしていませんが、すべては、巻末の参考文献と照合できます。また、敬称は原則として省かせていただきました。

二〇一九年（平成三十一年）一月

林 千勝

日米戦争を策謀したのは誰だ！

ロックフェラー、ルーズベルト、近衛文麿　そしてフーバーは——

◉目次

装幀／須川貴弘（ＷＡＣ装幀室）

第一章

ロックフェラーの世紀

ジョン・デイヴィソン・ロックフェラー一世

「世界大戦」の惨禍

世界中の誰も「第一次世界大戦」とは呼んでいませんでした。ただ単に「世界大戦」です。誰ひとりとしてまさか再び「世界大戦」が起こるとは考えていませんでした。「第二次」は想像すらできない言葉でした。それ程「世界大戦」は人類にとってこの世のものと思われぬ惨禍を招いたのです。フーバー前アメリカ大統領は「世界大戦」終了後、「世界大戦」の惨禍、「世界大戦」後に理想が裏切られたこと、そして惨禍や裏切りを二度と繰り返してはならないことを叫びました。

「我が国が先の大戦に介入し前線で戦った期間はわずか数カ月に過ぎません。それにもかかわらず、十三万人が亡くなりました。……我が国は再び戦う必要があるかもしれない。しかし、その戦いは我が国土での戦い、つまりアメリカを防衛する場合に限られます。防衛のためには血を流すことになっても仕方がありません。世界大戦（第一次世界大戦）では、誰もが参戦を主張するようになり、結局私もそれに従ってしまいました。我々はドイツに直接攻撃されたと考えたし、和平を（他国に）強制することは可能だと信じました。戦争をやめさせるには戦争が必要だとも考えました。そうすることで自由を世界に拡散し、世界がより平和になると信じたからです。しかしその期待は裏切られたのです。裏切られた以上、同じ間違いをしてはなりません」（『裏切られた自由』）と。

アメリカが戦うのは、国土防衛の場合だけにすべきである。アメリカは平和のためと称して「世界大戦」に参戦し大きな惨禍を招いたが、このような誤りを繰り返してはならないと言っているのです。

そしてアメリカでは、このような「世界大戦」の教訓から、アメリカが二度と戦争に巻き込まれることがないよう、アメリカが参戦することがないよう、交戦国のいずれかをいささかでも刺激したり、あるいは利することを禁じた「中立法」が制定されたのです。「中立法」では、アメリカの企業・投資家・一般国民による戦争をしている国への輸出・投資・渡航・支援活動等の広範囲な行為を厳しく制限しています。

更にフーバーは、「世界大戦」後の世界（ヨーロッパ）の過ちについても批判し戒めています。

「結局、先の戦争ではヨーロッパの勝者も貧しくなった。恐ろしいほどの悲惨さと不正義を味わった。そのために復讐心が燃え上がった。敗戦国には罰を与え、植民地を奪い、賠償金を要求した。復讐心を抱えた国民を代表する政治家は、ウィルソン大統領が考えるような平和の理想に基づいた行動を取ることができなかった。和平交渉の場には、千年にもわたる憎しみと恐怖心が渦巻いた。ヨーロッパに和平を築くはずの会議にそうした感情が溢れたのである。それがヨーロッパにおける交渉の性格であったが、我が国の政治家はそうした状況にまったく不慣れだった。あの経験を踏まえればわかるように、アメリカは二十六もの異なる民族のいるヨーロッパにも、それ以外の地域にも、自由や理想を力で押しつけることはできない。（中略）そんな怪しい理想の実現のために再び若者の命を犠牲にしてはならない」（『裏切られた自由』）

「世界大戦」（第一次世界大戦）における両陣営の戦闘員および民間人の犠牲者は約千七百万人。これまでの歴史に照らして空前の犠牲者数です。「世界大戦」（第一次世界大戦）がかつて経験したことがないほどの惨禍となった原因は、戦争の総力戦化と機械化です。そしてその背景にあったのが圧倒的な力を持った新エネルギー「石油」でした。二十世紀は「石油の世紀」として始まったのです。

ところで、この第一章の冒頭および第二章から第四章までについては、意図的にフーバーの回顧録『裏切られた自由』の内容を引用しあるいはベースとして展開させています。『裏切られた自由』は前大統領としてのフーバーが、平和を護るとの決意から、戦争を企てるルーズベルト大統領との間で展開した凄まじい戦いの軌跡を綴った回顧録です。すなわち大統領経験者による〝世紀の証言〟です。フーバーは一九六四年に九十歳で死去するまで原稿を書き続けました。

彼の死後四十七年目の二〇一一年になって漸くフーバー研究所が出版にこぎつけました。この大作の原本は九〇〇頁以上に及びます。編者はハーバード大学で歴史学博士号を取得したフーバー研究の第一人者ジョージ・H・ナッシュです。

「世界大戦」の惨禍については、フーバーが『裏切られた自由』で特に力説しています。なぜ、この「世界大戦」の惨禍の記憶が生々しいアメリカ国民による圧倒的な支持を受けていた「平和」（フーバー）が「戦争」（ルーズベルト）に負けたのか？　この問いに答えるには、まずもってフーバーの〝世紀の証言〟を整理し分析することが求められます。そのことによりこの時代の「平和」VS「戦争」の闘いの詳細を把握すると同時に、「戦争」に負けた「平和」の弱点を探ることが出来るからです。国際金融資本家とルーズベルトの動きをどう捉えていたのか、自らをどう位置付けていたのか、アメリカの国内情勢や国際情勢をどう見ていたのか、海外情勢についてはどうかなどのフーバーの見方と、現実に進行していた事態とのズレを探り当てるのです。このことが「平和」敗北の原因究明につながっていきます。

ロックフェラーの世紀

さて、二十世紀は「石油の世紀」であると同時に「ロックフェラーの世紀」でありました。それまでは「ロスチャイルドの首が縦に動かなければ戦争はできぬ」と言われていましたが、第一次世界大戦（「世界大戦」）以降は「ロックフェラーの首が縦に動かぬ限り戦争に勝つことは出来ない」に替わったのです。背景には石炭から石油へのエネルギー革命がありました。「石油の一滴は血の一滴に値す」はよく耳にする言葉となりました。近代戦は機械戦であり、空軍が飛躍的に発達し、艦船の動力源としても石油が重要となりました。国際連盟がエチオピア戦争に際してイタリアに対して経済封鎖を決議したにもかかわらず石油を禁輸としなかったのは、石油を禁輸とすれば経済封鎖以上のもの、すなわちイタリアへの宣戦を意味すると解されていたからです。

第一次世界大戦が戦われていた一九一七年、イギリスの石油貯蔵量が欠乏し艦隊の行動に制約が出ました。そこで駐米大使でタイムズ紙社長のノースクリフ卿がアメリカのスタンダード石油会社社長を訪ねて、イギリスの窮状を訴え支援を仰いだのです。一方、フランスはフランスで、アメリカ大統領経由でスタンダード石油会社に救済を求めました。その結果、夥《おびただ》しい量の石油がドイツの潜水艦攻撃の危険に晒《さら》されながらも大西洋を渡り、英仏は勝利することができたのです。まさにスタンダード石油会社のおかげでした。このスタンダード石油会社を率いていたのが後述するジョン・デイヴィソン・ロックフェラー一世です。「連合国は石油の波に浮かんで勝利に流れ着いた」とは当時のイギリス政府要人の言葉です。

石炭はイギリスで豊富に産出されましたが、石油の生産はアメリカが世界を圧倒していました。世界の石油産出額は拡大し続けますが、世界の石油産出額に占める割合は、一九二七年には、アメリカ六四％、ソビエト一四％、蘭領東インド三％、イラン二％。一九三四年には、アメリカ六一％、ソビエト一一％、ルーマニア四％、イラン四％、蘭領東インド三％。「アメリカ資本」ということでしたらそのシェアは八割近くになります。アメリカ産の石油は、国内消費だけではなく、半ば以上がヨーロッパや東アジアをはじめ世界各地に輸出されました。

アメリカでは、ジョン・デイヴィソン・ロックフェラー一世率いるスタンダード石油会社系が早くから石油の九割以上を取り扱い圧倒的なシェアを占めて支配的でした。スタンダード石油会社系の最盛期の世界シェアは七割以上です。これに次ぐものは、イギリスのロスチャイルド資本で蘭領東インドに本拠地があるローヤル・ダッチ・シェル、およびイギリス政府資本でイランにあるアングロ・ペルシァン石油会社でした。

この時代、自動車の普及も石油の爆発的な需要をもたらしました。一九二九年にはアメリカは世界の自動車生産の約九〇%、一九三四年には二百八十七万台で七四%を占めています。アメリカ人の自動車保有台数は二千四百万台で、五人に一台の割合でした。ちなみにこの年の日本での自動車生産台数は二千八百台です。桁が違い過ぎます。スタンダード石油会社は、アメリカで急拡大し続ける石油需要に応えるためにアメリカ外での石油利権の獲得にも乗り出し、世界各地の油田獲得で先行していたロイヤル・ダッチ・シェルやイギリス政府などと鎬《しのぎ》を削りました。

第一次世界大戦後のイラク・イランなど中東の石油利権の扱いをめぐる争いから始まり、双方の本拠地である蘭領東インドや旧ロシアのバクー、アメリカ本土や中南米へ押しかけてのロックフェラーとロスチャイルドの攻防が激しく展開されました。

時には米英政府を巻き込んで、軍事援助と一体であったり、現地のクーデターを資金支援したりと正に「石油戦争」の様相を呈します。アメリカ政府は「門戸開放」（オープン・ドア）と「機会均等」（イコール・オポチュニティ）を叫びました。

石油輸出でもロックフェラーの石油はバクーや蘭領東インドのロスチャイルドの石油と激しく競い合った経緯があります。支那（中国）などでは、スタンダード石油会社はロイヤル・ダッチ・シェルにその半分の市場を奪われます。

レーニンは、一九一七年出版の著書『資本主義最高の段階としての帝国主義』において「世界の石油市場は実に、今日でもなお、二つの大きな財閥に分割されている」と記しています。

ここで言う二つの大きな財閥とはロックフェラー、およびロスチャイルドです。ロスチャイルドを後援しているイギリス政府は、早くも一九二一年に、他国に抜け駆けして成立間もない「私有財産制度を否定する」ソビエト政府との間で通商条約を結びます。この結果、革命後のソビエトのバクーの石油の販売も、異例な形で引き続きローヤル・ダッチ・シェルが担うことになります。ちなみに、革命後のバクー油田の生産を軌道に乗せるべく、一九二四年、ジョン・デイヴィソン・ロックフェラー一世とスタンダード石油会社が協力しています。裏で何があるのかは不詳です。

兎にも角にも「石油を制するものは世界を制す」。第一次世界大戦を経てアメリカとイギリスの経済的な力は逆転し、ニューヨークには厖大な利益が集積して世界経済の中心地にして国際決済の場となりました。間もなくイギリスの海洋、商圏、金融における覇権はアメリカに移るという考え方が興隆してきます。世界の石油を支配するロックフェラー財閥は世界を代表する財閥であり、ジョン・デイヴィソン・ロックフェラー一世はアメリカを代表する偉人と世に了解されるようになります。「スタンダードの盛衰は、すなわちアメリカの盛衰」。アメリカ国民も議会も政府もそう考えるようになるのです。ロックフェラーの「積極的な石油外交！」という鶴の一声は、同時にアメリカ政府の政策となるのです。

油売りから帝王へ

ジョン・デイヴィソン・ロックフェラー一世は、一八三九年、ニューヨーク州の内陸部にあるリッチフォードに生まれました。父親は薬の行商人兼金貸しで、貪欲に稼ぎ、家には時折帰ってくるだけの破天荒な人物でした。母親は信心深く、夫が不在の間、家庭を守ることに奮闘していました。夫は頻繁に外に女を作り時には重婚もしていたのですが、これに耐え抜いたのです。

そんな父親は家にいる時には息子のジョンに「誰も信じてはならない。父である私でさえも信じてはならない時がある」「どんな手段を使っても、競争相手に勝て」「ほかの誰にも利益を渡すな」「小皿を大皿と交換しろ」など、勝つことに徹することや利益追求の信念を熱心に教え、加えて日々細かく収支の帳簿をつけることを躾けたのでした。彼なりの愛情です。

父親は「チャンスがあれば息子達も騙す。そうして奴らを敏感にしたい」とさえ言っていました。ジョンは七面鳥やジャガイモを育てて売ったり、近隣の農家に金を貸すなどして家計を助けます。ジョンは父親の教えを忠実に守り、常に取引で有利になることに心がけます。一家は一八五三年にオハイオ州クリーブランド近郊に移りました。ジョンは高校で学び、商業専門学校で簿記を修めます。

父親の破天荒さにも拘わらず、ジョンは行儀がよく真面目な少年に育ちました。彼は正確に自分の考えを表現でき、算術の才能が光りました。十六歳のとき卸売会社にて経理助手の職を得、そこで経理の仕事だけではなく会社の仕事全体を覚えて、実業家として必要とされる基礎を身に付けたのです。彼が特に輸送費の計算に熟達したことは後々大いに役立ちます。ジョンは母親の言いつけを守って当初は給料の六%、二十歳の頃には一〇%を教会に寄付します。若きジョンは

「十万ドルを貯めることと百歳まで生きる」ことが大目標でした。彼はのちに前者については完全に達成して突き抜け、後者についてはほぼ達成します。

一八五九年、ペンシルバニア州で世界で初めて油田開発が成功を収めました。石油産業の黎明《れいめい》期《き》のスタートです。この時期に、ジョンは、油田開発という「川上」分野ではなく、精製・輸送・販売という「川下」の分野に将来性を見出し、一八六二年、二十三歳の時に石油精製（および輸送・販売）事業に挑戦します。油田開発という「川上」分野はとてもリスクが高く博打《ばくち》的と考えたからです。彼は冷静な眼を持っていました。

このとき南北戦争が勃発《ぼっぱつ》していますが、ジョンはお金を払って兵役《へいえき》を免れました。カーネギーやJ・P・モルガンも同様です。ジョンは一八七〇年にスタンダード社を設立し超積極経営と企業革新により事業を急拡大していきます。「スタンダード」という名は、当時まだ品質上のばらつきが大きく事故も多発していた石油製品に、均質で標準的な品質を保証する意で付けたもので、消費者や産業需要家に広くアピールします。一八八二年ジョンは、アメリカ初のトラスト、スタンダード石油会社（スタンダード・オイル・トラスト）を結成、これをアメリカの石油の九割を精製する企業に成長させて「石油王」と呼ばれるようになります。それまで廃棄していたガソリンの製品化にも成功しました。

更にスタンダード石油会社はアメリカにおけるパイプライン、タンクローリー、タンカーそして資本を独占していきます。ジョンは「石油王」となるまでの過程で、利益追求の信念に則り、厖大な数のライバルを叩き潰し強引に買収していきました。このため鉄鋼王のカーネギーや金融王のモルガンなどとともに世間から「ラバー・バロン（泥棒貴族）」と呼ばれます。憎まれる一方で、彼は敵を懐柔しいつの間にか味方に取り込む策にも長《た》けていました。だからスタンダード石油会社は巨大になっていったのです。

一八九〇年代になると労働者の格差拡大に対する不満が巨大企業に向けられ、カーネギーの鉄鋼工場などで大規模な労働争議が多発しました。ジョンは労働運動や労働組合を全く認めませんでしたが、代わりに労働者の福利厚生を他に先駆けて制度化しました。けれどもスタンダード石油会社へも世間の批判は向けられます。このような中、一八九七年、ジョンは五十八歳にして実権を握ったまま第一線を退き、大学を卒業して間もない長男ジョン・D・ロックフェラー二世に跡を譲るのです。

ロックフェラー陣営が総指揮をして当選させたオハイオ州出身で共和党の第二十五代大統領マッキンリーが一九〇一年に暗殺されます。副大統領から昇格した第二十六代大統領セオドア・ルーズベルトは地盤が弱く支持率も低迷し悩んでいました。

彼は打開策として、人気とりのためにマスコミと連携して世間からの批判の的にされていたロックフェラーを攻撃する挙に出たのです。彼は演説の中で「かかる富をもって、いかにたくさんの慈善を行おうとも、その富を獲得するための不正な行為を償うことはできない」とロックフェラーを非難します。

一九〇七年、スタンダード石油会社はアメリカ連邦政府から反トラスト法違反で提訴され、ロックフェラー家は世間やマスコミから一層激しく非難されました。並はずれて大規模な裁判の末、一九一一年についに最高裁判所が持株会社の解体を命じます。

しかしながら面白いことに、解体後の各会社の株価はその真価を反映して高騰し、依然スタンダード系企業群各社の大株主であったジョンの資産は更に途方もなく莫大な額となったのです。第一次世界大戦前の一九一三年、ジョン一人の純資産は当時のアメリカのGNPの二％以上、現在の貨幣価値に換算して約二十一兆円になっていたとも言われています。子供や孫を含めた家族名義、盟友名義を含めればより大きな額となります。この後、世界大戦で更に厖大な利益をあげていきます。

スタンダード石油会社系以外の独立系石油会社も勃興しますが、スタンダード石油会社系の精製・輸送・販売におけるシェアは依然として五〇％～七〇％程度を占め独占的市場支配体制は続きました。早くからイギリス・ドイツ・フランスなどのヨーロッパや中国（支那）・日本などのアジアに向けて灯油等を輸出し、スタンダード石油会社系の輸出量は国内販売量の二倍以上です。

既述のように海外での石油利権の獲得なども大規模に展開していて、ロックフェラーは「国際石油資本家」と呼ばれるようになります。更に、ジョンは証券、木材、土地開発、鉱山（鉄鉱石・銅）、紙など多くの分野に早くから投資していて、石油部門と合わせて「史上最大の資産を築いた男」と言われます。厖大な利益を元に金融分野にも勢力を拡大していきましたので、モルガンと並ぶ「国際金融資本家」としても位置付けられていきます。資本主義の「帝王」の誕生です。

ジョンの財産は「逆巻く」如くに増えていきました。そして彼は増えるよりも早く散らねばならないという強迫観念に襲われます。そうしなければ、猛烈な勢いで増え続ける財産が彼自身や子供や孫達の存在を打ち砕き押し潰すかのように迫って来るのです。このような状況の中、鉄鋼王カーネギーの論文「富（Ｗｅａｌｔｈ）」を読んで感銘を受けたジョンは、一九三七年に九十八歳で亡くなるまでフィランソロピーの道を歩み続けることになります。

フィランソロピーとは「人類愛に基づく慈善活動」を意味する言葉です。彼にとっての最大の課題は「どうすれば厖大な富を人類の福祉の増進に役立てることが出来るか？」となったのでした。彼は一八九〇年に莫大な財産を提供してシカゴ大学を設立します。その後、ロックフェラー医学研究所（一九〇一年設立）、南部の黒人教育や農業開発に貢献する一般教育財団（一九〇三年設立）、ロックフェラー衛生委員会（一九〇九年設立）、ロックフェラー財団（一九一三年設立）、中国医学財団（一九一四年設立）などに巨額の資金を投じかつ多くの専門家に効率的な運営組織をつくらせます。医学・科学・教育・農業・衛生・芸術・キリスト教・市民道徳などの進歩と発展に世界各国で政府機関を越えて貢献し、同時に世に大いに喧伝されていくのです。

ちなみに、シカゴ大学は、経済学の「シカゴ学派」のほか多くの分野で高い評価を得、世界のこれまでのノーベル賞受賞者約九百人のうちの九十人を輩出、マンハッタン計画におけるプルトニウム研究や世界初の核反応実験成功などでも大きな成果をあげています。ロックフェラー医学研究所（のちにロックフェラー大学と改名）は、ＤＮＡ、癌、麻薬中毒、エイズなどの先端研究が有名で、二十三人のノーベル賞受賞者を輩出しています。野口英世がいたことでも知られています。

巨大財団　光と影

一九一三年に設立された「ロックフェラー財団」は、ニューヨークに本部を置く世界最大級の民間助成財団であり、最も世界に影響力を発揮しているNGOと言われています。ジョンの莫大な拠出により設立され、長男のジョン・デイヴィソン・ロックフェラー二世が初代会長（総裁）に就任しました。ロックフェラー財団の主な対象事業は、

一　医療・健康・人口問題
二　農業・自然科学
三　芸術・人文科学
四　社会科学
五　国際関係

の五分野です。ロックフェラー財団は多数の大学や研究機関などに寄付を行い、世界各地からの数千人の科学者や研究者が、ロックフェラー財団の研究員として、あるいは奨学金をもらい、最先端の研究に従事しています。ロックフェラー財団の寄付先の主な機関や企業は、外交問題評議会、王立国際問題研究所、太平洋問題調査会（IPR）、ブルッキングス研究所、世界銀行、ハー

バード大学、エール大学、プリンストン大学、コロンビア大学ロシア研究所、フィリピン大学、アメリカ議会図書館、オックスフォード大学、ボドリアン図書館、人口問題評議会、社会科学研究評議会、国立保健医療科学院（日本）、ロンドン・スクール・オブ・エコノミクス、リヨン大学、モンサント（企業）などが特によく知られています。モンサントはバイオ化学メーカーとして世界屈指の規模と成長性を誇り、遺伝子組み換え作物の種の世界シェアは九〇％にまで達します。ベトナム戦争で使われた枯葉剤の製造でも知られます。ロックフェラー財団は自ら世界戦略を持ち、東アジアを重点的な戦略地域とし、特に中国（支那）と日本に着眼していました。中国に対してはキリスト教宣教への資金支援から、揚子江の包括的な経済開発、南京の明の十三陵の修復、公衆衛生と医学教育、北京協和医学院の設立、税関改革に至るまで広範な寄付をしています。

ジョン・デイヴィソン・ロックフェラー二世

日本に対しては一九二三年の関東大震災後の復興支援がよく知られています。日本や中国の歴史・社会・文化についての情報収集や研究は詳細かつ深奥に及んでいました。

ここでロックフェラー財団初代会長（総裁）ジョン・デイヴィソン・ロックフェラー二世について述べます。

ジョン・D・ロックフェラー二世は一八七四年に生まれました。ジョン・D・ロックフェラー一世の五番目の子供で、漸く生まれた一人息子です。アイビーリーグのひとつブラウン大学を卒業後、彼が妻に迎えたのは、上院議員として院内総務と財政委員会委員長を長く務めたことから「国家の総支配人」と呼ばれ、二十世紀初めのアメリカ金融政策に大きな影響を及ぼし「産業界・金融界の代弁者」とも言われたネルソン・オルドリッチの娘です。

国際金融資本家たち、ウォールストリートの大立者たちがアメリカの中央銀行創設に動き出し、オルドリッチ上院議員の立案で民間銀行代表を中央銀行理事会に送り込むというオルドリッチ＝ブリーランド法が一九〇八年に制定され、連邦準備制度設立に基礎を与えました。その後一九一三年、ロスチャイルドやJ・P・モルガン、ポール・ウォーバーグ、ジョン・D・ロックフェラー一世の後ろ盾の下、多くの上院議員が休暇で不在であった隙を突いて、連邦準備制度理事会（FRB）と十二地区に分割された連邦準備銀行により構成される連邦準備制度が成立したのです。ウッドロウ・ウィルソン大統領が署名しました。この年にロックフェラー財団が設立され、ジョン・D・ロックフェラー二世が初代会長（総裁）に就任したのです。幹事役には銀行家のジェローム・グリーンが就任します。

この年には更に重大な出来事がありました。ロックフェラー家が所有する鉱山で激しい大労働争議が発生して軍隊まで出動、爆弾事件などジョン・D・ロックフェラー二世自身も身に危険が迫る思いをしました。

結局、彼はこれを上手く和解に持ち込みましたが、民衆から敵視されることは自身や一族の存在を脅かしかねないと悟るのです。社会から敵視された父親の体験とも重なります。ビジネス上の敵対者は想定内としても、トラスト解体などでは政府やマスコミによる反ロックフェラー家の大合唱が巻き起こりました。ロックフェラー家に牙を剝く労働者、民衆、社会、政府、マスコミ。ロックフェラー側は反ロックフェラーの動きに「ポピュリズム」というレッテルを貼りますが、この動きはアメリカのナショナリズムそのもの、場合によっては民主主義そのものとの見方もあります。彼の危機感は募ります。――この時彼が「民衆にはもっともっと際立った巨大な敵をあてがわなければならない。民衆の大切なものを奪い取る絶対的な敵を」との結論に至ったとしても不思議はありません。九九％と一％との富の偏在をめぐる対立を、地球上の五〇％と五〇％とのイデオロギーや軍事の対立の陰に追いやるのです。

ジョン・D・ロックフェラー二世は、第一次世界大戦後のイギリスやアメリカで高まった「国際主義」を推進する組織としての外交問題評議会（CFR、ニューヨーク）やイギリス側のカウンターパートナーである王立国際問題研究所（RIIA、ロンドン）の設立を支援します。外交問題評議会はアメリカ上院によるベルサイユ条約や国際連盟加入拒否の後のタイミングで設立されました。全米からオピニオンリーダーが集まり、国際問題・外交問題を学び対外関係に深く関与する「国際主義」を旗印に活動します。機関紙「フォーリン・アフェアーズ」は外交関係の論文集として大きな影響力を持ちます。

ジョン・D・ロックフェラー二世は国際連盟の支持者です。「孤立主義者」（不干渉主義者）は彼の敵でした。ロックフェラー家を世界支配の陰謀を持つ「国際主義者」と見做す「ポピュリスト」

も彼の敵でした。彼は、キリスト教やユダヤ教などの宗派解消主義をも支援し、全米や全世界の宗教統一運動に力を入れます。中国における大衆教育運動の支援にも力を入れました。

なお日本に関して言えば、一九二三年の関東大震災後の東京帝国大学図書館再建への支援は良く知られています。

ジョン・D・ロックフェラー二世は、ニューヨークにおける最大の不動産所有者でもありました。大恐慌時にロックフェラー・センタービル建設という巨大な都市再開発事業を成功させます。恐慌期に厖大な建設労働需要を提供しました。「テナントとして入居する企業の輸入は免税扱いにする」という特別法を連邦議会で可決させるなどの手を打つ剛腕を発揮しての成功です。彼はかつてのバージニア植民地首府ウィリアムズバーグの歴史保存地区としての再建にも資金を提供しました。更に自然環境保護を目的にヨセミテを含め国立・国定公園のために広大な土地をいくつも購入して寄贈しています。ニューヨークの国際連合本部の建設敷地も寄贈しています。彼は一九六〇年に八十六歳で亡くなります。

太平洋問題調査会という魔宮

第二次世界大戦は、国際金融資本家の下でソビエトとコミンテルン（共産主義インターナショナル）が裏舞台を仕組んだ戦争であるという説が唱えられています。国際金融資本家はソビエトの建国を始めとして国際共産主義の勢力拡大に努め、第二次世界大戦によって東西陣営が相対立する冷戦構造をつくりあげたとの説もあります。

そうだとすると、アメリカのルーズベルト大統領は国際金融資本家の走狗《そうく》であったとする説もやはり正しいのでしょうか。本書ではルーズベルトは国際金融資本家のお雇い大統領であったと想定してみます。そのような想定で矛盾が出て来るかどうか十分に注意しながら筆を進めていきます。もし矛盾が出たら、そこで筆は止めることにします。

さて、ルーズベルトによる「戦争」の企み自体は次章で追っていきますが、その前にまず、アメリカに本部を置き国際共産主義の牙城となった太平洋問題調査会（ＩＰＲ：Institute of Pacific Relations）という民間国際組織を採り上げます。

ところで、コミンテルン（共産主義インターナショナル）とは、各国の共産主義活動を監督・指揮し世界の共産化をめざす目的で一九一九年三月にモスクワに本部を置き設置された組織です。さっそく一九二一年の第三回コミンテルン大会において「統一戦線」と「植民地の解放」という方針が打ち出されます。これまで敵視していた社会民主主義勢力とも表向き協調し、一方で植民地・半植民地での民族主義運動を支援していこうというものです。重視されたのが支那（中国）やインドなどが位置するアジアです。

そしてアジアを共産化すると考えた場合、当時、日清・日露戦争に勝利して大国への道を歩み出した日本への工作も焦点になり、アジアや日本に対するコミンテルンの工作活動が活発になっていくのです。一九二〇年にはコミンテルン極東書記局がシベリアに設置され、その指導で

太平洋問題調査会における各支部の分担金拠出額

(USドル)

	1931年	1932年	1933年	1934年	1935年	1936年
ハワイ	10,000	5,525	6,575	5,700	10,000	2,000
アメリカ	65,000	22,000	27,500	37,000	35,917	17,500
カナダ	7,500	4,778	4,950	3,960	3,223	3,246
オーストラリア	625	600	600	600	588	460
ニュージーランド	500	42	624	300		300
日本	5,000	2,500	2,500	859	843	1,425
中国	2,000	1,202	2,677	2,000	1,770	1,794
イギリス	5,000	3,550	2,625	3,026	2,934	2,455
フィリピン		500	500	500		
蘭領東インド			480	700	700	700
ソ連					2,000	2,000
合　計	90,625	37,147	46,406	51,619	55,041	29,425
アメリカのシェア	72%	59%	59%	72%	65%	59%

・王立国際問題研究所 IPR 委員会議事録より作表されたもの。
・アメリカは、1936 年のみロックフェラー財団からの拠出金が含まれていません。

一九二一年に中国共産党が、一九二二年に日本共産党が結成されました。この動向の上にIPRが位置するのです。

そもそもIPRは、ハワイにおけるYMCA(キリスト教青年会)の国際連帯運動を背景に環太平洋地域の民間レベルでの相互理解と学術交流を目的として設立された国際的非政府組織(INGO)です。政治・経済・社会など諸問題の共同研究を通じて専門家たちの交流をはかることを活動の軸としました。排日移民問題による日米間の感情悪化の緩和が設立の直接的な動機です。

一九二五年にホノルル会議(第一回太平洋会議)を開催し、IPRを正式設立。組織は、ホノルルに設置された本部機能としての国際事務局および中央理事会、そして各国支部(各国IPR)から構成されます。国際事務局長(事務総長)は調査会全体の運営に大きな影響力を有します。

ほぼ二年おきに「太平洋会議」と呼ばれる国際会議が欧米やアジアで開催され、各国政府が会議の動向に注目し「世界三大会議」の一つと言われるようになります。IPRは民間版国際連盟との評価を得ます。IPRは一九二八年に創刊された月刊機関誌「パシフィック・アフェアーズ」や支部刊行物を含む多くの書籍・パンフレットによって世界的な知識普及と影響力拡大に努めます。発足当初からの参加国はアメリカ・日本・中華民国・カナダ・オーストラリア・ニュージーランドの六カ国。各国政府は、国際的な世論コントロールの機能に期待して、IPRに各国支部を通じて財政支援をしました。日本は、外務省だけではなく南満洲鉄道株式会社も資金支援します。各国支部に所属する知識人は、自分たちの民間外交が国家間外交に影響を与えることを期待しました。各国支部の理事には著名な政治家や知識人が就任します。

日本支部にあたる日本太平洋問題調査会（日本IPR）には渋沢栄一、井上準之助、新渡戸稲造などが名前を連ねます。新渡戸稲造は、東京帝国大学を卒業後にアメリカやドイツの大学で学び、第一高等学校校長、東京帝国大学教授を経て、国際連盟事務次長として国際的に活躍。一九二九年に日本IPR理事長に就任します。太平洋会議は第三回京都会議から参加。新渡戸は、資源が無く人口増加で苦しむ一方で各国から排斥や締め出しを受けている日本の満洲進出について、国際社会で理解を得ることの必要性を認識していました。新渡戸は支那（中国）にいるアメリカ人宣教師や在米支那人の反日宣伝工作に対抗するためにIPRでの活動を重視したのです。新渡戸はまた、IPRに国際連盟とは別の機能、すなわち、各国の民間知識人が国益を離れて客観的な「真理」を導き出し理解し合うことで国際社会に公平な世論が形成されるという機能を求めました。新渡戸の理想主義です。「戦争」を企む側から見れば、単なる空想でしたが……。

ＩＰＲの最大支部アメリカＩＰＲはジョン・Ｄ・ロックフェラー一世や二世そしてロックフェラー財団から多額の拠出を受けながら、その指示の下で政治問題を積極的に取りあげます。ＩＰＲの最高幹部は、次第にロックフェラー財団の理事を含むアメリカ東部知識人が主体となっていきます。一九二八年、コミンテルンはモスクワで第六回大会を開催し、各国で自国政府の敗北を促して帝国主義戦争を内乱へと転換させ混乱に乗じてプロレタリア革命をめざす「敗戦革命」路線を提示します。この時期、ＩＰＲの主導権は完全にハワイグループからアメリカＩＰＲに移ります。

一九三三年にロックフェラーに近いエドワード・カーターが第二代国際事務局長（事務総長）に就任し一九四六年までの長期政権を担います。

彼は牧師の子としてマサチューセッツ州に生まれ、学生時代はＹＭＣＡ活動に積極的に参加し、ＩＰＲの創設メンバーになって以来、長くアメリカＩＰＲ幹事を務めていました。カーターは国際事務局長に就任後、世界を巡回します。中国、日本、ソビエト、ヨーロッパが重点で、太平洋地域というより地球規模の秩序形成を目指します。

更にカーターは、ルーズベルト政権の国際政治に積極的に関与する「干渉主義」(「国際主義」)の先兵として、大統領や国務省の側面支援を受けます。ＩＰＲ創設メンバーの一人であったホーンベック国務省極東部長は、カーターをアメリカ政府の政策を広報する〝political missionary〟

（政策伝道師）と位置付けます。ルーズベルト政権は、中国の指導者を鼓舞しながら抗日を支援し、ソビエトとの関係を改善してソビエトを対日抑止力とし、日本に経済制裁を加えることを政策目標としました。「民間」のカーターが「私的な」活動として世界でそれをアピールしてくれることは「不干渉主義者」たちの批判をかわす上で極めて有効でした。

カーターの下でＩＰＲは、日本の対支那（中国）政策を批判し日本を抑止する政治団体に完全に性格を変えます。カーターは日本ＩＰＲには自己批判を求めました。本部機能の国際事務局もハワイからニューヨークに移ってロックフェラー財団と同じビルに入居することになります。国際共産主義者たちの日本に向けての革命の策源地も、上海からＩＰＲの中心地となったニューヨークに移ります。ルーズベルト政権は、対日宥和的なグルー駐日大使とは別ルートとしてカーターによる情報収集を重視しました。

一九三九年八月一日、日本から帰国したカーターは「日本の侵略に加担しないアメリカ委員会」と連絡を取り合いルーズベルト大統領と面会します。この時期、ルーズベルト政権は日米通商航海条約の廃棄を日本に通告しています。カーターの主張に沿った展開です。ルーズベルト大統領は、国務省内のロシア専門家や駐ソ大使館の反対についてもこれを斥けて対ソ政策を推進していたため、これらと別ルートの情報源としてもカーターを重宝していました。

アジア情勢に関心を持つヨーロッパ各国にとっては、カーターが率いるＩＰＲは、アジアに関してアメリカ政府やアメリカ世論へ通じる重要なルートでした。カーターは、ＩＰＲのネットワークをフランス・オランダなどアジア太平洋地域に植民地を持つヨーロッパ各国に拡大し、更にはソビエト・インドにまで拡大します。ＩＰＲはそもそもソビエトを太平洋国家として捉えるなど親ソ的傾向を持っていましたが、カーターの下で一気にソビエト寄りとなってソビエトに通じた国際共産主義者たちを大勢取り込み国際共産主義者の牙城となるのです。カーターは調査会の組織をあげてスターリンによる粛清の弁護を発信します。カーターの訪ソの際には、ソビエト政府はアメリカ大使を超える待遇で彼を歓待しました。カーターは、満洲事変を機に建設されたソビエト極東の国防産業都市コムソモリスク・ナ・アムーレ（「アムールにあるコムソモール（共産党青年組織）の町」）への立ち入りまで許されます。これらの事柄は国際金融資本家たちがソビエト建国の援助者であったという説をも思い出させます。

ＩＰＲを更に見ていきます。手始めに、ＩＰＲの共産主義者メンバーの中でオーエン・ラティモア、トーマス・ビッソン、ハーバート・ノーマン、ギュンター・シュタインについて書きます。オーエン・ラティモアは中国（支那）学者で蒙古などの内陸アジアの現地調査が有名です。彼は父親の仕事の関係で子供時代から中国で過ごした後、一九三三年にアメリカに帰国、ＩＰＲに招聘されて第二次世界大戦前には一九四一年まで中心スタッフを務め、カーター国際事務局長らとともに調査会の実質的な意思決定を行っていました。機関誌「パシフィック・アフェアーズ」編集長でもあり、日本の支那政策を侵略と非難し中国共産党に好意的な記事を掲載しました。ラティモアは学歴らしい学歴がないものの中国大陸での豊富な経験と知識を評価され、ルーズベルト政権では中国と満洲の権威者として遇され、蔣介石政権の顧問としてアメリカの対中政策に関わります。

蔣介石政権の顧問を辞した後は、一九四二年から四四年までルーズベルトが設置した情報・プロパガンダ機関、戦時情報局（ＯＷＩ）の太平洋部長に就任、一九四四年にはウォレス副大統領とともに延安の中国共産党を訪問、一九四五年から四六年まで日本の戦後政策に関する政府顧問、一九四〇年代後半には中国・韓国・その他アジアに関する国務省への助言者でした。

トーマス・ビッソンは中国で宣教師をしながら反日の立場を強め、アメリカへ帰国後は外交政策協会の理事となります。アジア問題専門家として次々と論文を発表し中国共産党を熱烈に支持します。ロックフェラー財団の援助で極東視察を実施、その際ラティモアやエドガー・スノーとともに延安で毛沢東やアグネス・スメドレーと会談しています。ビッソンはルーズベルト政権の「経済戦争委員会」に在籍中の一九四三年、共産党との関係を疑われ非米活動特別委員会に召喚されます。「経済戦争委員会」とは、ルーズベルト大統領が第二次世界大戦中に戦争関連の外交や外国問題を処理するために設立した機関です。これをかわしたビッソンはその後、ＩＰＲの国際事務局に移って日本の軍国主義への批判を展開し、ＩＰＲの中核メンバーとなりました。

一九四五年十月、ビッソンは米国戦略爆撃調査団の経済顧問として来日し、近衛文麿を尋問します。翌年にはＧＨＱ民生局に入りケーディス次長の下で徹底的な日本の「民主化」を企て、憲法改正や財閥解体および農地改革の推進に関わります。

ハーバート・ノーマンは日本で生まれました。長野県で生まれ、その後神戸のカナディアン・スクールに進学しました。長野県在住時は、のちに近衛内閣の書記官長になる風見章《かざみあきら》とは家族ぐるみの付き合いでした。ケンブリッジ大学に進学しイギリス共産党に入党、日本語に堪能なアジア通としてソビエト課報部のスパイ工作員となります。カナダで中国の共産主義革命を支援する団体に所属し、中国共産党の大物工作員でかつアメリカ共産党の秘密党員であった人物からの指導で強烈な反日思想家になりました。一九三八年からIPRの国際事務局の研究員となります。「日本ファシズム国家論」を主張し機関誌に「日本処理案」を発表します。戦後、戦犯容疑者を探すGHQ対敵諜報部調査分析課長として来日し、近衛の命運を握ります。イギリス国立公文書館所蔵秘密文書ではMI5（イギリス情報局保安部）が彼を共産主義者と断定しています。ノーマンについては後でより詳しく述べます。

ギュンター・シュタインは、イギリス「フィナンシャル・ニュース」の記者です。一九三六年から二年ほど特派員として来日しゾルゲ諜報団の協力者となります。彼の東京の自宅にはモスクワとの連絡用無線機が置かれました。尾崎秀実《おざきほつみ》の同志であり、近衛の長男文隆にも接触しています。

このほか、上海でゾルゲとともに対日工作に従事していたコミンテルン工作員、アメリカ共産党員や秘密党員、ドイツ共産党員そして中国共産党員などもIPRの国際事務局員やアメリカIPRの研究員として活躍していました。文字通りIPRは共産主義者の牙城となっていたのです。

本書にこのあと登場する近衛文麿の秘書牛場友彦《うしばともひこ》は、このＩＰＲの国際事務局に所属し、カーター国際事務局長から高い評価を得ていました。牛場ももちろん共産主義者でした。

ＩＰＲはアメリカの対アジア太平洋政策に極めて大きな影響を与えました。ルーズベルト政権は、アジア太平洋地域についての情報と分析を相当程度にＩＰＲに依拠していました。ＩＰＲは、アメリカ国務省の政策決定者を会議に招き、ソビエト共産党や中国共産党の幹部とも密接に連絡をとっていました。ルーズベルト政権内部にいた財務省次官補ハリー・デクスター・ホワイト、国務長官補佐官アルジャー・ヒス、大統領行政補佐官ラフリン・カリーたちソビエトの工作員はＩＰＲの顧問でもあり、調査会と連携してルーズベルト政権の政策を誘導していたのです。

戦後の話になりますが、東西冷戦下の一九五一年から翌年にかけて、アメリカＩＰＲが上院議員ジョセフ・マッカーシーによるマッカーシズムの「赤狩り」の標的となります。ラティモア、ビッソンそしてノーマンなどのＩＰＲの中心メンバーが攻撃されたのです。アメリカ上院国内治安分科委員会での「太平洋問題調査会（ＩＰＲ）」についての聴聞会は、国務省におけるラティモアの影響力の排除に関するものでした。この聴聞会では、日本でのスパイ事件であるゾルゲ事件も採り上げられました。ゾルゲ事件の被疑者たちがＩＰＲや太平洋会議のメンバーであったからです。日本の元ゾルゲ担当検事も証言と事情聴取を求められました。

アメリカ連邦捜査局（ＦＢＩ）もＩＰＲを捜査し、アメリカ政府とＩＰＲとの関係を分析した報告書を作成しています。捜査記録と報告書はＦＢＩ本部および一橋大学附属図書館に保管されています。後者は日本史家ジョン・ダワー氏の協力があったためとされています（一橋大学附属図書館HP：http://www.lib.hit-u.ac.jp/service/KANE/kane23.htm）。

「赤狩り」を背景にロックフェラー財団は一九五二年末で支援を終了してIPRから手を引き、一九六一年に遂にIPRは解散に至ります。冷戦終結後、アメリカ陸軍がソビエトの暗号を解読した「ヴェノナ」作戦および旧ソビエトのKGB記録により、トーマス・ビッソン、アルジャー・ヒス、ラフリン・カリーたちがコミンテルンの枢要メンバーでありソビエトのスパイであったことが判明します。

ここでIPRの第三回までの「太平洋会議」を簡単に見ておきます。IPRについては、日本との関係で後の章で更に詳しく採り上げます。

第一回ホノルル会議（一九二五年夏・ハワイ）：アメリカ・ハワイ・日本・中国・カナダ・オーストラリア・ニュージーランド・フィリピン・朝鮮の六カ国九地域が参加。日米間の感情悪化をもたらした排日移民問題と中国の反英運動の背景としての不平等条約がテーマでした。

第二回ホノルル会議（一九二七年夏・ハワイ）：対中国政策での英米協調を狙って新たにイギリスが参加。イギリスIPRは事実上、英米協調をめざす国際主義者が設立した王立国際問題研究所（RIIA）であり、王立国際問題研究所のメンバーがイギリスIPR代表団を構成しました。ホノルル会議は排日移民問題がテーマのはずでしたが、突然、中国の不平等条約の改正問題や日本の満洲政策が採り上げられ、日本代表団は準備が無く対応できずじまいでした。早くも、中国IPRの意向に沿って中国問題を国際問題化（太平洋問題化）しようとする政治的傾向が強くなりました。イギリスIPRはイギリス外務省の意向を受けて中国IPRと折衝し、イギリスの対中政策の変更、対中関係改善に向けての成果を得ます。イギリスIPR代表は中国側から高く評価され、一九二九年には中華民国政府政治顧問に登用されています。巧みなイギリス外交の業《わざ》です。その結果として、イギリスに替わって日本が中国（支那）の民族主義の標的となるのです。

第三回京都会議（一九二九年秋・日本）：近代日本として初めての大規模国際会議の開催です。新渡戸稲造が議長として運営に当たりました。主要テーマは満洲問題です。ソビエト・フランス・オランダ・メキシコの四カ国がオブザーバーとして新たに参加。ソビエトはタス通信駐日代表を参加させました。ソビエトのオブザーバー参加を実現させるため、事前に、ロックフェラー財団設立時の幹事役でありIPR中央理事会議長にしてアメリカ代表団団長のジェローム・グリーンやアメリカIPR理事のカーターなど十七名のIPR幹部一行や、アメリカ外交協会会長のジェイムズ・マクドナルドを従えたジョン・D・ロックフェラー三世がモスクワを訪問しています。ジョン・D・ロックフェラー三世は二十三歳、IPRの京都会議に参画することで生涯にわたる国際関係へのコミットメントを開始します。彼はIPRを通じて東アジア情勢に関わっていきます。ちなみに、京都会議にはイギリスの歴史学者で国際主義者のアーノルド・トインビーも参加しました。

第二章

悪魔の使い ルーズベルト

フランクリン・デラノ・ルーズベルト

悪魔の使い

フランクリン・デラノ・ルーズベルト（一八八二～一九四五年）は、民主党出身の第三十二代大統領（任期一九三三～一九四五年、四期連続当選）です。ニューヨーク州生まれで、父親は鉄道会社副社長で地主でもあり、裕福でした。ルーズベルト家のルーツはオランダのユダヤ系です。十八世紀にルーズベルト家はハイドパーク・ルーズベルト家とオイスターベイ・ルーズベルト家の二つに分かれました。十九世紀に前者は民主党支持、後者は共和党支持となります。オイスター・ベイ・ルーズベルト家の共和党員であった第二十六代大統領セオドア・ルーズベルトはフランクリンの遠縁になります。政治的な立場の違いに拘らず両家の親交は続きました。

フランクリンの母の一族はアヘン戦争の頃から支那（中国）でのアヘン貿易を手広く行い財を成しました。

フランクリンはハーバード大学などを卒業後、セオドア・ルーズベルトの姪のエレノアと結婚します。フランクリンは「ルーズベルト」という名を最大限活かして一九一〇年、ニューヨーク州上院議員に当選。ニューヨーク州の民主党において名声が高まり、一九一三年、ウッドロウ・ウィルソン大統領によって海軍次官に任命されます。フランクリンは海軍の拡張に尽力します。

一九二〇年フランクリンは副大統領候補に選出されましたが、大統領選挙は共和党のウォレン・ハーディングに大敗。彼は一旦政界から引いてニューヨークで弁護士業を始めます。ニューヨークで態勢を立て直したルーズベルト（以後、フランクリンと表記しません）は、一九二八年、州知事選で当選、改革派知事として多くの新しい社会計画を実行しました。

その結果としてルーズベルトは民主党の有力な大統領候補となり、一九三二年の大統領選に出馬。選挙戦では「三つのR―救済、回復および改革」で世界恐慌と戦うとして、「ニューディール（新規まき直し）」を旗印に共和党の現職大統領フーバーを破り第三十二代大統領に就任したのです。

大統領に就任したルーズベルトがまず特異であったのは、政権に共産主義者が入り込んで来ることに関して為すに任せたことです。共産主義者は国際関係上の信義を守らない、世界に共産主義思想を拡散するという事実にも無関心を装うのです。彼らの危険性は一九一七年のロシア革命以来世界が周知していたにも拘らず。彼らの侵入の多くはルーズベルトの政権運営中に露見したにも拘らず。

フーバー前大統領は回顧録『裏切られた自由』にて、ルーズベルトを評してこう言っています。

「彼がスターリンに傾倒し、共産主義者に目をつぶったのは、彼自身が左翼的思想を持っていたからであった。また、自身の一三年の政権運営に彼らが役立ったからである」『ルーズベルトのスターリンへの傾倒と容共的態度は、彼が政権に就くと同時に始まっている。（略）ソビエトの国家承認前の一五年間は、民主党政権も共和党政権も、国民を奴隷状態に追いやり他国への干渉を平気でするような政府を承認しなかった」

ルーズベルト自身に左翼的メンタリティーがありました。彼の政権内には多くの社会主義者、共産主義シンパが入り込んでいて、なかには共産党員もいました。彼らはルーズベルト政権内の一大勢力となりました。これがルーズベルトが戦争への道に歩を進めた大きな要因であると、フーバーは回顧録において断罪します。

国際金融資本家たちは、アメリカの力を利用してソビエトを育て、この地球に米ソ（東西）の冷戦構造をつくろうとしたのでしょうか。ルーズベルトは国際金融資本家のお抱え大統領であったのでしょうか。――ソビエト連邦は一九二二年に成立。ドイツが同年、イギリスやフランスは一九二四年、日本は一九二五年に国家承認していますが、フーバーを始めとして反共思想が強いアメリカは、ルーズベルト大統領以前にはソビエトを承認しませんでした。

しかし一九三三年十一月、政権発足から八カ月後にルーズベルト政権は国家承認しました。国務省東欧部の反対をルーズベルト大統領が押し切ったのです。これによりソビエトの国際社会におけるステータスは一気に上がり、翌年の一九三四年には国際連盟に加盟して常任理事国になりました。常任理事国は、イギリス、フランス、イタリアそしてソビエトの四カ国のみであり、ソビエトは国際社会の有力メンバーになったのです（日本も当初は常任理事国でしたが脱退し、そのあとにソビエトが入りました）。このこと以上に見落とせないのは、共産主義者のアメリカへの工作の道が一挙に開けたことです。ソビエトのアメリカによる国家承認にあたっては、アメリカに対する共産主義工作活動の禁止が条件でした。しかし、その約束も調印からわずか四十八時間で反故《ほご》にされました。ソビエトのリトヴィノフ外相はニューヨークでアメリカ共産党指導者たちに会うと、約束は彼らの行動を束縛しないと伝えたのです。「心配しなくてもよい。工作活動を停止するという約束は、紙切れの上にサインしただけのもので何の実質もない。そのうちに現実的な二国間関係の中で忘れられる」と。

アメリカ国民に対するモスクワの工作は四つの方法で行われました。

一　アメリカ共産党による親ソ的な国民世論の形成活動。
二　国内の主要な労働組合の支配。
三　本来であれば何の害もない組織の乗っ取り（たとえば太平洋問題調査会）。
四　共産主義者や共産主義シンパをルーズベルト政権の各組織上層部に潜り込ませ政策決定に関与。

更に教育機関への浸透もあります。工作活動はアメリカだけでなく世界に広げられました。

一九三五年七月のウィリアム・C・ブリット駐ソ大使（後に駐仏大使）からのハル国務長官宛の報告書には、より明確にソビエトや共産主義者の狙いが書かれていました。

「ソビエトにとっての友好国との付き合いの解釈は、一般的な友好国との関係とは異なり、ただたんに暫定的な停戦をしているということにすぎない。したがって確定的な和平の構築は期待できず、新たな戦いがいつの時点かで始まることになろう。ソビエトはいま各国と和平を工作している。しかしそれによってもたらされる和平は、次の戦いの準備つまり一時的な休息である」「十分な軍事力が増強できるまでは和平を維持するというのが本当の狙いだ。まずは徹底的に防衛力を高めた上で、スターリンが望めば外国への干渉も辞さないであろう。ヨーロッパでの戦いは不可避だと考えられており、共産主義者の視点からはそうなることが好ましいとさえ思っているほどだ」「ソビエトはアメリカが日本と戦ってくれることを渇望している」「ソビエトの狙いは、現時点では各方面との和平構築、（外交による）ヨーロッパ各国の連帯の妨害、日米関係の敵対関係化、各国の共産主義者に対する絶対的忠誠の要求。そうしておいて、（いつかは）各国に散っている共産主義者に、クレムリンの（共産主義の）法王の命令一つで反政府行動をとらせる。それがスターリンの政策である」

これほどモスクワの意図を正確に記した報告書はないのですが、ルーズベルトは何の反応も示しませんでした。

「ソビエトはアメリカが日本と戦ってくれることを渇望している」「ソビエトの狙いは……日米関係の敵対関係化」は日本にとって重大事でありこの通りとなります。

同じ一九三五年七月、第七回コミンテルン大会がモスクワで開催され、スターリンを始めとする多くのソビエト指導者が列席しました。アメリカ共産党員も参加しアール・R・ブラウダーなどが演台に立ちました。

彼らはアメリカ国内で共産主義の浸透が著しいことを誇りました。百四十もの労働組合を牛耳り、第一次世界大戦の復員兵による給付増額要求デモ（ボーナス行進）やサンフランシスコのストライキを起こしたことなども誇りました。

この第七回コミンテルン大会そのものが、国家承認交渉の際に米ソ両国が合意した内容に違反しています。ハル国務長官は正式にソビエトに抗議しました。

「ソビエト政府は、アメリカの政治的・社会的秩序を乱す活動をしないという約束をしていた。このことを否定することはできない」（『裏切られた自由』）

これに対してモスクワは、コミンテルン独自の活動には何の責任もないと回答したのです。不思議なことにハル国務長官は以後抗議を止めてしまうのです。

一九三六年六月初め、ブリット駐ソ大使は職を辞し帰国しました。後任にはジョセフ・E・デイヴィー

ヨシフ・ヴィッサリオノヴィチ・スターリン

ズが就きました。彼は裕福なワシントンの法律家で外交官の経験はありません。彼はソビエトを礼賛する伝道者となります。

アメリカ共産党

アメリカ共産党は一九一九年に、本部をニューヨークに置いて結成されます。コミンテルン本部の指令の下でKGBやGRU（ソビエト軍諜報部）と密に連携しながら、あるいは中国共産党などの工作員を受け入れながら、数年で党員数六万人にまで拡大し、ルーズベルト政権下では更なる大組織となりました。日本との関係で言えば、スパイ・ゾルゲの助手となる宮城与徳や戦後日本の革命運動の旗手となる野坂参三も、アメリカ共産党の支援を受けています。国際共産主義者たちの日本に向けての策源地も、上海からニューヨークを主とするアメリカに移行します。コミンテルンの指示が記載された日本語版の定期印刷物は、上海からではなくアメリカ共産党から日本に送られるようになります。

ルーズベルト大統領はニューディール政策を進めるために、連邦政府に新たに数千人を雇用させました。そのうち数百人がアメリカ共産党に入党しています。ホワイトハウス、戦時工業生産委員会、連邦議会上院委員会、財務省、陸軍、原爆開発のロスアラモス研究所、さらには労働組合幹部層やマスコミなど、アメリカの政官民の中枢に共産主義者の秘密ネットワークがつくられました。彼らは仲間を政府機関の職に就かせ中枢に喰いこむために昇進を互いに助け合います。

もちろんルーズベルト大統領が有形無形の影響力を発揮します。ドイツがソビエトに侵攻した一九四一年六月以降、アメリカ共産党の地下組織は、もはや党のネットワークというよりはソビエトのスパイ・ネットワークと言っていい状態でした。

事実上すべての主要なアメリカ政府機関において多くの文民と軍人がソビエト諜報機関に情報を提供する体制ができていたのです。

財務省長官補佐官のハリー・デクスター・ホワイト、国務省長官補佐官のアルジャー・ヒス、大統領行政補佐官のラフリン・カリー、そして原爆開発のローゼンバーグ夫妻たちを始めとして、大勢の要員が諜報活動のみならず政治工作をもアメリカ政府の深奥部で行っていました。ＯＳＳ（戦時諜報局、ＣＩＡの前身）の中にも入りこんでいました。彼らは、スターリンのソビエトで打ち立てられた「完全無欠の社会主義体制」がアメリカでも実現されることを夢見たのです。

一方、内部告発に基づくＦＢＩの捜査によって、一九四五年時点でホワイトとヒスがスパイであることがほぼ確実とされていました。一九四六年二月にはトルーマン大統領に報告が上がりますが、彼はルーズベルト政権と民主党が傷つくことを恐れて何も手を打たず、ホワイトはそのままＩＭＦ理事に就任します。しかし戦後の連邦議会の非米活動委員会で多くの事実が明らかにされ、その後にはアメリカ陸軍によるソビエト暗号解読作戦「ヴェノナ」の公表によって白日の下に晒されます。

ホワイトは、正式な共産党員ではないものの容共思想を持ったユダヤ人で、コロンビア、スタンフォードそしてハーバードの各大学で学んだ後、財務省に入り七年弱で同じユダヤ人のモーゲンソー財務長官の下で実質上の財務省ナンバー2に登り詰めました。対日最後通牒であるハル・ノートの原案を書いて国務省マターの外交に関与したほか、OSSの企画にも財務省を代表して参加します。ブレトンウッズ会議では世界的な経済学者ケインズと渡り合ってIMFの設立を担うなど、ルーズベルト政権のスター的存在でした。一九四八年八月、下院非米活動委員会で喚問を受けた三日後に薬の過剰摂取（または心臓発作）で死亡します。

ヒスはハーバード大学法学部で学び、ニューディール政策推進の若手テクノクラートとしてルーズベルト政権入りし、のちに国務省長官補佐官としてヤルタ会談や国際連合設立の会議を仕切ります。ヒスについては後で更に詳しく述べます。

ところでヒスが共産主義者でありソビエトのスパイであるという疑惑に対して、国際金融資本家のデイヴィッド・ロックフェラー（ジョン・D・ロックフェラー三世の実弟）はのちに自らの回顧録で次のように述べています。

「日和見主義の政治家たちがヒス事件を利用して、ニューディール政策を攻撃し、アメリカの国際的役割の強化に反対して、共産主義者が大規模な〝国際的陰謀〟の一環として連邦政府に潜入していると主張したのも明らかだ。ヒス事件によってかきたてられた感情は、政界における危険な傾向の出現を示していた」（『ロックフェラー回顧録』）。

彼はルーズベルト政権を擁護し、フーバーたちを孤立主義者、〝陰謀〟論者、危険な傾向と見做して敵意を鮮明にしています。

一九四九年、ついに下院非米活動委員会は、政府職員のうち三千名が共産党員であったことを発表しました。一九五三年には、二千人以上が危険分子として解雇されましたが、具体的な氏名は公表されていません。一九五五年、公務員監視委員会委員長は、一九五三年五月から一九五五年六月の間に二万七百二十名の政府職員を解雇したと上院調査委員会に報告しました。

フーバー前大統領や共和党員たちは、一九五〇年代半ばに至っても、一九三〇年代から四〇年代に政府組織に侵入した共産党員の工作活動に大きな関心を寄せました。過去のことと割り切れることではなかったからです。フーバーは、共産主義者の工作が「戦争か平和かの判断に大きな影響を与え」、アメリカに大きな厄災をもたらしたと主張します。「『蜘蛛の巣のように張り巡らされた工作の数々』が引き起こした事件の連鎖を、歴史家は理解しなくてはならない」とフーバーは強く訴えます。

社会主義的な経済運営

ルーズベルト政権は社会主義的な傾向の経済運営を行います。当然のことながらフーバーたちはこれを強く非難しました。ルーズベルトが大統領に就任してから五年目の一九三八年初めにはアメリカ経済は不振を極めていて、失業率は一九三三年のレベルに戻っていました。フーバーはこの経済状況を見て強い不安を抱くと共に、ルーズベルトが進めるニューディール政策によってアメリカがファシズムや共産主義すなわち集産主義・全体主義の方向に向かっていることを懸念します。一九三八年には中間選挙があったため、フーバーはルーズベルト政権のニューディール政策を徹底的に批判しました。ニューディール政策のもたらした政権内部のモラル低下についても舌鋒鋭く攻撃しました。ルーズベルト政権のネポティズム（縁故主義）、巧妙な予算流用、ニューディール政策反対派を貶めるプロパガンダ等々、ルーズベルトの政権運営がアメリカの自由主義を危機に晒していると訴えたのです。ルーズベルトのやり方は、アメリカ国民自身が主人である政府のあり方から逸脱するやり方だと警鐘を鳴らしたのです。計画経済は自由を失わせ、民主主義を危機的状況に陥らせます。経済の自由の喪失は同時に政治的自由の喪失です。

「ニューディールを推奨することは、独裁政治を進めることと同じである。目的を達成できれば手段は問わないという思想である。彼らの物言いに誤魔化されてはならない」（『裏切られた自由』）

ルーズベルトの社会主義的経済運営への非難の声は日本にも伝わっていました。アメリカ財界の権威者が一九三六年（昭和十一年）十一月東京で日本の財界有力者と会談をしたときのことが、内大臣となった木戸幸一が蔵していた『木戸幸一関係文書』に記録として残されています。アメリカ財界権威者は「ルーズベルトは社会主義的だ」とはっきりと非難しています。

要点は次の通りです。

「ルーズベルトの乱暴極まる（景気回復に対する）人為的な妨害工作が行われている」「アメリカ経済があんなにルーズベルトの試験台に使われたら崩壊したであろう。ルーズベルトが例のＮＲＡ

（全国復興局）の実験により、アメリカの財界事業界に与えた悪影響は実に測り知り得ざる程莫大なるものである」

一九三三年、ルーズベルトのニューディール政策の柱として全国産業復興法（ＮＩＲＡ）が制定されました。価格と賃金の下落を止めることによって産業を復興させることを意図し、産業ごとの企業団体に協定（公正行為コード）を結ばせて価格と賃金の安定を図ったのです。企業を指導する機関として全国復興局（ＮＲＡ）を設立し最低賃金や労働時間（週四十時間）についても定めました。

しかし、「社会主義的計画経済である」「自由主義の原則に反する」「企業独占を助長する」という批判が強くなり、さらに一九三五年五月、最高裁判所の「大統領による立法権への侵害である」とする違憲判決によって無効が宣言され、全国復興局は廃止されました。恐慌対策としての成果をあげるどころか、アメリカ経済に大きな悪影響を与えたのでした。ルーズベルトは経済や経済学に関して無知でした。

そしてルーズベルトは「いわゆるブレーン・トラストの連中が提案する色々の政策をつまみとって訳も分らずに試みた」のです。

「弁護士としても何ら仕事をせずして政界に入った人間なのです。だから彼は理論的に物を考える頭はない。万事勘でもってやる。加えるに例のブレーン・トラストなるものが、空理空論をもてあそんで喜ぶ学校の先生や本読みの連中なのだから、色々な提案なるものはひとつとして実際に即していやせん」

ニューディール政策推進の理論的支柱は、ロックフェラー財団が支援するブルッキングス研究所などでつくられています。

「ルーズベルトの政策の結果、今日アメリカでは労働者は働くという気持ちを失いつつある。仕事は八時間労働が六時間になる。食い扶持は働かなくても貰えるというのだから、労働者は堕落せざるを得ない。一方、働いて金でも儲けよう金を貯めようとする人間は、皆その金を税金その他の形式において取り上げられ、それが怠惰な人間の扶養料に充当されるというのだから、働くものが罰せられ、怠けるものが恩賞にあずかるといったような有様で」ルーズベルトがやっていることはすべてが出鱈目です。

「彼（ルーズベルト）は共和政治の名の下に社会主義を実行しつつある人間なのだから、持っている者を搾り上げ、増税を断行し、ますます大衆を甘やかすようになることであろう」

「ルーズベルトの大統領就任は差しあたってはアメリカの経済力を弱めることになり、日本に利益を与えるけれども、将来のことを考えればやはり彼の思想に禍されるものは単にアメリカ一国に止まらず、日本その他世界の国々も同様である。今に日本でも若手の官吏連中はルーズベルト流の理屈をどこからか読んだり聞いたりしてそれに心酔し、同じ様な傾向をたどって（中略）いくにきまっている」

アメリカ財界権威者の言う通り、共産主義思想は日本の官界にも及んでいます。

更に「彼（ルーズベルト）の政策により労働者を増長させつつあることは、恐るべき影響を与えることになろう」「ルーズベルトは大衆のご機嫌を取りつつ政権を維持することを考えているから、何でも大衆の喝采を迎える事をやる。労働時間の短縮、賃金の引き上げ、労働組合結成の促進といったものがみんなそれである」「この頃では皆組合に加入してしまった。それが各自の自由意志によるものではなくて、共産主義的な悪い奴の脅迫によるのである。加入しなければ暗い所で殴打されるのである。そして各工場の組合は皆相互に連絡を取って、全米の労働者は縦横に完全なる連絡をつけている。だからその最高首脳者の命令一下、如何なる事態発生するやも測り難い状態にある」

「頼んでも警官は来てくれない。警官を支配する政府は労働者の選挙にかかるものであるから、彼ら（労働者）に敵対するようなことは絶対にない。軍隊も来てくれない」「アメリカの税制は大企業・大資本の破壊を目標としている」

ルーズベルトの強引な社会主義的な経済運営に対するストレートなアメリカ財界権威者による批判です。心底許せなかったのでしょう。このとき、アメリカ財界権威者は当時の日本の立場についても意見を述べています。

「日本がひとり満洲国において共産主義の防戦の役を務めているのはお気の毒だと思っているも

ので、その費用は他の諸外国において分担して然るべきものとさえ考える」

アメリカの財界や共和党筋には、このような考え方を持つ人々も多かったことを、我々は知らなければなりません。しかし、当時において彼らと日本側にしっかりとした連携がなかったことは誠に残念なことです。

一九四〇年になると、ルーズベルト大統領のニューディール政策の失敗は火を見るより明らかでした。彼の八年間の政権運営下のアメリカ社会を見れば、どの時点でも一千万人近い失業者と一千八百万人の何らかの救済を頼りに生きている人がいて変わることはなかったのです。彼はそれまでの政権がとってきた通常の景気回復策を何の深慮も無く打ち捨て、誤った全体主義的な方策をとったのです。彼が、世界のパワーポリティックス、すなわち干渉主義にのめり込んだのは、世論の不満をかわすためであったことは歴史がはっきりと示しています。要するに政権維持のためなら何をしてもよいというマキャベリズム的性格があった、とフーバーは捉えています。

干渉主義

一九三七年十月五日、ルーズベルト大統領がシカゴで唐突に行った次の演説は「隔離演説」と呼ばれています。

「世界の九〇パーセントの国々の和平や自由が、一〇パーセントの国によって脅かされている。国際秩序、国際法は危機に瀕している。（中略）残念ながら世界中で法秩序が崩壊している。これが伝染性のある病の結果であったなら、感染者は隔離しなくてはならない。そうしなければ、共同体を病気の蔓延から守ることができないからである」

ルーズベルト大統領の外交が「干渉主義」へ踏み出した瞬間です。「隔離」すべき対象国として日本やドイツ、イタリアを念頭に置いています。しかし何故か同じ全体主義であって和平と自由を脅かすスターリンのソビエトは除外されます。これが問題です。

ルーズベルト大統領は一九三八年十月の日本軍による武漢攻略作戦後、対日武器輸出制限措置を発動します。その一方で、中国による武器購入には便宜を図り、特別融資も供与します。

一九三九年三月、ルーズベルトは、融通性に欠ける中立法の問題点を指摘しました。七月、ルーズベルトは議会に対して中立法の修正を促しました。ハル国務長官も声明を出し修正を求めます。しかしこのとき世論への迎合も忘れません。

「我が国は、他国の同盟関係のごたごたや紛争に巻き込まれてはならない。戦争が起きても我が国は、徹底した中立の立場を取り、戦争に引きずり込まれるようなことがあってはならない」

戦争には関わらないとしっかり述べるのです。本音とは真逆です。

一方で、ルーズベルト政権は、イギリスやフランスにドイツとの戦争を起こすように焚き付けていました。同年三月二十四日、イギリスのハリファックス卿はアメリカのケネディ大使との間で交わした会話を記録しています。

ケネディ大使は「イギリス政府もフランス政府も本当に（ポーランドの領土を）保障するのか」と確かめたのです。ドイツの駐英大使館はケネディ大使の動きを次のように本国に伝えています。

「ケネディ大使が主役のようである。彼が、各国の使節に接触し、アメリカは（戦争一歩手前まで(では)いかなる援助も惜しまないとして、我が国（ドイツ）に対する強硬な姿勢を取らせているようだ」

ルーズベルト大統領はポーランドに対しても、ダンツィヒ問題ではドイツとの交渉を拒否し強硬姿勢を取るよう圧力をかけていました。ポーランドの頑《かたく》なな姿勢は、ルーズベルト政権の意向の反映であったのです。ベルサイユ条約によってダンツィヒ（現・グダンスク）が分離され、そこに至るアクセスが制限されたことにドイツは当初から憤っていました。確かにこの措置はドイツに対する復讐であり、ドイツの主張には一定の理があったと考えられるのです。一九三九年九月、ついにドイツとソビエトはポーランドに侵攻します。このときドイツはポーランド外務省を占拠すると大量の外交文書を押収し、それを公開したのです。

資料の中には、ブリット（駐仏）大使が一九三九年一月の段階で、ポーランドおよびフランスに対しアメリカの軍事支援を約束したことを示すものがありました。そのような約束はルーズベルトの指示がなければできないものです。ブリット大使の軍事支援の約束は、各地のポーランド大使からもワルシャワの本省に報告されていました。

　他方、ルーズベルト大統領は九月五日、ヨーロッパの戦いに中立であることを宣言しました。これによって交戦国への武器輸出は非合法となったのです。一九三七年の中立法でルーズベルトは縛られていたのです。

「我が国民の九七パーセントは反ヒトラー感情を持っている。反スターリン感情も似たようなものだ。しかし一方で、九七パーセントの国民は戦争に介入することに反対である」（『裏切られた自由』）とフーバーははっきりと記しています。

　イギリスのウィンストン・チャーチルは最高の煽動家です。彼の最重要課題は、アメリカを参戦させることでした。一九四〇年五月、チャーチルが首相になって三日後の議会演説は歴史に残るものでした。チャーチルはその見事な演説で「ドイツに屈しない」と自国民を鼓舞《こぶ》します。チャーチルは、ルーズベルトと同様に、なぜかスターリンの危険性を語りません。スターリンこそが、ヒトラーと提携した張本人であり、その結果、ドイツのイギリス攻撃が可能になったにも拘らず、です。そしてチャーチルの演説はラジオによってアメリカ国民に届けられました。アメリカ国民の同情心に訴えたのです。アメリカ国民を洗脳することで、アメリカからの支援を確実なものにしたかったのです。イギリスは、ニューヨークに「英国情報サービス」なる組織を設置しました。（イギリス支援を煽るための）雑誌を発行し、パンフレット、プレスリリースなどを作成しました。またイギリス本国から有名人を招き、講演やディナー・パーティーを企画したのです。

一九四〇年六月、スティムソン前国務長官（フーバー政権時代の国務長官）は、ラジオ声明を発表し、その中で「事実上宣戦布告なしの戦争を支持する」趣旨の発言を行いました。彼はアメリカの港をイギリス、フランスの軍艦に開放し、アメリカ自身の軍艦を護衛するために戦争水域に送ることを主張したのです。

まさにこの発言を行ったその時に、スティムソンはルーズベルトから陸軍長官への就任を要請されたのです。これを受託する前に、スティムソンは電話でルーズベルトに対し、自分のスピーチの原稿を読んでくれたかどうか質問をしました。大統領は「スピーチは読んだし、その内容に賛成である」と答えました。もちろん一般大衆はこの電話でのやりとりを知りませんでしたが、スティムソンが参戦を強く望んでいたことは、一般に知れ渡っていました。「戦争」への仕掛けが動き出しています。

同じ六月、共和党はウェンデル・ウィルキーを大統領候補に選出しました。七月、民主党は現職のルーズベルトに三選を狙わせることに決めました。ルーズベルト大統領の「言葉以上、戦争以下」の「干渉主義」の外交方針は選挙期間中は鳴りを潜めました。選挙はむしろ「アメリカは参戦しないことを約束する競争」になったのです。ルーズベルトは選挙期間中十一回もこの約束を繰り返しました。選挙運動が始まる前にも同様の主張を五回しています。対抗馬のウィルキーは選挙期間中に同様の約束を八回しました。ルーズベルトが次々に行った平和の約束は、ルーズベルトの不誠実さと厚顔無恥なまでの不正直さを示すものでした。これこそ空前絶後の嘘と偽善、アメリカ国民に対する欺瞞そのものです。大統領選挙の終盤になって、民主党首脳は平和支持者の票が強力であることを恐れてルーズベルトに「平和への更に強いアピールを行うことでこれに対処するよう」進言しました。選挙日（十一月五日）の迫った十月三十日のルーズベルトの主張は実にきっぱりとしたものでした。

「私は母であり、あるいは父であるあなたがたに話すにあたって、いま一つの保証を与える。私は以前にもこれを述べたことがあるが、今後何度でも繰り返し言うつもりである。『あなたがたの子供たちは、海外のいかなる戦争に送り込まれることもない』」
「われわれの外交政策の第一の目的は、米国を戦争に参加させないことである」

米国津々浦々の有権者は、合衆国大統領によってなされたこれらの公然たる和平の約束を信じ、拍手喝采を送ったのです。

一方、大統領選挙期間中、アメリカ国内に戦争介入を要求する数多くの「干渉主義」の団体が作られ、そのほとんどがニューヨークで組織されていたのです。なかでも有力な組織は「連合軍を支援しアメリカを防衛する委員会」でした。他にも「社会民主連盟」「自由のための戦い委員会（のちにフリーダム・ハウスと改称）」「民主主義を求める委員会」「勝利を目指す市民の会（平和を勝ち取るために戦う会）」「モラルのための国民委員会」「参戦を求める連盟」「民主主義活動提携委員会」「自由防衛組織」「女性行動委員会」などがありました。すべての組織が「ヒトラーがやって来る」と訴え、国民の恐怖を煽りました。こうした組織の幹部やメンバーは驚くほどに重複していました。たとえば「連合軍を支援しアメリカを防衛する委員会」の十人の幹部は他の八組織にも関与していました。他の十人も六組織の幹部でした。一九四〇年の七月から十一月までの選挙期間中に、こうした団体が発した声明や新聞広告は百を超えたのです。みなヨーロッパへの介入を主張するものでした。これらの団体のうち一体いくつがロックフェラー財団の支援や指導を受けていたのでしょう。結局、大統領選はルーズベルトが勝利しました。前例のない三期目です。

武器貸与法という策謀

一九四一年一月十日、「武器貸与法案」という法案が連邦議会に上程されました。驚いたことにこの法案は単純な軍需物資の供与の法案ではなく、物資の輸送にアメリカ海軍を関与させる条項が入っていたのです。更に問題なのは、宣戦布告の権限を議会から剝奪し大統領権限にできるという条項が含まれていたことです。法案を一読してフーバーは急いで次のような声明を発表しました。

「まず議会が検討しなくてはならないのは、この法案では議会権限を大統領に差し出すことになるが、それでよいのかということだ。第一次世界大戦の時でさえ、そのようなことはなされていない。我々は国防を目的として国内生産を最大限にしたいと思っているし、独立を守ろうとしている国への支援もしたいと考える。ところが今回提出された法案は、単純に外国を支援するだけの内容ではなくなっている」（『裏切られた自由』）

一方、ロックフェラーが支援し英米協調をめざす国際主義者たちが設立した外交問題評議会は、武器貸与法制定に向けてアメリカ世論を誘導することに全力を傾けていました。

さっそく下院外交問題委員会で武器貸与法案の憲法上の問題点が指摘されます。

「巧妙な書き方でうまく隠そうとしているが、この法案は、開戦権限を議会から大統領に移そうとするものである。この権限は議会にあると憲法は規定する。全体主義的思考は、我が国にまでやって来た。ついに憲法の規定を破壊するような法案が上程されるまでになってしまった。議会の持つ権限はひとたび壊されてしまうと、それを回復することはまず無理である」（同右）

フーバーと同意見です。多くの上下両院の議員も同じでした。しかし、議会で証言したルーズベルト政権の幹部は法案の成立を求め、そうでなければ「我が国はヒトラーからの攻撃に晒されることになる」と述べたのです。武器貸与法案は、解釈によってアメリカ船舶による軍需品の輸送、あるいはアメリカ海軍による外国船の護衛までもが大統領権限で可能となる恐れがあったのです。

一九四一年一月二十一日、記者会見での質疑で、ルーズベルトは、この法案が成立しても「アメリカ海軍に外国船舶を護衛させるようなことは考えたことがない」と答えます。また「軍船は売らない」とも言いました。見え透いた嘘です。

議会は法案を次のように修正した上で成立させました。

「この法は、アメリカ海軍による護衛の権限を（大統領府に）付与するものでも、（これを）承認するものでもない。この法は、アメリカ船籍の船舶が、一九三九年の中立法に反して、戦争状態にある地域に入ることを認めるものでも、（これを）許可するものでもない」

これがのちに破られていくのです。最終的な議会の判断は「この法律は和平実現のためのもの」でした。つまり軍需品の「供給」のための法律であり「アメリカ自身が戦争に巻き込まれないようにするため」であると解釈したのです。後から振り返ればまったくの出鱈目です。

『サタデー・イブニング・ポスト』誌（一九四一年二月一日号）は次のような記事を書いています。

「戦争に介入したい勢力の戦術家が、当初はその真の目的を隠していたのには理由がある。しかし、本当の狙いを言わなくてはならない時は来る。彼らは参戦したくないと考える無垢な支持者を戦地に向かう貨車に乗せようとしている」

実は、一九四一年六月のドイツのソビエト攻撃によって、アメリカには永続的な和平を構築できるまたとないチャンスが到来したのです。ヒトラーとスターリンという世界最悪の侵略国家の二人の独裁者が死に物狂いの戦いに突入したのです。放っておいて「不干渉」の立場を貫けば、遅かれ早かれ二人の独裁者の気力は萎えドイツとソビエトの国力は衰退したはずです。しかし、そうはならなかった。驚いたことに、ドイツのソビエト攻撃からわずか二十四時間後の一九四一年六月二十三日、サムナー・ウェルズ国務次官は記者会見の席で、ソビエトへの武器供与の可能性を仄《ほの》めかしたのです。ルーズベルト大統領も「我が国は可能なかぎりの支援をソビエトに与える」と語りました。また財務省に対しては、六月十四日以来凍結されていたソビエトへの信用供与の解除を命じたことも明らかにしました。六月二十五日の記者会見では、ウェルズ国務次官が「大統領は中立法をソビエトには適用しない」と述べました。何故なのでしょうか。

これによってアメリカの民間船がソビエトの港に軍需品を運ぶことが可能になるのです。このようにして武器貸与法の枠組みの中で、共産主義国家ソビエトへの支援が決められたのです。アメリカ史上最大級の汚点です。武器貸与法案が議会で議論された時には共産主義国家に対してアメリカが支援する可能性など一切語られていませんでした。

ドイツを挑発

「ドイツは世界征服を目指している。イギリスが落ちれば、次は南米諸国を味方につけて、アメリカを攻撃する」。この大袈裟な叫びがハル国務長官の決まり文句でした。他のルーズベルト政権幹部たちも「我が国はヒトラーからの攻撃に晒されることになる」と絶叫しました。

一九四一年七月九日、ノックス海軍長官はついにドイツ潜水艦に対する攻撃命令を出したことを示唆する発言をしました。七月十一日、上院海軍問題委員会はノックス長官とスターク海軍作戦部長に非公開の場での証言を求めました。そこで二人はアメリカ海軍駆逐艦がドイツ潜水艦に対して機雷攻撃を仕掛けたことを認めたのです。宣戦布告なき戦争の始まりです。

同日、ジョン・D・ロックフェラー三世のすぐ下の弟で、ルーズベルト大統領によってラテンアメリカ担当国務次官補に任命されたネルソン・A・ロックフェラーは、ドイツなどの枢軸国と関係の深い二千もの企業名および個人名を公表したのです。アメリカが枢軸国とは未だに戦争状態にない時にです。明らかにこれは戦争状態をつくり出そうとする意図の下に行われています。彼は共和党員でしたが、ルーズベルト民主党政権に入ります。「戦争」の側にいるネルソン・A・ロックフェラーの立ち位置がはっきり表れた行動です。彼はのちに共和党のフォード大統領の下で副大統領を務めます。

一九四一年十月二十二日、外国に対する不干渉主義に徹してアメリカ国民の利益を守ろうとする「アメリカ第一主義委員会」のロバート・E・ウッド将軍は「ルーズベルト大統領は議会に対してはっきり戦争か平和かの議決を求めるべきである」と訴えました。決定権は議会にあるということです。しかし大統領は議会に判断を求めようとしません。

十月二十七日、ルーズベルト大統領はドイツとの間で「すでに戦いは始まっている」と述べ「戦争の準備が必要だ」と叫びます。彼は大西洋上で「ドイツからアメリカ艦船に対する明白な攻撃があった」と繰り返すのです。

このことに関して、のちに開かれた真珠湾攻撃調査委員会で、共和党議員とスターク提督の間で次のようなやりとりがあります。

共和党議員の質問は「(あなたがドイツと戦争状態にあると言っているのは)(ルーズベルト)大統領がそのようにドイツに対応せよと指示している結果ではないか。だからドイツ潜水艦と交戦状態に陥った。そしてあなたは、大西洋上では真珠湾攻撃前にすでにドイツとの戦いは始まっていると言った。そうではないですか」というものです。

これに対して、スターク提督は「そのとおりです。ドイツとの戦いは攻撃命令が出てから始まっています。大統領の九月のスピーチがあってからです。海軍が攻撃命令を発したのは十月に入ってからです。法律上、我々は戦争状態に入っていません。宣戦布告が出ていないからです。しかしキング提督の指揮下にある一部の地域では、その区域に入るドイツ艦船とは戦争状態になっていました」と答えるのです。

幸いなことに、ルーズベルト大統領の「大西洋上でドイツからアメリカ艦船に対する明白な攻撃があった」という主張を額面どおり受けとる者はほとんどいませんでした。あまりにも見え透いていたのです。ヒトラーはアメリカとの戦争を避けるべく、ルーズベルトやルーズベルト指揮下のアメリカ海軍からのいかなる挑発に対しても、我慢に我慢を重ねて忍び難きを忍んでいたことが明らかだったからです。十一月五日、『ニューヨーク・タイムズ』紙にしては珍しく「知的で正直な」ワシントン支局長が政府に対して疑念を表明しています。

「ヒトラーは、（アメリカが攻撃されたという非難に対して）そうではないと事実をもって反論するだろう。（言葉の定義をしっかり考えろと）辞書まで投げてよこすかもしれない。なぜ我が国政府は事実を誤魔化そうとするのか」

ドイツを挑発するルーズベルトの企ては上手く行きません。

日本を追いつめた共産主義者たち

先述のように、ルーズベルト大統領は一九三八年十月の日本軍による武漢攻略作戦の後、対日武器輸出制限措置を発動しました。

その一方で中国による武器購入には便宜を図り、特別融資も供与しました。アメリカの日中両国に対する武器輸出額は一九三八年以前にはほぼ拮抗していたのですが、その後のアメリカの対中武器輸出は対日武器輸出を圧倒しました。「戦争」を企む側による新聞や映画ニュースでの宣伝も効果を上げていました。アメリカ国民に、日本軍の残酷性と侵略性に対する反感、中国国民の覚醒と抵抗に対する共感、中国政府の長期戦勝利への予感を植えつけていったのです。日本軍の漢口空襲による悲惨な被害を報じる映画は全米で繰り返し上映されました。

ルーズベルトは、一九三九年七月に日米通商航海条約の破棄を通告します。九月にルーズベルトはアメリカに帰国していたグルー駐日大使と会談しました。グルーが「日本が他のルートから十分な石油が得られないと悟れば蘭領東インドに向かう」と言うと、ルーズベルトは「その時には、日本の戦艦を阻止しよう。簡単なことだ」と答えています。彼は日本と戦争する気満々です。

一九四〇年一月には日米通商航海条約の破棄を実行、七月には日本への石油と鉄屑の輸出を許可制にし、ガソリンを禁輸とする一方、中国への軍事援助を更に増強しました。一九四一年七月からは、退役軍人パイロットの志願部隊（シェンノート部隊）を中国軍に参加させます。完全に一線を越えます。

一九四〇年の大統領選挙の際の民主党政綱もルーズベルトの声明も、「アメリカは国民を外国の戦争に派遣することはない」と明言しています。両者はその後も「アメリカの平和と不戦の誓い」を度々繰り返し、参戦するまでの間、ついに一回もこれを改め撤回してアメリカ国民や連邦議会に「参戦が必要だ」との考えを説明することはありませんでした。つまり、ルーズベルト政権は、実際には参戦を企みながらも、首尾一貫して参戦を否定し平和を求めるという外観を維持したのでした。

一九四一年八月の大西洋会談の後、ルーズベルト大統領は英米共同の「警告」を日本の野村吉三郎駐米大使に伝えました。これに対して日本政府はルーズベルト大統領に提案を持ちかけました。それは近衛文麿首相がアメリカと平和的関係を維持することを真摯に願い、この問題を大統領と「平和的精神に基づいて」徹底的に話し合うため、太平洋のどこかで会談することを望んでいるという内容でした。

しかしながらルーズベルト大統領は大西洋会談で既にチャーチル英首相に軍事的援助を約束しており、また、英米首脳は日本との折衝を継続することによって日本との戦争に至るまでの時間を遅延させようとの考えで一致していたのです。この時点で既にルーズベルト大統領の日本に対する表向きの発言と胸中にある考えは異なっていたのです。そしてルーズベルト大統領と少数の政権首脳部は密かに参戦の決意をし、戦争計画の策定を具体的に着々と進めていたのです。

ただし、事は単純には運びません。ルーズベルトは自らの誓約に縛られており、反戦で固まっている国民の手前、あくまで非参戦の態度を保ちながら「アメリカはやむを得ず参戦しなければならなかった」という立場を演じる必要があったからです。明らかに戦争につながる可能性がある武器貸与法が可決され、中立法が改正されると、ルーズベルト大統領は独断で、「密かに」アメリカからの支援物資をイギリスに運ぶ際、海軍艦艇を護衛隊として活用しました。大統領による法律違反です。

更にはアメリカの軍艦はルーズベルト大統領の命令通りにドイツ潜水艦を追い回して爆雷攻撃を加えたのです。明らかに戦争行為です。なし崩し的な参戦を目論むルーズベルト大統領は、連邦議会に宣戦を求めるようなことはしません。このようにアメリカから戦いを仕掛けましたが、やはりドイツは挑発に乗らず、アメリカ国内でもこの事実が露呈したために、当然に国民の戦争ムードは昂揚せず、米独の戦争に至りませんでした。ルーズベルトにとっての誤算です。

そこでルーズベルトが改めて目を付けたのが日本です。ドイツと軍事同盟を結んだ日本を経済制裁によって〝締め上げ〟、挑発し、日本に「先に一撃を撃たせる」。これによって参戦への大義名分を得ようという策略です。アメリカでは日米関係の外観は戦争が始まるまで「平和的であった」と言われています。

だが、実情は大きく異なっていたのです。それがアメリカ国民に知らされていなかったのです。在米日本資産の凍結、全面禁輸、近衛文麿首相からの太平洋会談提案の拒否、ハル・ノート（対日要求の覚書）の手交などルーズベルトは対日強硬策を次々と打っていたのでした。特に十一月二十六日に日本に突き付けたハル・ノートは中国（支那）からの全面撤退等を求めていました。ハル・ノートは一九〇〇年以来、アメリカのとったいかなる対日外交手段に比べても先例をみないほど強硬な要求であり、どんなに極端な帝国主義者であろうと、これまでこうした方針を外交政策に採用したことがなかった代物です。そうした覚書の手交を決したとき、どう考えてもルーズベルト大統領とハル国務長官は戦争に向かう道を決意していたはずです。

日本の野村吉三郎駐米大使、来栖三郎特使はこれを一読して「この合衆国の提案が日本政府に伝われば、日本政府はおそらく『お手上げだ』と言って匙を投げるだろう」と断言しました。その予言通りに日本政府が野村駐米大使に「『屈辱的な提案』として交渉は事実上決裂」と伝える極秘電報を打ったことを傍受しても、ルーズベルトは対日スタンスを変えることはありませんでした。米海軍情報部は日本側の暗号電報を傍受し、解読することに既に成功していたのです。それらを逐次、翻訳、解析していくと、戦争が差し迫っていることがはっきりと読み取れましたが、ルーズベルト大統領にとって最大の問題はあくまで「アメリカに甚大な危険を招くことなく、いかにして日本が最初に発砲するよう導くか」であったのです。ルーズベルトは開戦直前の十二月二日の記者会見で「日米関係は平和的であるのみならず完全に友好的である」と真っ赤な嘘を述べています。

以上の日本による真珠湾攻撃までの経緯のまとめは、実は、ルーズベルト政権の対日政策を詳細に観察していたアメリカの代表的な歴史研究家チャールズ・オースティン・ビーアドの考えに基づいています。公正な見方を期すために、ここにアカデミズムからのルーズベルト批判を紹介したのです。ビーアドは、特にハル・ノートを痛烈に批判しています。ルーズベルトに対するビーアドの観察はフーバーの観察とぴったり重なります。

ちなみにビーアドは、ルーズベルト政権批判を『ルーズベルトの責任─日米戦争はなぜ始まったか　上・下』という著書にして、第二次世界大戦が終わってから三年足らずの一九四八年四月にアメリカで上梓しています。

しかし大戦の勝利の余韻に浸っていたアメリカ国民は、本書が出版されると激しく反発します。本書によってアメリカ国民は気分を逆なでされ、国民的英雄ルーズベルトの歴史的偉業が貶められたと怒りました。当時の書評もビーアドを攻撃する論調で溢れました。外交問題評議会の『フォーリン・アフェアーズ』誌一九四八年十月号では、ビーアドは「『国際的な世界』の現実が分かって」おらず「事実を歪め、（ルーズベルトの）動機に不適切な評価を下した」とされています。

ちなみに、ビーアドは戦前、東京市の市政調査アドバイザーであり、関東大震災後の復興に尽力するなど日本への貢献が大きい人物でした。

アメリカ国務長官のコーデル・ハルの『回想録』にも、一九四一年一月に駐日大使ジョセフ・グルーから「日本の軍部は日米間に事が起った場合に真珠湾を奇襲する準備をしている」という情報を受けたため、陸・海軍両省に報告したという記述があります。これを国務省から知らされたハロルド・スターク海軍作戦部長は、二月一日にキンメル太平洋艦隊司令長官に宛てた電報で「海軍情報部としてはこの流言は信じられないものと考える」との情報部の見解を付けて伝えています。

ここからも、早くから日本の動きを察知しながら、これを現場に知らせまいとする当時の政権側の姿勢が読み取れます。「戦争」の側にとっては、「現場」は日本蹶起《けっき》のための「生贄《いけにえ》」でした。

一九四一年秋におけるアメリカの最終的な対日方針決定の背景には、ラフリン・カリー大統領行政補佐官と、重慶の国民党政府に顧問として派遣されていたオーエン・ラティモアとの連携工作がありました。カリー大統領補佐官は「日本とのいかなる合意も、我々がこれまで中国で築いてきた善意を回復不能に傷つけるものだ」とルーズベルト大統領に進言しました。

カリーの見解は「蔣介石に対する合衆国の忠義は日本とのあらゆる妥協を排除するものであり、従って暫定協定案は破棄すべきだ」というものです。日米暫定協定案構想を潰し、日本を絶望に陥れるハル・ノートを突きつけさせたのです。ラフリン・カリーはカナダ生まれで、ロンドン・スクール・オブ・エコノミックス、ハーバード大学で学び、一九三四年にアメリカ国籍を取得して財務省に入ります。財務省で政策提言を行い、連邦準備制度理事会で働いた後ルーズベルト大統領の補佐官となりました。ソビエトの工作員であったことが複数の関係者の証言やヴェノナ文書によってのちに明らかになります。

日米和平交渉を決裂へと追い込むべく、蔣介石のメッセージを作成してアメリカ政府に公電として送り、ハル国務長官の最終的な対日政策に決定的な影響を与えたのはオーエン・ラティモアです。このラティモアをアメリカ政府代理人という形で蔣介石の顧問として送り出したのがカリー大統領補佐官でした。

しかも、この判断をカリー補佐官はハル国務長官に相談せずに独断で決定していたのです。オーエン・ラティモアについては、共産主義者の牙城であるIPRのところで既に述べました。ハル・ノートの作成自体にはソビエト赤軍情報部のスパイであった財務長官補佐官ハリー・ホワイトが関与しました。ホワイトについても既に述べましたのでここでは割愛します。ここで言いたいのは、共産主義者たちが日本を徹底的に追い詰めとどめを刺したということです。

フーバーも回顧録で次のように詳しく述べています。

「私はここで、対日交渉の場面で強い影響を及ぼしたのではないかと思われる、我が政権内に潜り込んでいた共産主義者の行動を問題にしたい。モスクワは、我が国と日本の間に和平がなってもらっては困ると思っていた。そうなってしまえば、蔣介石は日本軍との戦いから解放され、華北に籠る毛沢東の共産党政府を潰しにくることになるからである」

フーバーは共産主義者の意図を良く摑んでいます。

「この頃、大統領の名代のような立場で重慶にいたのがオーウェン・ラティモアであった。彼は、ホワイトハウスで、ルーズベルト大統領の行政担当補佐官をしていたロークリン・カリーに、次のように打電した。『私（ラティモア）は、暫定協定案に対する総統（蔣介石）の強い反発について、急ぎ大統領に知らせなければならないと感じている。日本との間の暫定協定はいかなるものであっても、アメリカを信じる中国の気持ちを裏切ることになるだろう。アメリカに捨てられたという感情を回復するのは難しい。過去の支援実績があっても、これからの支援を増大させても、信頼の回復を図ることは難しくなる。もし日本が外交的勝利を収めることになれば、中国国民のアメリカへの信頼を持続させることはできないだろう。総統はこのように憂慮している』。ハル国務長官は、十一月二十五日に、中国の外務大臣からアメリカを非難する文書がとどいたことを記録している。その文書には、アメリカは中国を犠牲にして日本との宥和を図っていると記されていた。スチムソンとノックスも、ラティモアの教唆を受けた蔣介石からの抗議文を同じ日に受け取っていた」

「十一月二十九日、東京から、日本のメディアはハルの提案は最後通牒であると非難しているとの報告が入った。もちろん、我が軍の指導者も、ハル・ノートは最後通牒だと理解していた。そうでなければ、彼らはハル・ノートを出したことに抗議しなかったはずだ。同様に、そうでなければ、マーシャルは麾下《きか》の地域司令官に、『日本は交渉をやめるようだ』などとは知らせなかったはずだった」(『裏切られた自由』)

第三章

平和の天使フーバー

ハーバード・クラーク・フーバー

平和の天使

ハーバード・クラーク・フーバー（一八七四〜一九六四年）は、共和党出身のアメリカ第三十一代大統領（任期一九二九〜一九三三年）です。私にとってはアメリカ史における最も偉大な存在の一人です。

フーバーはアイオワ州に生まれました。幼年期に両親を失ってからは叔父に引き取られ、重労働を強いられ苦学しました。スタンフォード大学で地質学を学んだ後、世界的な新規鉱脈探査の波に乗ってロンドン、オーストラリア、中国（支那）、ビルマ（現ミャンマー）、朝鮮、南アフリカ、カナダで鉱山開発にあたり成功をおさめます。

そしてロンドンに本社を置く会社を設立し、若くして億万長者となったのです。いわゆるアメリカン・ドリームの体現者でした。

一九一四年に第一次世界大戦が勃発すると、彼は人道主義的立場から、ドイツ軍の占領下にあったベルギーと北フランスで食糧不足に陥っていた人々に援助を行いました。その頃のアメリカはまだ中立を保っていたので、交戦していたドイツ、イギリス両政府を説き、アメリカ政府の協力をとりつけて、アメリカで食糧を調達して困っていた人々に届けたのです。フーバーは第一次世界大戦ののちに『メモワーズ』（私の回想）を出版して第一次世界大戦の前後を鋭く分析しました。

このため、『ブリタニカ大百科事典』では、彼を優れた歴史研究家として紹介しています。

フーバーは第一次世界大戦後に、自分で蒐集した厖大な史料を母校のスタンフォード大学に寄贈し「戦争ライブラリー」を創設しました。のちに「フーバー『戦争・革命・平和』ライブラリー」と改名され、第二次世界大戦後には今日のアメリカの主要なシンクタンクのひとつである「フーバー戦争・革命・平和研究所」（フーバー研究所）となります。

フーバーは、第一次世界大戦にアメリカが参戦すると、ウィルソン大統領によって食糧機構長官に登用されて戦時下の食糧統制行政を任されました。一九二一年には次のハーディング大統領に商務長官に登用されます。

一九二三年にハーディング大統領が任期半ばで亡くなると、あとを継いだクーリッジ大統領の下で商務長官を留任し、両政権のもとでアメリカの経済構造を大胆に改革する辣腕《らつわん》を揮《ふる》いました。一九二七年、ミシシッピ川がかつてない長雨で氾濫してアメリカ建国以来最大の天災となり、百五十万人の住民が住居を失いました。フーバー商務長官は、救援と復興の指揮をとり、百五十カ所以上に大規模なテント・シティを設立して、全国から巨額の義援金を募《つの》るなど、超人的と賞賛される手腕を発揮したのです。当時のアメリカ国民の間で「今日のアメリカで、もっとも有能な逸材」、大統領としてふさわしい人物という期待が高まっていきました。「ロスアンジェルス・タイムズ」紙は「ジョージ・ワシントンは偉大な大統領として記憶されているが、ハーバード・フーバーの実績と経験を欠いていた」とまでフーバーを持ち上げたのです。

「五十四歳の商務長官」フーバーの名声はとどろき、一九二八年の大統領選挙で共和党候補として地滑り的な勝利を果たしました。翌年三月にフーバー政権が発足、アメリカ経済界は歓迎、株価は急騰したのです。

ところが不運なことに、一九二九年十月に大恐慌が起きます。大恐慌のあおりを受け、フーバーは一九三二年の大統領選挙で民主党のルーズベルト候補に四十州以上で敗れるという歴史的な大敗を喫します。

この後ルーズベルト大統領の下で生起する三年八カ月にわたる不毛で過酷な日米戦争を、前大統領のフーバーは「ルーズベルトというたった一人の狂人が引き起こした」と糾弾することになります。

「日本はペリー艦隊が一八五三年に来航して以来、アメリカの国益を一度として損ねたことがなかったのにもかかわらず、ルーズベルト政権によって戦争を強いられたのだ」

フーバーは、ルーズベルトが容共主義者であり、ルーズベルト政権の中枢が共産主義者によって浸食されていることを承知していました。更にフーバーは、スターリン独裁下にあったソビエトの脅威に対して警鐘を鳴らし続けました。そのため、フーバーは前大統領であったにも拘らず、ルーズベルトから無視され続けて一度も会うことがなかったのです。

そんなフーバーを中心とする「平和」を保とうとした陣営、フーバーを始めとしてリンドバーグ、フィッシュ、ビーアドなどに代表される側は、アメリカ国民の「平和」への圧倒的な支持があったにも拘らず、なぜ戦争を防げなかったのでしょうか？　なぜルーズベルトを筆頭とする「戦争」を起こそうと企てる陣営に敗れたのでしょうか？　なぜ「平和」は「戦争」に負けたのでしょうか？

共産主義への警戒

アメリカの連邦議会は、一九一九年にモスクワでコミンテルンが創設された当初から強い警戒心を抱いていました。コミンテルン関係の会合がアメリカの首都ワシントンDCで開催されたことを受けて上院は直ちに特別委員会を設置して調査にあたります。アメリカ共産党もこの年に結成されました。翌一九二〇年には「外国からの脅威」を調査するために連邦議会に共和党のハミルトン・フィッシュを委員長とする特別委員会が設置されます。

ソビエト連邦は一九二二年に正式に成立しましたが、アメリカの歴代大統領は国家承認を見送ってきました。しかしながら、一九三三年、既に述べた通り、ルーズベルト政権の発足から八カ月でソビエト連邦を国家承認してしまいます。これによりソビエトの国際社会におけるステータスが上がり、同時に共産主義者のアメリカへの工作の道が一気に開けてしまったのです。

前に採り上げたように、ルーズベルト政権下でアメリカ共産党は更に大組織になります。前大統領のフーバーはルーズベルトの背後に潜む共産主義的な動きに警戒を強めていきます。実はフーバーは、公には認めていませんが、次期大統領選（一九三六年）への出馬を考えていたようです。
しかし一九三六年の共和党予備選で敗北してルーズベルトへの挑戦の道が消えると、彼は社会主義的なニューディール政策やその信奉者への批判の先頭に立ちました。フーバーはアメリカ全土で講演しその危険性を訴えたのです。こうして悪魔の使いルーズベルトや共産主義者との本格的な闘いが始まるのです。

ここで、ルーズベルト政権下におけるコミンテルンや共産主義者の活動活発化に対する連邦議会の対応を見ていきます。一九三八年五月、マーティン・ダイズ下院議員を委員長に七名の超党派で構成されたダイズ委員会（「非米活動及び宣伝調査特別委員会」）が下院に設置されます。ダイズ下院議員は与党民主党員でありながら、テキサス州出身の保守派でした。当然のこととして、ダイズ委員会とルーズベルト政権は対立し、ダイズ委員会がルーズベルト政権に対して調査委員および法律専門家の派遣並びに調査資料の提供を要請しますが、政権側はその申し入れを断ります。

以後、ダイズ委員会は反ルーズベルト政権の牙城のような様相を呈します。ダイズ委員会は政権内部に共産主義者が入り込んでいるとの非難を繰り返し、当時「反日親中」の宣伝を展開していたアメリカ共産党系の「アメリカ平和デモクラシー連盟」の郵便物送付先リストを入手して、そこに記載されていた五百六十三名の連邦政府職員の名前を公表しました。
一九三九年九月にはアメリカ政府内に構築されていたソビエトのスパイ網に関する個人名を挙

げた具体的な告発があり、ラフリン・カーンやアルジャー・ヒス兄弟の名前もスパイとして挙がっていました。しかしルーズベルト大統領はこの告発内容を全く信用しようとせず、告発者ウィッテカー・チェンバースたちを蔑む言葉を繰り返し、最後に「このことは忘れろ」と言い放ったと言います。チェンバースはアメリカ共産党員でしたが、スターリンの大粛清に愛想を尽かし共産主義思想を捨て告発者となったのです。

ちなみに、一九八四年、ロナルド・レーガン大統領は故人となったチェンバースの勇気を称え自由勲章を授与します。彼のことは日本ではほとんど知られていません。

一九四〇年一月、ダイズ委員会が全会一致の報告書を議会に提出します。

「(アメリカ)共産党は、政党の形を取ってはいるが外国政府の工作組織である。党の活動は、明らかに、ソビエトを国家承認した際の条約に違背している。(アメリカ)共産党は、コミンテルンの指導下にあり、アメリカ国内法規に触れる方針で行動している。(アメリカ)共産党の設立当初からモスクワから資金が提供されている。その資金を使って破壊工作活動が進められた」

フーバーは断言します。

「ルーズベルトが約束した世界平和の保持という視点からソビエトの行動を見たい。ソビエトはこの面でも約束を破っている。ソビエトは、ポーランド、フィンランド、ラトヴィア、エストニア、リトアニア、ベッサラビアに侵攻した。こうした国からの挑発は一切なかったにもかかわらずである。これらの国のほとんどが民主主義国家だった。しかし、いまでは共産主義に隷属してしまっている。ルーズベルト氏は、そうした侵略行為を倫理的に許さないとしていたのではなかったか。ところがこの数カ月の間、ルーズベルト政権はソビエトに宥和政策を取っている。ロシアに工作機械や航空用燃料を送り、ご機嫌を取っている。（中略）これがルーズベルトによる平和のための協力の実態であり、ますますその『協力』の度合いは高まるに違いない」（『裏切られた自由』）

これが歴史の正確な叙述というものでしょう。しかし、いやだからこそ、ルーズベルト大統領はダイズ委員会報告書の信憑性を何とか貶めようと努めました。

日本やドイツとの戦争勃発後、ダイズ委員会は日本やドイツの工作活動監視に重点を置きましたが、戦局の推移と共に次第に共産主義スパイの活動監視に戻ります。一九四五年には単年度毎の特別委員会から常設委員会となり、正式名称を「下院非米活動委員会」としました。

第二次世界大戦が終息した後の一九四六年二月、アメリカの著名ジャーナリストが自ら主宰するラジオ番組で、カナダでのソビエトスパイ亡命事件から発覚した事実として「アメリカ政府内に大掛かりなソビエトのスパイ組織がある」ことを取り上げ、更に「ホワイトハウスと国務省がＦＢＩによる逮捕に反対している」と全国の新聞に寄稿しました。これを端緒にＦＢＩや共和党議員を中心として共産主義浸透の脅威に関する啓発運動が起こり、アメリカ国内は次第に騒然となっていくのです。

一九四六年秋の中間選挙で共和党が勝利すると、共和党の下院議員J・パーネル・トーマスが下院非米活動委員会の委員長に就任しました。一九四六年十月、委員会は検事総長に書簡を送り、「アメリカ共産党並びにモスクワの指令に基いてアメリカ国内で活動している工作員たちは、アメリカの行政の正常な機能に対する一大障害となっており、政府は直ちにこれを是正すべきである」と述べて共産党が訴追されるべき理由を挙げました。

更に委員会は、ハリウッド（映画界）への共産主義浸透の実態を把握し、映画界から共産主義者およびそのシンパを排除させました。

こうした連邦議会の動きを受けて、ルーズベルトの後を継いだ民主党のトルーマン政権も、一九四七年三月には政府職員に忠誠・機密保持の計画を実施する大統領令を出します。このとき不採用または解雇された者は五百六十人、審査中に自ら志願を撤回または辞職した者は六千八百二十八人にのぼりました。

下院非米活動委員会ではその後、共和党のリチャード・ニクソン下院議員らが中心となって国務省幹部アルジャー・ヒスらの工作活動に関して頻繁に公聴会を開催しました。一九四八年夏の委員会による証人喚問では、ハリー・デクスター・ホワイトやアルジャー・ヒスなどスター級の大物官僚を始めとするスパイの実名が挙がり、アメリカ国民を驚愕させました。委員会は一九四八年八月に「第二次世界大戦中及び戦後において政府機関内においてアメリカ共産党並びにその機関と協力し、ソビエトに情報を提供したスパイ活動が存在した」という中間報告を公表します。ヒスは国家機密漏えいの事実が判明し、一九五〇年に偽証罪としては最長の禁固五年の判決を受け服役します。

下院の動きは上院にも波及し、一九五〇年二月上院外交委員会に、共産主義の問題を扱う小委員会が設置されました。この小委員会において共和党のジョン・マッカーシー上院議員が、「アメリカの極東政策の主要な決定者の一人」オーウェン・ラティモアを「共産党のシンパ」と非難したのです。

フーバーは、ルーズベルト・トルーマン両民主党政権に潜り込んでいた共産主義スパイの実態が一九四〇年代後半から次々に明らかになったことに注目していました。下院非米活動委員会などの調査結果を読み、次から次に暴露される共産主義者、その同調者の工作活動の実態に驚愕したのです。フーバーは両政権に入り込んだ共産主義者とそのシンパのリストを議会証言などを基に作成し自身の執務室に置いていました。ルーズベルト政権の国務長官補佐官アルジャー・ヒスに関する裁判を目の当たりにして、ルーズベルト・トルーマン両政権に侵入した共産主義者のアメリカ外交、特に対中外交への影響が極めて大きかったことを改めて悟りました。

実際、一九四九年の中国大陸における中国共産党の勝利までの間に共産主義者がアメリカの対中外交に与えた悪影響は甚大であったのです。のちに大統領となる共和党のリチャード・ニクソンもフーバーと同じ考えでした。

不干渉主義

共産主義者を含む国際主義者たちは、フーバーたちに「孤立主義者」というレッテルを貼って攻撃しました。「レッテル貼り」は今も昔も彼らのお家芸です。もちろんフーバーは決して文字通りの意味での孤立主義者ではありません。フーバーは「孤立主義」という言葉が表面的に示す「利己的な意味での孤立」は全く主張していません。既に見たように、フーバーは第一次世界大戦では物資や食糧の欠乏に苦しむヨーロッパの人々の救済活動を精力的に展開し、数百万人の命を救っています。ラジオでは「孤立政策をとることができると考えることは幻想である」と訴えています。また彼は戦いを忌避するだけの「平和主義者」でもありません。フーバーの信念は「他国に干渉するのを戒める」ことにあり、その意味での「不干渉主義者」だったのです。

フーバーは一九二九年に大統領に就任すると、軍縮交渉を進める一方、大恐慌からの脱却のために多国間協定を結ぶことを提唱します。妥当な措置です。フーバーは第一次大戦前も戦中もヨーロッパで過ごしています。その経験もあってヨーロッパの国々を憎しみの渦巻く関係から解放するために、アメリカが何とか力を貸せるのではないかと考えました。

しかし一九三八年になるとヨーロッパは再び動乱の世界となってしまいました。フーバーはそこから意図的に距離を置くことを決断します。一九三八年一月十五日、フーバーは前大統領として、アメリカがこれから採るべき外交政策についてラジオを通じてアメリカ国民に語りかけました。

「アメリカ国民は攻撃を受けることがあれば、すべての力と精神力を動員して最後まで戦うことを覚悟しなくてはならない。そうすることでしか我が国の独立は維持できない。戦いの覚悟を持つことが我が国に対する攻撃への防御そのものである」

「同時に自制も必要である。我々が戦うのはあくまでも攻撃された場合である。そうでなければ中立の立場を取るべきである。我が軍を、多国間の戦いの始まりを防ぐため、といった理由で介入させるようなことがあってはならない」「同様の思惑で、他国に対して経済制裁や禁輸などという措置を取ってはならない。むしろ経済発展と国民の幸福を求めて他国と協力することが肝要である」(『裏切られた自由』)

不干渉主義者の面目躍如です。一九四一年十二月七日(真珠湾攻撃の日)まで、彼はこの立場を決して変えなかったのです。

「アメリカが戦争するときはその安全保障が脅かされる攻撃を受けたときだけであり、そうでない限りは外国の揉め事に関与しない。そういう態度を保つべきである」

フーバーは国民に訴え続けたのです。彼は、不干渉主義の考えが国内世論に鑑《かんが》みても受け入れられることがわかっていました。フーバーはラジオスピーチを通じて「勝者も敗者と同様に苦しむことになる。その苦しみは経済にも心にも及ぶものだ」と訴えました。「もし次なる戦いにアメリカが関与すれば、国家の抱える負債は膨れ上がり、預金者の富を(インフレーションによって)奪っていくことになるだろう」とも警告しています。

フーバーは次のような言い方でも警鐘を鳴らしました。

「もし我が国が再びヨーロッパの戦いに介入すれば、我が国の民主的政権はそのことがもたらす衝撃に耐えられないであろう。民主主義国家として生存することさえ危うくなるに違いない」

その理由は、ヨーロッパの全体主義と戦うためにはアメリカ自身が総力戦体制を整えるために全体主義化せざるを得ないからです。フーバーは次のような警告も発しました。

「干渉主義者たちは民主主義を救うために参戦すべきだと主張するが、その戦いのためには我々自身が専制的な国家にならざるを得ないことを考えてもみない」（『裏切られた自由』）

フーバーは、ドイツなどヨーロッパのファシスト国家の攻撃性は「イデオロギー」だけに起因しているとは考えていません。ファシスト国家のリーダーたちには「国民を食糧や物資の不足から何とか救いたい」という思いがあったことを見抜いていました。それはイギリスやフランスと戦うことでは達成できないのです。このように理解していたから、フーバーはドイツは東に向かうと考えていたのです。彼はこの考えをはっきりアメリカ国民に訴えます。

「ドイツなどのファシスト国家は、西欧民主主義国家との戦いを望んでいない。彼らは東方への拡張を目論んでいる。我々が彼らの動きに介入しない限り、ファシスト国家がイギリスやフランスに戦争を仕掛けることはない」

「ドイツは（籠から出され）ある程度の自由を容認されれば、西ヨーロッパ方面で問題を起こすことはないだろう。ドイツが西ヨーロッパを攻撃することは考えられない。ドイツの目は東、つまりウクライナ方面を向いている。ドイツの東方への野心はイギリスの脅威にはなり得ない」

「ドイツはヨーロッパ大陸の猛者《もさ》である。ただ彼らは陸の民であり海の民ではない。そして彼らの目は東を向いている。紛争は、フランスとの間ではなくロシアの平原で起きるだろう。ドイツが東方での戦いを進めることは西欧文明にとっては幸いとなる」（『裏切られた自由』）

「不干渉主義」は地政学的にも正しいのです。ドイツはイギリスやフランスと戦う気はなかったのであり、「ドイツの目は東にのみ向いている」は戦後消された重大な歴史的真実なのです。

フーバーの主張は、ルーズベルトの隔離演説（ドイツや日本などの侵略性のある国家は積極的に隔離しなくてはならない、とする主張）とは全く相いれません。

「和平を維持するためには、民主主義国家だけではなく、独裁国家ともうまくやらなくてはならない。他国の人々がどのような政体を選択しその運命を託そうが、我が国とは関係ないことである。世界の国々を、戦争すると脅かして、正しい方向に導くことなどできはしない」

フーバーはアメリカの軍事力あるいは経済力を戦争に使うよりも、戦争をしないという国際世論の形成に向けるべきだと主張しました。これも極めて正論です！

「確かに世界各国にファシスト的熱狂の空気が満ち、計画経済化が流行《はや》っている。そうした風潮の中で個人の自由は圧殺されている。我が国がなすべきことは、真のリベラリズムの光を灯し続けることである。決して（ヨーロッパの）戦争には関与せず、我が国内の民主主義を再活性化させ、更に進化させること。これこそが人類の未来への貢献である。知的誠実さを追求し続け、希望の灯を絶やさない。それが我が国の取るべき道である」「西ヨーロッパの民主主義国が、ドイツの進める戦争に引き込まれ、その結果が残虐で非道なロシア（ソビエト）の政治を救うことになってしまえば、それこそが本当の悲劇である」（『裏切られた自由』）

彼はこの考えにイギリスのネヴィル・チェンバレン首相が百パーセント同意したと記録しています。次に首相となるチャーチルはこのチェンバレンの同意を攻撃していました。チャーチルは「戦争」の側の人間です。もし、この時代も引き続きフーバーがアメリカ大統領職にあったとしたら、世界の人々はどんなに心強かったことでしょう。

こうしたフーバーたちの声は有権者に届いていました。一九三八年十一月八日、連邦議会議員の選挙結果にそれが表れました。共和党が大きく議席を伸ばしたのです。下院では八十八議席から百六十九議席、上院では十六議席から二十三議席（しかし民主党の優勢は変わりませんでした）。

それでもフーバーは不安でした。万一ヨーロッパで民主主義勢力と独裁主義勢力の戦いが起こっても、アメリカは干渉すべきではないと再び力説しました。

「自由主義者の経済政策が戦争経済を基礎にするようなことがあってはならない。ヨーロッパの戦争に介入すれば、我々の政府自身がファシスト化する。個人の自由を制限するだろうし、そうなってしまえばそれを元どおりにするには数世代もかかってしまうだろう」

何よりもアメリカの介入は何の益にもならないのです。アメリカはヨーロッパの争いに干渉することは可能ですが、ヨーロッパに和平をもたらすことはできないのです。なぜなら、ヨーロッパは多民族で構成され、国境紛争があちこちにあり、互いを恨む感情は千年以上にわたって消えていないからです。

不干渉の政策を取ったとしても、アメリカが脅かされることは全くないのです。ドイツ、イタリア、日本がそれぞれ地域覇権を握るようなことがあっても、アメリカに対しては何もできないのです。アメリカは、太平洋と大西洋とでしっかりと守られている。アメリカは南北アメリカ大陸の中心国家であるし、これからもその地位が危うくなることはないのです。これがフーバーの考えです。

ところで、国際金融資本家一族のひとりデイヴィッド・ロックフェラー（ジョン・D・ロックフェラー三世の実弟）は、「不干渉主義者」たちに対して次のように嫌悪を感じていたことを回顧録に記しています。

「その年（一九三九年）出席した社交的な集まりでは、しばしば居心地の悪い思いをした。招待客の多くが、ロバート・R・マコーミック大佐のシカゴ・トリビューン紙が毎日のように吹聴する孤立主義路線を奴隷のように信奉し、遠慮のない〝アメリカ優先党〟支持者となって、よその国々とのあらゆる関わりに敵意をむき出しにしていたからだ。一九三九年の夏、ソルジャーズ・フィールド球技場でかの有名なアメリカ優先党の集会が開かれた。わたしの子ども時代の英雄チャールズ・リンドバーグの演説に群衆が声援を送り、大声で賛意を表わしたのを覚えている。リンドバーグは孤立主義運動の主唱者となっていた」（『ロックフェラー回顧録』）

国際金融資本家の本音を見事に吐露しています。ロックフェラーにとってはリンドバーグも邪魔なばかりです。

欧州戦争の始まり

フーバー前大統領は「ドイツの東方への侵攻を妨げている障壁を取り払った」ことにミュンヘ

ン協定の意義があると理解していました。ズデーテンラント併合をヒトラーに認めた、という表面上のことよりも重要だったのです。しかし、数カ月後にそれまでフーバーの考えに同意していたイギリスのチェンバレン首相が態度を変えたのです。チェンバレン首相はドイツの東方への拡張欲求を抑えることに決めたのです。イギリス国民が、ヨーロッパ大陸の問題に干渉し、先の大戦に乗り出したことを大失敗であったと認識し、同じ間違いを繰り返すまいと決意していたにも拘らずです。ルーズベルトからイギリス政府への働きかけがあったのでしょう。当然のことながらフーバーは驚きました。イギリスが外交方針を劇的に変更したのです。

「ヒトラーが東進したければさせるというのがこれまでの考え方だったはずではないか。現実的に英仏両国がヒトラーのポーランド侵攻を止められるはずがない。これではロシアに向かうスチームローラー（ドイツ軍）の前に、潰してくださいと自ら身を投げるようなものではないか」（『裏切られた自由』）

フーバーは「イギリスがポーランド独立を保障したこと」に失望しました。歴史上最悪の決断です。これから始まろうとするヒトラーとスターリンの戦いの間に、イギリスは障害物として自ら割って入ったのです。チェンバレンの方針転換にヒトラーの外交を抑制する効果はなく、ヒトラーの矛先をかえって西に向けるものでした。そもそもヒトラーは西に軍を向けようなどとは全く考えていなかったのにも拘らずです。

一九三九年に入ると、フーバーはアメリカの安全保障を脅かす原因はベルリン（ヒトラー外交）ではなく、ワシントン（ルーズベルト外交）にあると確信しました。つまりアメリカの安全保障を脅かす原因がルーズベルト大統領の不正直な本心を隠したおせっかい外交にあることに気づいたのです。おせっかい外交は干渉主義の最たるものです。ルーズベルト大統領は一九三九年年頭の一般教書演説で「ヨーロッパから『危険な嵐』が押し寄せてくる」と国民に大仰に警戒を促し、団結と軍備増強を訴えたのです。

「民主主義国家は、（全体主義国家による）侵略的外交をいつまでも放置しておくわけにはいかない。そのままにすれば我が国の安全保障も脅かされる」「（そうした外交の牽制には）言葉だけでは効果がない。戦争に訴えるという方法もあるが、それだけが選択肢ではない。武力を行使しない方法で、我々の考えを伝えることができるはずだ。侵略国家に我々の不快感を感じ取らせなくてはならない。いまのアメリカができることは、侵略国家をアシストするような外交をしないことである。また、何もしないで傍観する外交もだめだ」

フーバーはこのようなルーズベルトの演説に危うさを感じたのです。「何もしないで傍観する外交もだめだ」は不干渉主義の放棄を匂わせていました。更に「侵略国家をアシスト」しないと言っていますが、この後、ルーズベルト政権は侵略国家ソビエトをアシストしていくことになります。フーバーはラジオ番組の中でもルーズベルト大統領を次のように強く批判します。

「大統領は言葉以上の強力な方法で外交にあたると語った。確かに武力行使はしないとしているが、（交渉相手に対する）威嚇的な外交は必ずや軍事衝突となる。大統領が主張する新しいスタイルの外交は、我が国の伝統的外交方針の大転換を意味する。これほどの変更をする権限は大統領にはない。国民と議会だけが持つ権限である。我々は次の点を真剣に検討しなくてはならない。


一．これまでの不干渉主義的外交方針を変更するのか。

二．どの国が侵略国家だと決めることができるのか。

三．侵略国家と決めた場合、そうした国に対して、我々は禁輸措置、経済制裁、製品ボイコットといった政策を取るのか。

四．我が国が攻撃されない場合（安全保障が脅かされない場合）でも、そうした制裁を実施するのか。

五．アメリカ大陸に対する軍事的侵略に備えるという理由で必要以上の軍備増強を是とするか。

六．侵略国家牽制のために、『言葉以上戦争以下』の政策をもって他国と共同行動を取ることを容認するか。

七．世界の警察官になることは正しいことなのか」（『裏切られた自由』）

フーバーはこれらすべての問いに、きっぱり「ノー」と言うべきだと主張したのです。アメリカの安全保障が危機に晒されている現実はどこにもない。軍事的な脅威もない。アメリカが自由主義の希望を灯し続けることができれば、全体主義思想は必ず時間と共に衰退する。アメリカは他国からの攻撃を恐れる必要は全くない。第一、侵略国家とされている国々はアメリカを見ていない。しかも全体主義国家は必ず内部から崩壊する。ドイツ、日本などがアメリカを攻撃するなどという考えはヒステリー（妄想）である。これがフーバーの見立てでした。

フーバーは、アメリカをヨーロッパの戦いの泥沼に引き込もうと考えるルーズベルト大統領を「妖怪」のように感じました。悪魔的な「妖怪」です。フーバーは、ルーズベルト政権は、国内政策の失敗から国民の目をそらすためにそのような態度を取っているのではなく、ルーズベルトとその取り巻きは意図的にそうした戦争への政策を取っていると疑うようになったのです。「戦争」の側の構図が見えてきたのです。取り巻きの中でも特にブリット（駐仏大使）が舞台裏で、イギリス、フランス、ポーランドに対して「ドイツには強硬姿勢を取るように」教唆しているのではないか、「戦争という事態になればアメリカが参戦する」とまで約束しているのではないかと疑いました。

「私（フーバー）は、一瞬たりとも、ドイツやイタリアが我が国を攻撃する可能性を考えたことはない。英仏の世論を動揺させ対独宥和策を捨てさせたのはルーズベルトだと確信した。両国を対独強硬姿勢に持っていったのはルーズベルトなのである。ルーズベルトは（世論工作のために）世界全体が（全体主義国の）危機に晒されていると誇張し、彼らからの攻撃に敗れてしまえば世界から民主主義が消える、と国民を怯えさせたのである」（『裏切られた自由』）

フーバーはルーズベルトのやり方を抑えるべきだと考え、一九三九年四月初めには、議会に対してヨーロッパのパワーポリティックスへの非介入を要請し、議会の承認なき（戦争行為の可能性がある）経済制裁を実行させないよう訴えたのです。この訴えの一週間後には『リバティー』誌上ではっきりとルーズベルト大統領の名を出して「アメリカはその外交方針を過激なまでに変えてしまっている」と非難しました。

「これだけの変更をする場合には、その是非をアメリカ国民に問うべきである」

フーバーは、アメリカの自由を脅かしているのは野放図にその権限の拡張を図る大統領府（行政府）であることを確信していました。一九三九年八月に入ると、フーバーは大統領府批判のトーンを一層高めます。『アメリカン・マガジン』では「我が国は若者を戦場に送るべきか」という刺激的なタイトルの論文を発表しました。この中でアメリカを戦争に引き込む三つのベクトルがあると指摘しています。

一つ目は我が国民を刺激する外国勢力のプロパガンダ、二つ目はそのプロパガンダに乗り、誤った考えでヨーロッパ問題への干渉を説く政府関係者や民間人、三つ目は現実に進行しているルーズベルト政権の諸政策です。その政策は、公には否定しながら裏ではヨーロッパ問題への介入を意図するもので、最終的には参戦を目指す政策です。フーバーはヨーロッパの不和の渦に巻き込まれる危険性を訴えました。そしてルーズベルトは意図的にその渦に飛び込もうとしていると指摘したのです。ルーズベルトはヨーロッパの戦いのチェスボードにアメリカをプレイヤーとして参加させようとしている、それは必ずや悲惨な結末を迎えるだろうと訴えました。

「我々がまずしなくてはならないことは、責任ある者が、それは当然にルーズベルトを含むが、アメリカが攻撃を受けない限り、ヨーロッパの戦いには参入しないと声明を出すことである。そして、とにかくヨーロッパのパワーゲームに関わらないことである。ヨーロッパには若者を送らない。それが我が国の方針なのである」（『裏切られた自由』）

フーバーの視点からは、アメリカはあくまでも救世主的国家でなくてはならなかったのです。平和を尊び、憐れみを持つ国、政治的にはニュートラル。そして常に自由の灯火を掲げ、常識の通じる国であり続けなくてはならなかったのです。法を重んじ、国際的には経済協力を推し進める。軍縮を目指し、迫害された人々がいれば救済する。こうした貢献ができる国家でなくてはならなかったのです。アメリカが参戦してしまえば、それができなくなり、アメリカらしさは失われます。全体主義国家との総力戦を効果的に戦うためには、アメリカ自身が全体主義国家に変質せざるを得なくなります。その結果、「戦争」の側がアメリカを支配し、本当の自由は失われ、失われた自由の回復には何世代もかかるのです。そうなることをフーバーは恐れました。フーバーにはアメリカがよく見えています。

結局、一九三九年九月一日、ヒトラーの軍隊がポーランドに無警告で侵攻し、二日後、英仏両国は対独宣戦布告しました。十七日にはソビエトもポーランドに侵攻しました。こうして国家としてのポーランドは消えたのです。

九月一日夜、フーバーはラジオ番組でアメリカの不介入を改めて訴えます。

「今度の戦いは消耗戦となろう。きわめて残酷な戦いとなり、（戦いが終わっても）その後の四半世紀は窮乏を強いられる生活になるだろう」「（ナチス体制を嫌うアメリカ国民は、民主主義国に同情するだろうが）アメリカはヨーロッパの問題を解決できないことを肝に銘ずるべきだ。我が国ができることは、あくまで局外にいて、アメリカの活力と軍事力を温存することである。その力を必ずや訪れるはずの和平の時期に使うべきである。それこそが我が国の世界への貢献のあり方である」

その後もフーバーは「不干渉」をより一層強力に訴えました。同年の十月初めには「冷静になろう（英仏両国は敗れることはない）。彼らは世界の海を支配している。敵が疲れきるまで待つということも可能だ。最悪の場合でも、膠着状態に陥るだけだ」と述べ、干渉主義勢力を牽制しました。

しかし案の定、連邦議会で中立法の修正議論が始まりました。ルーズベルトが修正の音頭を取ったのです。交戦国への武器禁輸条項を外し、戦争状態にある国への武器輸出を可能にしようというのです。フーバーはその修正の悪影響が最小となるように動きました。彼は、英仏への武器供給を可能とすること自体には反対しませんでした。両国が現金で買い付ける限りは容認する立場を取ったのです。そうすることで「高まる干渉主義の圧力を鎮められる」と考えたのです。十月二十六日、上院はフーバーの妥協案に基づく法案を否決し、数日後、実質無制限に武器輸出が可能になる修正案が可決されてしまいます。ルーズベルト大統領が望んでいた内容です。英仏両国はたちまちアメリカ製武器の大量購入を始めます。

フーバーは、アメリカの局外中立を担保できるのは、国民の意思かあるいは大統領がはっきりとそうした方針を打ち立てるかのどちらかしかないことを悟っていました。

しかし、ルーズベルト大統領は、過去二年にわたって、介入に向けての動きを進めています。フーバーはそれに我慢がなりません。

「大統領は我が国を最終的には参戦させる考えだ」。これがリンドバーグら不干渉主義の同志との共通認識です。ルーズベルト大統領の動きを牽制し国内の不干渉世論を支えるためにフーバーは更に積極的に動きます。

『サタデー・イブニング・ポスト』誌（一九三九年十月二十七日号）で、

「ヨーロッパには二六もの民族が混在し、地獄への道へ誘う悪魔の声が満ちている」「第一次世界大戦時の苦い経験があるからこそ、我が国がヨーロッパに平和を構築できるなどという幻想をもってはならない」「和平の再構築はヨーロッパの人々自らの手でなされなければならない」

と訴えました。この後も同誌上や他の媒体を使って国民への訴えを続けました。

「怒りや憎しみの感情を抑制し、ヨーロッパの戦いが終わるのを待つべきだ。和平の動きが始まった時こそが、我が国が支援の手を差し伸べる時なのである」(『裏切られた自由』)

フーバーはかつてヨーロッパ食糧支援に携わった仲間たちと共にポーランド救済委員会を設立しました。

フーバー自身は名誉会長となり、表に出ない形で活動をリードします。その後数カ月で数十万ドルの義援金を集め、四百六十万ポンド(約二千百トン)の食糧支援を実施したのです。食糧のほとんどはルーマニア、ハンガリー、リトアニアに逃げていたポーランド難民に届けられました。フーバーは、共産主義の本質とソビエト政府の性格というものをアメリカ国民に知らしめたかったのです。フーバーはソビエトの蛮行を激しく非難します。

「ソビエトはまさに怪物である。なんの挑発も受けていないにもかかわらず、あの小さなそして弱々しい民主主義国家フィンランドを侵略した」(『裏切られた自由』)

フーバーは、改めてフィンランド救援基金の設立をメディアに発表しました。フィンランド国民の苦しみを少しでも緩和したい。それが設立の趣旨でした。フーバーは全国の新聞社に義援金募集の窓口になってくれるよう要請しました。そして全国でおよそ千二百の新聞社が協力を約束してくれました。国民のフィンランド支援は盛り上がりを見せ、全国で集会やチャリティーコンサート、義援金を呼びかけるラジオ番組、劇場での集まりが続いたのです。フーバーの狙い通り国民の関心が高まり、義援金募集に弾みがつきました。

「悪魔の使い」との闘い

フーバーは続いて「民主主義五カ国（オランダ、ベルギー、ポーランド、ノルウェー、フィンランド）食糧支援全国委員会」を設立します。

ドイツ占領下にある各国の人々を飢えから救うことが目的です。彼はここでも名誉会長となり、仲間を主要ポストに据えました。全国委員会の狙いはシンプルでした。何とかしなくてはならないと願うアメリカ国民の気持ちの受け皿になることです。

このような救援活動を進めるフーバーに対する賞賛の声は否応なく高まります。フーバーに国民の関心が集まりました。これほどフーバーに関心が集まったのは一九三三年の大統領退任以来のことです。一九四〇年の大統領選挙を前にして、再びフーバーの名前が新聞紙面にも躍ることになったのです。

フーバー人気の再来に対して、これを警戒する反フーバーの動き、「戦争」の側からの攻勢が強まります。多くのメディアが「人道主義者といわれるフーバーの活動は純粋な利他的行動ではない」と報道し始めたのです。

フーバーが許せなかったのは、ホワイトハウスがフーバーを貶める情報の発信源であったことでした。そのようなことをした大統領はルーズベルト以外かつて一人もいませんでした。ルーズベルトたちによってでっちあげられた噂「フーバーの難民救済はフーバーの政治活動の場への復帰が動機」には何の根拠もなかったのです。

しかし幸いにも自らの政治信条の実現に向けたフーバー自身の準備は整ってきました。結局ルーズベルトたちが恐れていたことが現実になります。大統領選に向けてフーバー陣営が動き出したのです。

次の大統領候補を決めるための一九四〇年六月の共和党大会でのフーバーの演説は熱がこもったものでした。フーバーは、ヨーロッパで始まった戦いに決して参戦してはならないと「冷静なリアリズム」を改めて主張します。

「我が国の安全が脅かされている現実はない。我々は三〇〇〇マイルの広がりを持つ海（大西洋）に守られていることを忘れてはならない。この海に遊弋《ゆうよく》する鯨までを潜水艦だと思い込んで恐れるようなことがあってはならない。大統領の一番の使命は、戦いになることを避けることである。決して戦いを煽るようなことをしてはならない。また憎しみを煽るようなことをしてはならない」

フーバーは、この演説が共和党代議員の心を揺さぶるものと自信を持っていました。しかし会場のほとんどの代議員は彼のスピーチを聞き取ることができなかったのです。演説が終わってからの反応も鈍いものでした。

フーバーも彼の支持者も、マイクに何らかの仕掛けがなされていたと疑いました。謀略です。結果、フーバーは共和党の大統領候補を決める予備選挙でまたも敗れます。前大統領のフーバーにとって共和党予備選に再度敗れたことは大きなショックでした。

イギリスは最終的にドイツからの攻撃に耐えました。そのことがフーバーに非介入を訴える新たな論拠を提供します。

「わずか数十マイルのイギリス海峡を渡れなかったヒトラーの軍隊が、どうして我がアメリカの安全を脅かすことがあろうか」

ルーズベルトが三選目を狙う一九四〇年の大統領選挙には、共和党からはウェンデル・ウィルキーが挑むこととなりました。フーバーはルーズベルトの三選を阻止するために、共和党内の政敵ウィルキーに協力します。フーバーは「ルーズベルト政権は、大統領への権力集中を進めている。（中略）この政権はアメリカを戦争へ戦争へと近づけている」とルーズベルトの政治姿勢を激しく非難します。ルーズベルトは「今日の世界の難局にあってアメリカ外交を担えるのはルーズベルトだけである」というキャンペーンを展開しましたが、フーバーはそれを酷評したのです。

「（ルーズベルトは大統領であった過去七年間に）何一つとして和平を模索する外交をしていない。彼のやってきたことは我が国を戦争に巻き込んでしまうようなことばかりだった」

「ままごとのような外交で、虎（のように凶暴な国）に針を刺して怒らすようなことばかりやっている。彼の外交がどんな結果を生むのか。それはこれからの歴史が証明していくだろう」

一九三三年、ルーズベルトがソビエトを国家として承認したこともフーバーは非難しました。

「革命を拡散しようとするソビエトの米国内攪乱《かくらん》工作で、我が国は過去六年間にわたって苦しんできた。彼らは我が国内でそうした工作はしないと言ったが、その約束は守られていない」

フーバーは、ルーズベルトの大言壮語、誇張に満ちた宣伝、戦争ヒステリーを煽る言辞を批判しました。もしアメリカがヨーロッパの戦いに参入したら、悲惨で長い戦いになると警告しました。一年半くらいで終わるような代物ではなく厖大な犠牲を伴う長期戦になる可能性を指摘しました。フーバーは「イギリスには我が国の法律の許容範囲での可能な限りの支援を実施し、国防を充実させる」ことは必要だが介入してはならないと訴えたのです。

このスピーチから一週間後、ルーズベルトは三選されてしまいました。十分な票差をつけての三選です。悔やむべき結果でしたが、フーバーは一つだけ自分を慰めることができました。ルーズベルトはボストンで次のような公約を演説せざるを得なかったのです。

「ここには父であり母である者がたくさん私の話を聞きに来てくれている。もう一度はっきり言います。これまでにも何度も言ってきたことですが、ここで改めて繰り返します。あなた方の息子さんが外国の戦争に遣られることは決してありません」と。

フーバーが一本取りました。ルーズベルトの歴史的な約束です。

「平和」を守る側、すなわち不干渉主義者たちの活動は盛んでした。地域的な団体も動いていましたが、ロックフェラー家が嫌っていた全国的組織「アメリカ第一主義委員会」が最も重要な組織でした。トランプ現大統領の「アメリカ・ファースト」の源流です。アメリカ第一主義委員会は一九四〇年九月にシカゴで発足し、会長にはロバート・E・ウッド元将軍が就任しました。会員はあらゆる階層、職種を網羅し、どこで集会を開いても多数の参加者があったのです。アメリカ第一主義委員会を代表する人気弁士は、これもロックフェラーが特に嫌った冒険飛行家のチャールズ・A・リンドバーグでした。彼に対して、干渉主義者たちは信じられない程の激しい人格攻撃を行い彼の国民的な人気を貶めようとしました。フーバー自身は、どのグループにも所属しませんでした。その方が発言に重みが増すと考えたからです。フーバーは一九三八年から一九四一年秋まで、全米で精力的に講演し「非介入」「不干渉」を訴え続けました。演説はすべてラジオで全米に流されました。このようなアメリカ全体を巻き込んだうねりについては、当然に日本の政府や軍部も摑んでいました。

「不干渉主義」と「干渉主義」との両派の対立は感情的なものとなっていきます。それは個人攻撃・人格攻撃や罵声となって表れました。ルーズベルト大統領の演説では不干渉主義者を攻撃する言葉が多用されました。「孤立主義者」「敗北主義者」「宥和主義者」「（頭を砂の中に突っ込み、見たくないものは見ない）ダチョウ」「肘掛椅子に座った（臆病者の）戦略家」「亀」「マムシ」などの言葉が不干渉主義者に浴びせられました。不干渉主義者は、干渉主義者に「戦争大好き野郎」「吸血鬼」といった言葉で応酬しましたが、罵声の程度と「レッテル貼り」の巧みさは干渉主義者にかないません。特にフーバーはこのような汚い言葉で対立を煽るのを嫌い、「干渉」と「不干渉」という言葉だけを使いました。彼は常に理性的に行動する紳士でした。

フーバーと並ぶ不干渉主義のリーダーで共和党の有力な下院議員、ハミルトン・フィッシュもラジオで次のように訴えています。

「九十%のアメリカ国民の先祖は、旧世界での困難、貧困、戦争から逃れるためにアメリカへ渡ってきたのであるから本質的には、なんとしても平和を護りたいと願う不干渉主義の人々の筈だ。ところが第二次世界大戦に参戦するか、それとも中立を守るかについて意見が分かれてくると、好戦主義に傾いた政府は、不干渉主義者を〝孤立主義者〟と呼んで、誤った虚構の言葉のイメージを創りだした。孤立主義者とは、他の国との貿易や外交関係を維持することに反対する人々のことであるので、この言葉には意図的に非難めいたニュアンスがこめられていた。しかし、アメリカ人の絶対多数は、孤立主義者などではなく不干渉主義者であったのだ。第一次世界大戦に対する幻滅から人々は、自分たちが攻撃されないかぎり、第二次大戦に参戦することにはっきりと反対したのだった。政府が好んで使った『妨害者』『ナチ』『ファシスト』『ダチョウ』『まむし』『孤立主義者』といった揶揄中傷は、国民を動かせなかった。なぜなら、ヨーロッパの争いやパワーポリティクスにまきこまれるべきではないというアメリカ国民の信念は、動かすことができなかったからである」「東部と南部の干渉主義的、好戦主義的新聞は、攻撃されない限り戦争にまきこまれたくないという絶対多数の国民の意見については、掲載する機会があっても、一行も載せないようだ。アメリカ国民は、東部の干渉主義的新聞、コラムニスト、好戦的な解説者、更に映画産業によって自分たちの意見に反して戦争にひきずりこまれようとしてきたのを実際に見てきた。このようなためにする宣伝工作は国民の心中を寒からしめるものである。すべてのアメリカ人は、戦争か平和かといった死活的な問題に対し、自由に堂々と自分の意見を述べる権利を有している」

フィッシュはフーバーと同じく、「平和」の側にあり不干渉主義者かつ共産主義の脅威に敢然と立ち向かう愛国者でした。「戦争」の側にとってフーバーに次いで手強い相手です。フィッシュは後年ロナルド・レーガン大統領の支持者となっています。ちなみに彼は一八八八年生まれ、百二歳の長寿を全うして一九九一年に死去しています。

ルーズベルト大統領はヒトラーを口を極めて罵りますが、ヒトラーと同盟関係にあったスターリンについては罵るようなことが全くないばかりか、むしろ避けて一切言及しません。フーバーはこの点について一九四〇年十月の講演で疑問を呈します。

「私はここで、我が国が国内の安寧、世界の和平そして独裁者に対する宥和政策についてまとめて検証しておきたい。(ソビエトが成立してからの)一五年間に四人の大統領と六人の国務長官がいた。その一人はもちろん私自身である。民主党政権も共和党政権もあった。どの政権も、ロシアの共産主義者の政権を承認しなかったし、その政権との関わりを持つことを拒否した。（民主党の）ウィルソン大統領は、強い言葉を使って共産党政権を罵った。『暴力と姦計でき上がった政権』『殺人も平気な暴君政権』『恐怖政治』『血塗られた暴君』『奴らは、革命の継続には他国での革命が必要だ、当然にアメリカでの革命が必要だなどと喚いている』『彼らは、他国の革命の金銭的支援をしている』『彼らが何を言っても信用できない』『我が国の政体の破壊を画策し陰謀工作を進める政府などを承認できるはずはない』。ウィルソン政権（民主党）に続いた共和党の大統領も国務長官も、ウィルソンの考えと同様の立場を取った。新しい政権を承認するかしないかは、単に（国際法上の）法律的な関係あるいは通商関係を構築するだけにとどまらない。隣国がおかしなことをしたからといって、我々はその国に戦争を仕掛けるわけにはいかない。しかし、そうした国とは付き合わないという態度を示すことで、倫理的、道徳的矜持を保つことは可能である。そしてまた、そうした国を招き入れないことである。そんなことをすれば、我が国民の生活を破壊してしまう。しかし、一九三三年十一月、ルーズベルト氏はソビエト政府を承認した。その見返りは、ソビエトは我が国民に工作を仕掛けないことを約する一片の紙切れだった。彼は、世界平和を保つことが承認の目的だと主張した。しかしソビエトは約束を違《たが》え、その後六年間にわたってアメリカ各地で暴動を煽ったのである。数十万人の国民が彼らの同志にされてしまった。国内の共産主義者たちが、ルーズベルトの選挙を応援した」（『裏切られた自由』）

ヒトラーとナチスのことは激しく罵りながら、スターリンとソビエト共産党のことには触れないのがルーズベルトのみならず「戦争」の側の者たちの態度でした。背景にソビエトの育成とその覇権拡大という目的があったのですから当然です。

一九四一年一月、既に述べたようにルーズベルト政権は武器貸与法を議会に諮りました。武器貸与法はイギリスおよびその同盟国に対して途方もない額の武器支援を可能にする法律です。この法案にフーバーは反対でした。この法律が大統領に自由裁量の権限を付与していることに反対したのです。これが可決されれば「議会を実質的に廃止させることと同じだ」とその危険性を指摘しました。「この法律で大統領は開戦権限まで持つことになり、議会は追認するだけの機関になり下がる。このままでは我が国そのものが国家社会主義に変貌し、ルーズベルト自身が独裁者となる。枢軸国に反対する人間が真の独裁者という（情けない）ことになってしまう」と。

後程触れますが日本で近衛内閣が成立させた国家総動員法と同じように、独裁と国家社会主義と戦争とに向かうレールのような大きなインパクトがある法案だったのです。

しかし、武器貸与法は条件付きながら、その年の三月に成立してしまいました。どのような外国政府に対してであれ、その国を防衛することがアメリカの安全保障に寄与するとルーズベルト大統領が認定すれば、連邦政府は当該政府防衛のための武器を製造し供与できることになったのです。武器貸与法案が可決されたことでフーバーは落ち込みました。「この法律は世論をますますアメリカ参戦の方向に向けてしまうだろう」と危惧したのです。翌日、フーバーは信頼する友人ジョン・C・オラフリン（『アーミー・アンド・ネイヴィ・ジャーナル』紙の発行人）に次のように手紙を書いています。

「この法律の施行で、結局は戦争不可避という世論が形成されていくだろう。イギリスによるプロパガンダ、イギリスに同情する気運、ナチスに対する怒りと恐怖の念。こうした要因が重なって軍事行動容認の心の準備が出来上がってくる。私は、世論はそこまでいかない可能性に賭けている。近代戦は軍事的にはっきりと優劣がつくまでは終わらない。かつてのように指導者間が講和のために必要な妥協を探ることができなくなっている。憎しみに溢れた世論がそうした妥協を許さないからである。（中略）戦争の終り方は、完全なる消耗か、革命ということになろう」（『裏切られた自由』）

フーバーは共産主義者たちの世界各国での共産革命達成という狙いを片時も忘れませんでした。

フーバーは前国務次官にも次のような手紙を書いています。

「今回の件（武器貸与法案の件）ではアメリカ国民は見事に騙された。これは戦争を可能にする法律だ。まともな修正が難しい法案だった。しかし、国民の九五パーセントは、イギリスを支援するだけの法律だと信じている」

しかし支援はイギリスにだけという期待は直ぐに裏切られます。

「この法律で、開戦権限は大統領に移った。議会ができるのは、大統領の方針を盲目的に追認することだけである。この法律は大統領を独裁者にしたも同然だ。大統領が、アメリカの支援を受けられる国を決め、どのような方法でどれだけの支援を与えるのかも決めてしまう」

もとよりルーズベルトの意中の国はソビエトです。

「この法律で付与された権限を大統領がどう使うか。すぐに参戦となるかどうかはまだわからない。はっきりしているのは、この法律で我が国民はますます感情的に煽られ、その気持ちが大きな流れになり、最終的には大瀑布《だいばくふ》となってしまうことである（戦争やむなしとなる）。すでに外国勢力のプロパガンダ情報の洪水の中で、長期的視点に立っての我が国益も、世界全体の利益も見えなくなってしまっている。真実が隠され、戦争の危険を指摘する声を上げようとすれば非難される。この法律で、支援が始まり、その支援物資を運ぶ船が大西洋を行き来することになる。そうなれば（ドイツ潜水艦に）沈められ、海軍に護衛させろという声が起きる。その護衛船が魚雷に沈み、戦死者が出る。そうなればもう戦争だ。ここまできたら我々にできることは、我々の全エネルギーを投じてでも、国民に冷静になるよう訴えることだけだ。そして、大統領には公約どおり我が国の若者の血を流さない、という約束を遵守させることである。とにかく物理的衝突にならないことが大事である。衝突がなければ、戦争状態になっているとは言えない。そうであるかぎり戦争になることを食い止めるチャンスがある」（『裏切られた自由』）

フーバーは多くの情報を総合して、ヒトラーのソビエト侵攻は近いと感じていました。これでイギリスが一層安全になることは明らかです。したがってルーズベルトは戦争行為に近い行動を停止し、二人の独裁者が互いに破壊し合う状況を見守るべきであると確信していたのです。

フーバーは、アメリカ政府は「ヒトラーが我が国を侵略する」などという広報をやめるべきだとハル国務長官に訴えました。

しかしハル国務長官はフーバーの訴えに何のコメントも返さなかったのです。アメリカ政府はヨーロッパにおけるこうした情報を摑んでいたにも拘らず、武器貸与法案が議論されている時期に、こうした情報やその結果起こりそうなことをアメリカ国民に隠したのです。もしヒトラーが既に対ソ戦に向けて軍を移動させているという情報がアメリカ議会に知らされていたら、「イギリスと共にアメリカもヒトラーの侵略の危機に晒されている」という言説が完全な虚偽であることが露見してしまうからです。

一九四一年四月初め、フーバーは、新聞記者の質問に答える形で今後半年のヨーロッパでの戦いの展開を予想しました。

「アメリカ国民は憲法の規定あるいは民主的な手続きも経ずに我が国が戦争へ戦争へと引きずら

れていることに気づいていない。半年も経たないうちにそれに気づかされることになろう。アメリカは、英国向けに（武器供給の）船団を組み、それがドイツ潜水艦との戦いに巻き込まれ、アメリカ国民の命が犠牲になるだろう」

繰り返しになりますが、ルーズベルト政権の干渉主義的外交政策、野放図に繰り広げられるイギリスからのプロパガンダ、親英的ニューヨーク知識人の言論、これから出てくるだろうアメリカ人犠牲者、ヒトラーによる蛮行。こうしたことが重なって、アメリカ国内の好戦気分が高揚するだろう。これを制御できなくなるかもしれない。これがフーバーの懸念でありかつ見通しであって、同時に「戦争」を企む側が描いていたひとつのシナリオでした。

フーバーは更に注目すべき予測をします。

「西欧文明は、スターリンのための和平を作るために、自らを犠牲にしてしまう」

フーバーのソビエトに対する警戒感、共産主義イデオロギーへの嫌悪が滲み出ています。ソビエトのフィンランド侵攻が示すように、ルーズベルト政権がソビエトを国家として承認したことがそもそも間違いだったとする論文をフーバーは改めて雑誌に寄稿します。ソビエトを承認したことは「壮大なる政治的、倫理的失策」であり「ボルシェビキ政権を認めることで、アメリカの政治・文化を毒させるきっかけを作ってしまった」。しかも、ルーズベルト大統領の進めるニューディール政策は、それが共産主義者に悪用されないない工夫がなされていないと批判しました。一九四一年春、アメリカ国内では共産党員による破壊工作活動が続いていました。フーバーのより大きな懸念は、ヨーロッパの戦争の終結が遅れた場合のアメリカ参戦という危機です。

先程も述べましたが、フーバーの考えは明確です。

「ドイツが対米戦争など考えているはずがない。遠い将来までのことは見通せないが、近未来にそのようなことはあり得ない」「ドイツは陸軍の国であり海軍の国ではない。対ソ戦には二個軍団で対処できるかもしれないが、アメリカ大陸を攻撃するとなれば膨大な海の設備（海軍軍船や民間船）を必要とする」「ドイツの戦争目的は、『東方からの囲い込み』の打破である。もし英仏がドイツの、東方や南方への拡張に反対していなければ、戦争はそちら側で起きていた。ドイツは西に攻めてはこなかった。もちろん、東方征圧の後にドイツがどのような行動をとるかについては誰にもわからない」

一九四一年六月、フーバーは母校スタンフォード大学構内の一角にある塔のような建物を「フーバー研究所」の施設として寄付します。彼は「当研究所の目的は、和平の構築を目指すことにある。ここに収集された多くの資料は、戦争をしたい連中にとっては邪魔になるものだろう」と述べ、特に第一次世界大戦時に使用された戦争（プロパガンダ）パンフレットのコレクションに注目するよう訴えました。

「戦争は殺人を正当化する。嘘も容認する。当研究所には、先の大戦の際の（戦争を煽る）パンフレットが集められているが、この物言わない資料をすべて政府がしっかりと見ておくべきである」
「いま我が国には、ヨーロッパの交戦国が作成した戦争（プロパガンダ）パンフレットが溢れている。我が国民を欺き、まともな思考を曇らせている」（『裏切られた自由』）

フーバーの訴えはスタンフォード大学の著名な卒業生たちにとっては面白いものではありませんでした。著名な卒業生たち百七十六名が、ルーズベルト大統領を支えるよう国民に呼びかける声明を発表し、「国家的危機にあって国民の一致団結した大統領支持が必要だ」と訴えていたのです。大学教授たちも「アメリカは全体主義の脅威に対して具体的な行動を取るべきだ」と主張していたのです。こうした動きにフーバーは失望し怒りを爆発させました。

「共産主義を支援してもよいとするアメリカ知識人はどうかしている。スタンフォード大学の教授がそんなことを主張しているが、私にはまったく理解できない。彼らは、我が国が参戦し勝利したら、それがロシア（ソビエト）にとってどんな意味を持つのか少しでも想像したことがあるか」（『裏切られた自由』）

前大統領フーバーの母校でも、「戦争」の側と「平和」の側とが戦っていたのです。

一九四一年六月二十二日、ヒトラーはソビエトへの攻撃を開始しました。イギリスのチャーチル首相はすぐさまソビエトに支援を申し出ました。ソビエトと共に戦うことを提案したのです。チャーチルの提案に続いて、ルーズベルト政権は、ソビエトがイギリスとの共闘を約束すれば、武器貸与法によるソビエト支援があることを仄《ほの》めかしたのです。さっそく来ました！

ドイツの対ソ戦開始はフーバーの不干渉の主張に新たな弾みをつけるものでした。六月二十三日、フーバーはメディアに対し「ドイツが東方に向かったことでイギリスへのプレッシャーは大きく減じることになろう」と語りました。また、ドイツのソビエト侵攻は世界の歴史を変える大事件であり、これについてアメリカ国民に直に語っておく必要があると考えました。三日後、信頼する友人オラフリンに次のように手紙を書いています。

「私は、ドイツは対ソ戦争に勝利すると信じている。そして世界の頭痛の種になっている共産主義の中枢を始末するだろう。そうなった時にヒトラーはイギリスに対して講和条件を提案してくるだろう。その条件は受け入れ可能なものとなろう。私はこの内容を国民に訴え、私のこの予想が現実になる前に、我が国が介入するようなことにならないようにしたい」（『裏切られた自由』）

しかし、実際は、アメリカがソビエトを支援したために、ドイツは対ソ戦に勝利できなかったのです。ルーズベルト大統領によって武器貸与法の枠組みの中でアメリカによる共産主義者への支援が決められてしまったのです。共産主義国家ソビエトに対してアメリカが支援する可能性など、武器貸与法が議会で議論された時には一切語られていなかったのにも拘らずです。

危機感を強めたフーバーは、アメリカによるソビエト支援決定の五日後の一九四一年六月二十九日の夜に、再び全国ラジオ放送で直に国民に訴えました。彼はこの訴えが人生における最も重要な出来事であったと記しています。フーバーはこのスピーチでアメリカの「非介入」「不干渉」を再度訴え、更に「ソビエトと同盟関係を結んではいけない」と強く主張しました。

「ソビエトは、血にまみれた圧政と恐怖の国である。ソビエトの軍国主義的共産主義の陰謀は世界の民主主義の理想に反する。アメリカがそんな国を急いで救いに行く義理はない」「（我が国の介入を主張する者が挙げる）戦うべき理由に、四つの自由を守るというものがある。もしソビエトを同盟国にすれば、四つの自由の実現のためというスローガンは悪い冗談になってしまう」「（我が政府は数日前にソビエト支援を約束したが、それによって）この戦いを正当化する理念（四つの自由の実現）は死んだのである」「もし我が国が参戦し勝利したとしよう。その勝利は、スターリンの共産主義支配を盤石にするのを助けるだけのものになるだろう。彼らがそれを世界に広げる手助けともなる。四つの自由の実現のために、ソビエトと同盟を組むなどということは茶番劇以外の何物でもない」

「ソビエトの軍国主義的共産主義」とはよく言い当てています。今でいえば「中国の軍国主義的共産主義」となります。

ドイツがソビエトに勝利しても、アメリカの安全保障が脅かされることはありません。アメリカには十分な防衛力がある上、北米へのドイツの侵攻などあり得ず全く心配が要らないのでした。一方、スターリンの方はアメリカ国内で階級間の憎しみを煽っています。スターリンは見えない戦争をアメリカに仕掛けてきているのです。フーバーは次のように訴えます。

「我々はヒトラーの残虐な行為、侵略行為、民主主義を破壊する行為を知っている。ポーランド、ノルウェー、オランダ、ベルギー、デンマーク、フランスがその犠牲になり、それ以外の国も風前の灯火だ」

けれども、ヒトラーよりスターリンのほうが遥かに危険で有害なのです。

「しかし私が皆さんにいま訴えているのは、スターリンの行状なのである。先の大戦で我が国は大きな犠牲を払った。その犠牲の成果の一つが、フィンランド、ポーランド、エストニア、ラトヴィア、リトアニアでの民主主義政権の成立だった。よちよち歩きのこれらの国に民主主義を芽生えさせた。彼らがそれを成熟させるために巨額な支援をしたのも我が国ではなかったか。そうでありながら、こうした国を隷属化するスターリンを支援してよいのか。ソビエトに対する我が国の支援はパワーポリティックスそのものだ。それによって、世界に四つの自由を実現させるという我が国の戦いの目的は死んだのである。いまの状況をさらに進めて、我が国が現実に参戦し我々が勝利すれば、スターリンはロシアの共産主義を盤石にし、共産主義思想を世界各地に拡大させることになる。したがって、我が国の若者に、民主主義の回復のために戦おうなどと言うのはやめなくてはならない。世界に民主主義を取り戻すために戦わなくてはならないなどと言ってはならない。現実主義的な政治家の結論も、倫理性を重く見る政治家のそれと一致するはずである。二人の独裁者（ヒトラーとスターリン）は猛烈な戦いを始めた。これは思想を同じくするものの『兄弟間の殺し合い』のようなものだ。どちらの独裁者も間違いなく衰弱する（傍点はフーバー）」（『裏切られた自由』）

フーバーは国民に対して近視眼的な考えの危険性を訴えました。

「動く前にまず冷静に考えてほしい。ソビエトがドイツの攻勢に対して戦うことは当然である。しかし決して忘れてならないのは、ソビエトも、民主主義国家の敵であるという事実である。我が国が若者をヨーロッパに遣りその戦いに勝利しても、その後に何が起こるのか。ソビエト支配下にある数百万の人々の将来、それだけではなくヨーロッパ全体の将来と我が国の民主主義へどんな悪影響が出るのか。そのことに思いをいたすべきである」「まともな政治家であれば、我が合衆国は、二人の独裁者の戦いを傍観しつつ、防衛力だけはしっかり保持しておこうと考えるだろう。世界で最も有力になれる潜在力を持つ我が国が、局外から（第三者として）発言をすれば、世界の国々はその言葉に耳を傾ける。参戦してしまえば我が国も衰弱する。スターリンと提携することは、ヒトラーと手を結ぶことと同様に、我が国建国の精神を踏みにじることなのだ。我がアメリカ国民はソビエトとの同盟ゆえに、道徳観を裏切り、自由を破壊することを許せるのか。たとえソビエトとの協力が暗黙の了解のようなものであっても同じことだ。ソビエトに協力すれば、我が国は将来必ずそのツケを払うことになろう。このまま参戦すれば、ソビエトの侵略行為、つまり四つの民主国家の併合を容認することになる。我が国がその生き残りを助け、恐怖政治と世界の民主主義国家への工作までも続けさせることになる」

ソビエトはフィンランドへの侵略行為によって、一九三九年十二月には国際連盟から除名されています。

「繰り返しになるが、対ソ支援に留まらず、現実に参戦し勝利しても、それはスターリンがロシア支配を万全なものにし、さらにはその力を世界中に拡散させるのに手を貸すことに他ならないのだ。（スターリンを支援する戦いであれば）私たちは、若者たちに、世界に民主主義と自由を取り戻すために命を投げ出せなどとは言えないのだ」「共産主義思想は悪の思想である。悪の思想は必ず自滅に至る『病原菌』を内包している」「強国であるアメリカは軍事的敗北を恐れる必要はない。防衛の準備さえしておけば敗れることなどない。しかし、精神の敗北はあり得る。それは我が国自身が自由の精神を放棄した時である。より良き世界の模範になることをやめた時である」「我が国は、あくまで法律の認める範囲において、イギリスあるいは中国を支援するべきである。決して我が海軍艦船や兵士を戦地に遣ってはならない。徹底的に国防の準備をすること。戦争（参戦）を煽るような言動を慎むことである（傍点はフーバー）」（『裏切られた自由』）

論旨は明快です。

一九四一年の夏の状況はフーバーにとって実に危うく感じられていました。アメリカ世論が参戦已む無しの心理に陥ってしまうのではないかと心配したのです。ルーズベルト大統領は宣戦布告なき戦争への道をひた走っていました。一九四一年八月五日、フーバーはルーズベルト政権の疑似戦争行為に対する非難声明に名を連ねます。多くの有力者が賛同しました。チャールズ・G・ドーズ（クーリッジ政権副大統領）、J・ルーベン・クラーク（クーリッジ政権国務次官）、ヘンリー・P・フレッチャー（元外交官）、ライマン・ウィルバー（スタンフォード大学学長）、クラレンス・バディントン・ケランド（作家）、アーヴィン・S・コブ（作家）などです。フーバーは更に訴えます。

「ロシアはいま祖国防衛に忙しい。それは当然のことである。ただ祖国防衛の戦いが正当であることと、その戦いに我が兵士を遣るということはまったく別の話である。そのような決断をする前に、そのことの是非をじっくりと考えなくてはならない。（中略）つまり、派兵の是非は、我が国の将来との関連の中で検討されなくてはならない。そしてまた、この戦いで命を失ったり不具になったりする兵士の視点や、満足な食事も摂れず、粗末な家に住み、十分な教育を受けられない国民の視点で考えなくてはならないということである。国民の三分の一はそうした生活を強いられている現状がある。それがこのまま何世代も続いてよいのだろうか。また（参戦することで）我が国内での自由が犠牲になることはないのだろうか。我が国の方針はいかにあるべきか。孤立か介入か。実はどちらの政策を取ることも難しく、かつ賢明ではない。我々がなすべきことはこの国の守りを固めることである。南北アメリカ大陸にある二〇の国の防衛も含んでいる。それは決して（利己的な）孤立主義ではない。民主主義のために防衛力を高める作業は決して（利己的な）孤立主義ではない。我が国は、国力をしっかり温存すべきである。無駄にしてはならない。ヒトラーが戦線を拡大し衰弱し倒れた時に、荒廃からの再建が必要になる。和平構築の作業が始まる。その時こそ我が国の（温存した）国力を使うべきなのである。この方針は単純に、孤立主義とか干渉主義とかいう言葉では表現できない。南北大陸にある自由主義体制と国民の自由を守りきること。これが、我々がこれまで築いてきた文明への貢献である。決して（利己的な）孤立主義として非難されるものではない。むしろ人類全体への奉仕の作業なのである。若者を戦場に送り、殺させたり殺されたりすること。これが干渉主義である」（『裏切られた自由』）

この頃漸くフーバーは極東情勢への懸念を高めます。遅きに失したかも知れません。一九四〇年夏、フーバーはルーズベルト政権が実施した日本向けの鉄屑と航空燃料の輸出制限を批判しました。

「このような経済制裁は、ガラガラヘビを突っつくようなものだ。放っておくべきである。これでは我が国はトラブルをわざわざ作り、自らを巻き込むようなものだ」

一九四一年の夏から秋にかけて、（ルーズベルト政権の）対日政策はいよいよ対立を煽るものになり、フーバーの不安は更に高まったのです。

「ルーズベルト政権の対日政策には驚いてしまう。（ルーズベルト政権の）やり方は威嚇そのものだ。我が国はこれまでの三年間はただじっとしていればよかったのである。日本は放っておいても自壊していたはずである」

このフーバーの見立ては正しいと言えます。経済的な弱小国の日本は支那事変の泥沼にはまり込んで破綻へと向かっていました。一九四一年の九月になると、フーバーは、ルーズベルトとその取り巻き連中がドイツと同盟関係にあった日本を利用して、裏口から（対独）戦争に参入しようとあらゆる策を弄していることを確信したのです。フーバーは、日本の現状打破のための合理的な行動は、ソビエトの東シベリア攻略だろうとも考えました。支那の背後にはソビエトがいたからです。

とうとうフーバーは気が滅入ってきました。日に日に狡猾な手法で、ルーズベルトが日本を利用して参戦しようとしていたからです。フーバーは、十一月一日に「もはや戦いは避けられない。太平洋方面で数日のうちに勃発する可能性がある」と友人に不安を打ち明けています。「戦争」の状況は既に出来上がっていたのです。しかしフーバーは諦めません。『サタデー・イブニング・ポスト』誌に三回シリーズの論文を発表しました。この論文はのちに『アメリカ最初の十字軍』のタイトルで出版されます。一九一九年のベルサイユ講和会議での経験を基にした論文です。アメリカの理想主義が、ヨーロッパ諸国の歪んだ思惑によって妨害され、裏切られる様を描いた内容でした。そしてそれがまた繰り返されると忠告したのです。フーバーはラジオで講演しました。「ヨーロッパの戦いは泥沼化した。そこに我が国が軍をおくれば、若者は無駄死ににになる」とヨーロッパの戦いへの介入の愚を訴えたのです。同時に、その機能を失いかけていた中立法を更に無力化しようとするルーズベルト政権や議会の動きを牽制しようとしました。しかし、フーバーらの行動には戦争への裏口、日本への直接間接の働きかけはありません。そのルートの開拓を怠ってきたからできないのです。

一九四一年の十一月半ばにはフーバーはアメリカの参戦は不可避と観念しました。この頃、彼がどれほどの憤懣を覚えていたかは友人に宛てた手紙で確認できます。

「もはやこの混乱の中でできることは、我々のこれからの目標を絞り込むことしかない。防衛力強化や民主主義国支援といった限定的なものにすべきだ。それ以上のことを目標にすると必ず問題が起きる。まず我が友国が、あくまで（講和交渉をせず）軍事的勝利を目指せば人命や資源を浪費することになる。仮に軍事的に勝利しても恒久的和平の構築は難しい。（戦争に勝つ過程で）我が国内に集産主義体制ができてしまうだろう。ロシアへの支援は現時点では合理的に感じられるかもしれないが、必ず世界中がそのつけを払うことになる」（『裏切られた自由』）

フーバーの言う通り、世界中がつけを払うことになります。

アメリカ国内では以前から「戦争」を企む側とイギリスの干渉主義勢力とによる夥しい洗脳工作が展開されていました。それでもアメリカ国民の「非介入」「不干渉」の意思は固かったのです。これは歴史的な事実です。それは世論調査にははっきりと表れていました。「ドイツに宣戦布告して、陸海軍を外国の地に遣ることに賛成ですか」の質問に対する回答は次のようなものでした。

一九三九年九月（戦争勃発時点）	はい　六％	いいえ　九四％
同年十月	はい　五％	いいえ　九五％
同年十二月	はい　三・五％	いいえ　九六・五％
一九四〇年四月（ノルウェー侵攻時）	はい　三・七％	いいえ　九六・三％
同年五月二十九日（フランス侵攻時）	はい　七％	いいえ　九三％

圧倒的に「いいえ」です。

対ドイツ、イタリアへの宣戦布告についての回答は以下のようなものでした。

一九四〇年七月七日（フランス降伏時）はい　一四％　いいえ　八六％
同年七月十五日　はい　一五％　いいえ　八五％
同年十月十三日　はい　一七％　いいえ　八三％
同年十二月二十九日　はい　一二％　いいえ　八八％
一九四一年二月一日　はい　一五％　いいえ　八五％
同年二月十六日　はい　二一％　いいえ　七九％
同年七月九日（ヒトラーの対露戦開始）はい　二一％　いいえ　七九％

これも圧倒的に「いいえ」です。「平和」の側が「戦争」の側に対して圧倒的に優位を保っていたのです。

しかしフーバーは三つの経験、すなわち、第一次世界大戦時の（食糧支援）経験、アメリカ大統領の経験、および一九三八年のヨーロッパ視察の経験から、ルーズベルト外交がアメリカを戦争に巻き込んでしまう危険性を大いに懸念していました。フーバーはのちに言っています。

「私は国民に訴えた。講演や、文章を通じて真珠湾攻撃までその活動を続けた。私は国民の理性に訴え、理念をベースに結論を導く努力を重ねた」

一九四一年のルーズベルト大統領は「自らの理想の実現は我々の世代で可能だ」と訴えていましたが、フーバーはその都度「知恵と理解力が少しでもあれば、ルーズベルトの言葉を信じる者はいない。彼の言葉はちょっとした物知りの大道演説と変わりはしない。あのゴルゴダで、無知な民衆の感情を煽る行為と変わらない」と痛烈な批判を浴びせていたのです。

第四章

「平和」が「戦争」に負けた日

1941・12・7—真珠湾で大破炎上するアリゾナ

チェックメイト

一九四一年十一月二十六日、日本海軍機動部隊はハワイに向かうべく択捉島《えとろふ》単冠湾《ひとかつぷわん》を出港しました。アメリカ政府は以前からハワイの日本領事館に日本海軍から送り込まれたスパイがいることを摑んでいます。スパイは真珠湾に停泊中のアメリカ太平洋艦隊の動向を調査し本国に極秘電報で送信していましたが、それもアメリカ側は解読しています。日本側の攻撃目標が真珠湾である公算が大きいことをアメリカ政府と軍の首脳部は承知していたのです。

また、オーストラリア政府から、日本の機動部隊がハワイに着々と向かっているとの情報が寄せられていました（米・豪両政府は当時、否定）。十二月六日、日本政府からワシントンの日本大使館に十四部に分かれた文書が極秘電報で送付されました。更にそれらの文書をアメリカ政府に手渡すべき時刻（七日午後一時）を指定した最後の通信が七日午前に大使館に届きました。アメリカ側はそれらすべてを傍受し、事前に解読していました。内容は一目瞭然で、日本側の最後通告でした。十二月七日ハワイの真珠湾は快晴。日本軍による〝真珠湾攻撃〟が実行され、これが「平和」と「戦争」の戦いにおけるチェックメイト、「戦争」の側にとって望外の逆転さよなら満塁ホームランとなりました。

アメリカ世論が劇的に一瞬で非戦から敢然たる参戦一色へと変わったのです。スティムソン陸軍長官は十二月七日の日記に次のように書いています。

「日本が我が国を攻撃したとの報を受けた時、私の最初の感慨は、これで漸く我が国がどっちつかずの立場にいることから解放されたというものだった。（日本の真珠湾攻撃で）国民が漸く一致団結できる」

彼の偽らざる本音です。彼もアメリカが戦争に突入することをひたすら望んでいたのです。ルーズベルト大統領は〝真珠湾攻撃〟翌日の十二月八日、議会で次のような趣旨で演説し、日本に対する宣戦布告の承認を求めました。

「米国は、昨日、突然に日本帝国の海軍空軍による攻撃を受けた。米国は日本とは平和な関係にあり日本の懇願に応じて太平洋における平和維持のための交渉を日本政府および天皇と行っている途中だった。ところが日本の空軍部隊が突然オアフ島に爆撃を開始した。そして、その一時間後に駐米日本大使が米国の提案に対する公式返答を我が国務長官に手渡したのだ。その内容は、これ以上の外交交渉は無意味なので打ち切るというものだったが、軍事攻勢による戦争への警告も示唆も含まれていなかった。しかし、この攻撃はかなり前から意図的に計画されたものであることは明らかである。昨日のハワイ諸島への攻撃はアメリカ陸海軍に深刻な損害をもたらし、多くのアメリカ人の命が奪われた。加えて米国近海の公海上でアメリカ国籍の艦船が魚雷攻撃を受けた。昨日、日本はマレー半島に上陸し、昨晩は、日本軍は香港、グアム、フィリピン諸島、およびウェーク島を攻撃した。そして今朝はミッドウェー島を攻撃したのである。日本は太平洋全域にわたって奇襲攻撃に打って出たのだ。米国民は安全性の重要性を十分に理解している。私は陸海軍の最高指揮官としてあらゆる手段を講じるよう命令を下した。私は、この計画的な侵略行為を克服するためにどんなに時間がかかろうとも、完全な勝利を勝ち取る所存である。わが国民と国土、そしてわが国の権益が今や重大な危機に見舞われている。しかし、私たちは必ず最終的な勝利を獲得するであろう。私は議会に対して宣戦布告を宣言するよう要請する」と。

何も事情を知らないすべての議会人そしてアメリカ国民がルーズベルト大統領に賛意を表したのです。みんなが劇的に騙されました。十一日にはルーズベルト大統領はドイツおよびイタリアに対する宣戦布告を議会に求めました。こうしてアメリカは第二次世界大戦に参戦したのです。アメリカの主要同盟国は、イギリスと忌まわしきソビエトです。フーバーが懸念していた最悪の展開です。

日本の〝真珠湾攻撃〟によって、フーバーの参戦回避、「平和」の戦いは一旦終わりました。数百万の飢えたヨーロッパ民衆の支援、不干渉主義の訴え、共和党大統領予備選挙への出馬……。彼は戦いに敗れたのです。〝真珠湾攻撃〟を受けた後、すぐさまフーバーは対日戦争を戦うためには協力を惜しまないことを明確に宣言しました。国を愛する者としての行為です。十二月八日、フーバーは次のように述べました。

「大統領は、当然にしなくてはならないこと（対日宣戦布告）をした。大統領は、国民の全面的支援を受けるべきである。我が国の唯一の目標は日本との戦いに勝利することである」

しかし当然のことながら、フーバーはこれまでの自分の考え方が間違っていたとは思っていないのです。〝真珠湾攻撃〟の後も親しい友人には「みんなわかっていることだと思うが、ガラガラヘビをしつこく針で刺した結果、我が国は咬まれたということだ」「いつかこの戦いの審判を受ける時が来る。そのときにこそ我々の主張が正しかったことがわかるだろう」と語っています。ぶれは全くありません。

アメリカ国民もアメリカ議会も、〝真珠湾攻撃〟までは圧倒的にアメリカの参戦に反対でした。既出の世論調査の結果がそれを示しています。アメリカ国民もアメリカ議会もルーズベルトの「繰り返し若者を戦場に送らない」とのまやかしの約束や、対独戦争のための軍事増強、武器貸与、イギリス船団の護衛、対日経済制裁などの政策を「すべてアメリカが戦争に巻き込まれないための方策だ」というごまかしの説明を受けていました。

フーバーの思いは、「アメリカ国民が、我が国を戦争に巻き込んだすべての男たちを激しく嫌悪するときが必ず来る。そうした連中を神格化しようとする試みは失敗している」（『裏切られた自由』）にあったのです。

ところで、ルーズベルト大統領の対日外交に対するフーバーの具体的な批判は、ふり返って見て多くはありませんでした。これは、一九四一年七月二十五日の対日経済制裁があった時点でも、フーバーは日本との交渉が進行していると思っていたからなのです。フーバーの甘い観測でした。そのようなことを友人のオラフリンからも聞いていたからです。オラフリンは、野村駐米大使とほぼ毎日接触していたのですが、この野村駐米大使自体が鈍感でした。近衛首相の隠された企図にも気付いていません。

フーバーは九月十六日のスピーチ草稿に、近衛の「太平洋のどこかで大統領と会いたい」という提案を受けるべきである旨の主張を盛り込みました。その主張は表面的なものですが、それさえも演説草稿から最終的に削除してしまいました。それは、フーバーが根拠は乏しいながらも、日米間の交渉が進捗していると信じていたからです。しかし、十一月十一日のスピーチにはそれを祈るようなメッセージを挿入しました。太平洋方面で（日本を刺激して）戦いを始めることなどあまりにも非常識であったからです。しかしもう遅すぎます。フーバーはルーズベルトや近衛による「平和へ向かって努力しているふり」に騙されていたのです。ルーズベルトやその取り巻きの「戦争」への意思の強さについても過小評価してしまっていたのです。

フーバーの若干言い訳めいた回顧です。

「とにもかくにも、真珠湾攻撃までは世論は圧倒的に戦争に巻き込まれることに反対であったのだ。私は自身の参戦反対の行動を過大に評価するつもりはない。たくさんの仲間が、なんとかこの国が戦争しないように断固たる態度で努力を続けていた。私はその活動に何の悔いもない。我々は正しかったのである。（中略）我が国が第一次世界大戦に参戦したのは、戦いの勃発から三三カ月後のことだった。今回の参戦では二七カ月が経っていた。そこに至る様はどちらも似たようなものだった。参戦の理屈は、自由と独立のため、恒久的和平の構築のためであった。虐殺が行なわれていると憎悪を煽ることも同じだった。そしてありもしない我が国が襲われるという恐怖を煽る嘘が垂れ流された。ただ今回の戦いについていえば、人々はそうした煽動にそれほど踊らされなかった。悪意を持って戦争に駆られているのではないかと感じていた」（『裏切られた自由』）

いずれにしても〝真珠湾攻撃〟でチェックメイトです。

尊敬すべきはフーバーの粘り強さです。フーバーは自身の態度に絶対の自信を持っていました。「私は一貫してアメリカの参戦に反対してきた。そのことを言い訳したり詫びたりする必要など毛頭ないと思っている」

フーバーは戦争中「四年間のフラストレーション」に悩まされますが、日本降伏までの間ただじっとしていたわけではありませんでした。フーバーは「干渉主義」、更には戦後に向けての「ワン・ワールド的国際主義」、すなわちグローバリズムを嫌っていました。フーバーはフーバー研究所での資料収集も精力的に進めていきます。もちろんフーバーのこうしたスタンスや活動は敵対する「戦争」の側やルーズベルトを非常に苛立たせたのです。

フーバーは、一九四二年七月頃のドイツの攻撃でソビエトが崩壊することを期待していました。そうなれば「世界に革命を拡げよう」とする勢力が消え、最終的に訪れる平和もより長く続くだろうと期待したからです。しかしフーバーの思いとは裏腹に、ソビエトは崩壊しませんでした。アメリカが厖大な支援を始めたからです。彼はますます不安になりました。一九四四年半ばにはスターリン型共産主義がポーランド、ユーゴスラビア、東ヨーロッパ五カ国を席巻することになると危惧しました。恐らくドイツもそうなってしまうのではないかと心配し始めます。そしてその心配は的中します。秋になると不安はますます高まり、「もはや世界に安全な地はない」「世界は集産主義に向かって進んでいる」と絶望的な気持ちを吐露します。

フーバーは回顧録の執筆に着手しました。フーバーが如何にしてアメリカの参戦を阻止しようと行動したかを記録し、当然ルーズベルトについても語るためです。大意は次のようなものです。

「現実に（ヨーロッパで）戦いが始まると（一九三九年九月）、（ルーズベルトは）我が国を一歩一歩戦争に近づけていった。一歩近づくたびに、国民に向かっては『戦争に巻き込まれないために』あるいは『戦争ではない手段』などという枕詞を用い、あたかも和平を指向しているように見せかけた。アメリカの若者を外国での戦争に絶対に送り出さないとまで約束した。しかし、一九四〇年の（大統領）選挙に勝利すると、彼の物言いは変質した。『戦争でない手段』とは言わなくなったし、絶対に介入しないとも言わなかった。一九四一年に入ると、宣戦布告なき戦争に匹敵する挑発行為をドイツに仕掛けはじめた。その数カ月後には、挑発は日本に対しても始められた』「我が国が第二次世界大戦に参戦するまでに、その裏で何があったのかを白日の下に晒されなければならない。そうしてこそ初めて、なぜ我が国が参戦してしまったのかについての最終的な歴史を書くことができる」

終戦後の一九四六年五月、フーバーは東京でダグラス・マッカーサー将軍に会いました。マッカーサーは、一九三〇年にフーバー大統領によりアメリカ陸軍最年少の五十歳で参謀総長に任命されています。マッカーサー将軍との会話の中で、フーバーは次のようにはっきりと述べたのです。

「日本との戦いは戦争したくて仕方のない狂人が望んだことだ」

「狂人」はルーズベルトを指しています。マッカーサー将軍は彼の意見に同意し、更に一九四一年七月の対日経済制裁は挑発行為であった点も考えを同じくしていました。挑発が日本との戦いを確実なものにしたのです。マッカーサー将軍は、もう一点、フーバーの考えに同意しました。それは、一九四一年秋にはルーズベルトは、日本の近衛首相との間で何らかの暫定協定を結ぶことができたはずだということです。「和平を探ろうとしていた近衛首相」は、アメリカとの関係改善を望んでいたのです。その近衛の講和を求める態度に対して取ったルーズベルトの対応もフーバーの中心テーマになっていました。この近衛の「平和への努力」のふりにはフーバーもマッカーサーもすっかり騙されていたのです。

フーバーが執筆を進めた回顧録は刺激的で、アメリカ・イギリスの指導者が一九三三年以来犯した十九の大罪が列挙されます。

①ルーズベルトによるソビエトの国家承認（一九三三年）
②ポーランドの独立保障（一九三九年）
③真珠湾攻撃以前の日本に対する宣戦布告なき開戦行為（一九四一年）
④ドイツのソビエト侵攻後に見せたソビエトとの暗黙の同盟関係（一九四一年。これはアメリカ政治の最悪の決断である）
⑤日本に対する全面的経済制裁（一九四一年夏）
⑥日本の近衛首相の和平提案に対する侮蔑的な拒絶（一九四一年九月）
⑦カサブランカ会談で発表された無条件降伏要求宣言（一九四三年一月）
⑧モスクワ宣言およびテヘラン会談時のソビエトに対する宥和方針で許容したバルト三国などへの侵略（一九四三年）
⑨ヤルタ会談におけるモンゴルおよび満州のソビエト支配容認の密約
⑩和平を探っていた日本に対して使用した原子爆弾の非道徳性
⑪自身の選んだ左翼思想を持つ顧問の意見を中国に強制

⑫（蔣介石に厳しい）マーシャル将軍の対中交渉によって中国を失ったトルーマン外交、など

フーバーは、ルーズベルト大統領の一連の「戦争」への企みを次のように総括します。

「ルーズベルトは国民をまったく必要もない戦争に巻き込みとんでもない厄災を招いた。エゴイズム、悪魔的な陰謀、知性のかけらもない不誠実さ、嘘、憲法無視。これが彼のやり方に際立っていた」「彼の不誠実さをはっきりと示しているのは、三年間にわたって、アメリカ国民に若者を戦争に送り出すことはないと約束し続けていながら、実際は参戦に向けた外交を繰り広げていたことである。ドイツには憲法に違反する宣戦布告なき戦いを始めていた。真実とは違う説明で、国民に（ドイツへの）恐怖と憎しみを煽った。不干渉を主張する人々には悪意ある中傷を続けた。武器貸与法の本当の意図を隠した。日本の反撃を確実にする対日経済制裁を行なった。近衛からの和平提案を拒否した。英国との軍事協定でポルトガル（領土）と日本への攻撃を、議会の承認なく決定した。国民に対して（第一次世界大戦に続く）第二の自由を守るための『十字軍』を要求した」「歴史は、ルーズベルト氏の政治家としての資質を問い続けるに違いない。……共産国家ソビエトとの同盟、太平洋方面での講和を探る動きへの度重なる拒否、国民の恐怖（アメリカが攻撃される可能性）を煽る一二のスピーチにある嘘。そして最後に強調しなくてはならないのは、我が国の（開戦権限に関わる）憲法の規定への抵触である。こうした問題は、日本が真珠湾を攻撃した、という事実を指摘するだけで免罪にはならない」（『裏切られた自由』）

天使の日本理解

ここで、真珠湾を攻撃した日本側の経緯や内情を「平和の天使」フーバーがどの程度理解していたかについて回顧録『裏切られた自由』に基づいて見ていきます。

まず目を引くのは、回顧録において「一九三八年の旅では日本を訪問していないが、この国も重要である。日本の一九三八年半ばの状況を簡単に記しておきたい」との文章で日本に関する記載が始まっていることです。

フーバーにとって、日本は「訪問しなかった国」であり、この国「も」重要である程度のものであって、例えばヨーロッパの諸国のように他から区別して特段に注意力を働かせなければならない国ではなかったのです。

従って、日本に対する理解の程度はあまり高いものでも精緻なものでもなく、「簡単に記しておきたい」国であったのです。イギリスやソビエトはもちろん、ドイツやフランス、ベルギーやポーランドなどへの理解の程度と雲泥の差があったでしょう。背景には、アメリカ人一般にとっての関心の程度や利害関係は圧倒的にヨーロッパのほうが大きく、東洋や日本へのそれは希薄であったという事情もありました。もちろん当時において日本からフーバーへの働きかけもほとんどなかったのでしょう。反グローバリズムという点での日米の連携の弱さは現代にまで続く課題として捉えることができます。

フーバーは日本について次のように述べています。

「日本は天皇を元首にした立憲君主制の国である。天皇は宗教的にも頂点に立つ存在であった。また議会制（国会）の国でもある。首相や閣僚は名目上、天皇による任命である（元老の承認が必要である）。その政府は帝国議会に対して責任を持ち、かつ議会の監督を受ける。内閣には一点だけ立憲体制の国にしては不可思議なところがある。陸海軍がその大臣を指名するのである。日本には、外国から『リベラル』と呼ばれる有能なグループがあった。彼らが軍部の横暴を抑制し、政治的に優位を占めていた時期があった。たとえば一九二二年には、国務長官チャールズ・エヴァンス・ヒューズが提案した条約［訳注：ワシントン海軍軍縮条約］に調印し、ベルサイユ条約で承認された山東半島の利権の返還にも応じている。しかしリベラル・グループの立場は不安定だった。彼らは身の危険を顧みず、軍国主義者に抵抗したが、多くの人物が、軍の急進派によって暗殺されている。こうして日本は、『リベラル派』が失墜し、極東における積極的な軍国主義の中心となった。先に書いたように一九三一年には中国を攻撃し、満州を併合した。国際連盟による介入があったが、日本は拒否した。連盟にはアメリカも協力していた。一九三七年には中国に全面侵攻し、先に書いたように、華北・華中および太平洋岸を征圧した。ワシントンでは、一九三八年半ばまで、日本の動きを牽制し中国政府を支援することが検討されたが、そのような政策は採用されなかった」（『裏切られた自由』）

詳しいことは後の章で述べますが、フーバーの理解は表面的です。フーバーは、日本軍を悪とし、「リベラル派」なるものを一方的に想定してこれを善と決めつける余りにも単純な図式で理解しています。軍とつながる近衛の野望、日本においてもアメリカ同様に共産主義者たちの策謀があること、ルーズベルト政権同様に近衛政権も共産主義者たちを招き入れていたこと、コミンテルンの罠によって日本は支那事変の泥沼にはまっていることなどへの言及は全く期待できません。フーバーは日本における本質的な動きについては何も把握していないのです。一方、「戦争」の側はこれらを仕掛けかつ当然のことながら掌握していたのです。また、フーバーもルーズベルト同様に他の箇所では日本を「独裁国」と呼んでいます。明らかに誤りです。

「（アメリカは）西のアジアとは六〇〇〇マイル（約九七〇〇キロメートル）も離れている。二つの太洋によって守られていると言ってよい。どのような航空機も、（中略）太平洋の五分の一までしか行動できない。爆弾を積載しかつ基地に帰還するにはそれが限界である。独裁者が我が国を攻撃することはできない。（中略）我が国は防衛力さえしっかりしていれば、彼らは我が国に対してどうすることもできない。日本、ドイツ、イタリア、あるいはロシアが、我が国を攻撃するなどということはあり得ない。そのような言説はヒステリーに他ならない」

ここでの「独裁者」とは一体誰のことを言っているのでしょうか。けれども後の記述は基本的に正しいです。日本はアメリカ大陸を侵略しようと考えたことはありません。

フーバーは、朝鮮半島の問題に関して次のような正しい認識を持っていました。

「日本の支配による三五年間で、朝鮮の生活は革命的に改善した。日本はまず最も重要な、秩序を持ち込んだ。港湾施設、鉄道、通信施設、公共施設、そして民家も改良された。衛生状況もよくなり、農業もよりよい耕作方法が導入された。北部朝鮮には大型の肥料工場が建設され、その結果、人々の食糧事情はそれなりのレベルに到達した。日本は、禿げ山に植林した。教育を一般に広げ、国民の技能を上げた。汚れた衣服はしだいに明るい色の清潔なものに替わっていった。朝鮮人は、日本人に比較すれば、管理能力や経営の能力は劣っていた。このことが理由か、あるいはもっと別な理由があったのか確かではないが、経済や政治の上級ポストは日本人が占めた。一九四八年、ようやく自治政府ができた。しかし朝鮮人はその準備がほとんどできていなかった」
（『裏切られた自由』）

朝鮮半島に関する当時の国際的な常識でもありました。

極東部長の対日政策

さて、一九三一年の満洲事変から一九三七年の支那事変に至る時期のアメリカ政府の対日政策を見ておくことは、その後のルーズベルト政権の対日政策の特徴をよく理解するのに役立ちます。この時期はまだ、アメリカ大統領は日本に関して相対的に高い関心を払っていませんでした。対日政策に大きな影響力を持っていたのはスタンレー・K・ホーンベック国務省極東部長（一九二八年〜一九三七年、その後一九三七年〜一九四四年　国務長官特別顧問）でした。アメリカ大統領は、満洲事変勃発から一年半後の一九三三年三月にフーバーからルーズベルトに替わります。

そもそもアメリカは不干渉主義的な立場から、自身がイニシアチブをとることなく日本の対満洲政策が抑止されることを望んでいました。

そのため一九三二年一月に日中両国に通知を送ることで「満洲国不承認」を表明しただけでした。アメリカの条約に基づく権利、あるいは中国（支那）の領土・行政保全を損なう「いかなる既成事実の合法性も認めることができないこと、および、そのような日中間の条約、協定を承認する意図を持たないこと」を宣言したもので、文言上は日本に厳しい姿勢をとり、日本を大いに刺激していきます。フーバー大統領や日本に厳しいスティムソン国務長官は、この通知による道義的な圧力が一定の効果を及ぼすと期待しました。

しかし言い換えれば、日本に対して道義的圧力以上の手段を講じるつもりはなかったのです。一九三三年三月に日本が国際連盟を脱退した後は、国務省極東部はより対日宥和へと傾きます。国務省極東部は、日本を刺激するような言動を回避しようとするのです。彼らは、東アジア情勢に通じていたからこそ、アジア・太平洋地域に対する関心が相対的に低いと同時に、日本嫌いのルーズベルト大統領やハル国務長官よりも一層日本との戦争を導く可能性のある要素に神経質だったのです。この辺のところは、近衛文麿も一九三四年（昭和九年）の訪米時に摑んでいました。

ホーンベック国務省極東部長は一般に当初からの「親中」派と見られていますが、実際には彼の政策に「親中」的な色彩はほとんどなく、中国に対する政治的な評価や軍事的な評価は低いものだったのです。彼は、日本の満洲における「特殊権益」に異を唱えていません。満洲事変勃発直後は日本の行動の動機にある程度の理解を示し、アメリカによる日本人移民排斥問題に負い目を感じていたのです。

「すべての列強の中で、日本は今のところ最も植民地を必要としている。……第二に、日本は日ごとに食糧・原料の輸入国で工業製品輸出国となってきており、満洲は本質的に原料食糧（供給）地域である。両者（日本と満洲）は自然な補完関係にある。日露戦争期には日本の輸出の八五％は工業製品であった。日本の自然な市場は中国である。日本は、イギリスがそうであるように耕作に適する土地が少ないため、その生存を海外からの食糧原料供給に頼っている。……もし我々がこの平和的な出口を狭い領土に人口密度が高く軍国主義的で工業化された膨張主義的エネルギーに満ちた日本に禁じるというリスクをとるとすれば、誰が日本の野心がより悪影響の大きな別の地域でより危険な方向へ向くことがないと世界に保証できようか。もし、我々が満洲に『門戸開放』（オープン・ドア）の厳格な解釈を強いれば、現在日本人に対して閉ざされている、例えばカリフォルニアの扉が乱暴に開けられないとも限らないのではないか」

　したがって、重要な原則において日米間に対立があるということを明確にしつつ、「日本に圧力をかける素振り」は避けることが肝要である、というのがホーンベック国務省極東部長の結論でした。「日本に対して行使する準備のない軍事力をちらつかせることは決してしてはならない」と戒めています。一九三三年五月のロンドン世界経済会議ワシントン予備会談において、ルーズベルト大統領が日本全権に対して「満洲問題を巡ってアメリカは実力行使しない」ことを表明したのはホーンベックの歓迎するところでした。

前述のように、ホーンベックの中国への評価は低く、中国の治外法権撤廃問題についても当初は冷淡であり、中国ナショナリズムを封じ込めようとする態度でした。日本の排他主義的な中国政策については、対中共同借款や互恵的通商協定という非軍事的な手段である程度封じ込めることを狙っていました。

しかしながら、日本の中国における排他的姿勢が改めて声明されると、ホーンベックもアメリカの海軍力増強の方針を志向するようになっていきます。日本軍による華北分離工作が進むにつれ、アメリカ国務省極東部は「中国の不抵抗の結果として日本が華北を掌握することになるだろう」と予想しましたが、中国が軍事的な抵抗を行わないことを歓迎していました。極東部がこの時期の中国の戦争遂行能力を極めて低く評価していたからです。

「万一、日本と中国との戦争となれば、日本が勝利し、その成果は有無を言わさぬ条約によって『合法化』されてしまう、妥協よりも悲惨な結果になる」と、中国自身そう考えていたのです。この中国による「対日妥協」は、ホーンベックの政策方針でもありアメリカの国益と合致するものだったのです。ホーンベックは、中国大使に対して「アメリカ人およびアメリカ政府が現在『外国の紛争』に嫌気がさしているのはアメリカにいる誰にとっても明らかであり、特に外国同士の紛争に巻き込まれるような政治的関与についてはなおのことである」と回答しています。

繰り返しますが、「不干渉主義」が東アジア政策においてもアメリカの立場でした。更に中国が日本に抵抗した場合、中国全土に及ぶ戦争にまでエスカレートして、アメリカにとっての中国市場が壊滅するとも彼は判断していました。それを回避するためにも、アメリカは中国が日本に対して軍事的抵抗を行うことを積極的に抑制したのでした。アメリカは中国が国家建設のために行う経済統制についても嫌いました。アメリカは日中双方に協調姿勢を示して、東アジア市場にアメリカの通商利益を増進する「自由貿易」秩序を確立しようとしていたのです。アメリカにとって大事なことは、中国への輸出拡大であり、中国が排他的な市場になることを阻止することでした。実際、日ソ関係の緊迫化、中国幣制改革の成功、蔣介石の内政基盤の強化を背景に、日本も軍事衝突より日中の経済提携を志向したため、「日中全面戦争の可能性は低下した」というのが国務省極東部の情勢判断でした。

それだけに一九三七年七月の盧溝橋《ろこうきょう》事件が全面戦争化したことは、アメリカ（あるいはホーンベック極東部長）にとって意外な事態でした。八月、戦火は上海に飛び火し、揚子江流域へと拡大しました。アメリカは、国民党政府は「上海に大きな関心を持つイギリス、アメリカの介入への期待と、上海での戦闘が広報効果を持つという計算から、上海を戦争の主舞台にしようとした」と分析しました。

ソビエトは、一九三七年秋から中国に夥しい数の飛行機、その指導員、数々の物資などの軍事援助を始めます。アメリカは「中国はソビエトの援助によって当面の戦争継続は可能である。一方、ソビエトには対日参戦の意思はなく、日本からの対ソ攻撃も考えにくい状況」と判断しました。一九三八年三月頃、漸くイギリスとアメリカは中国の持久力を認め、「今後も戦争継続が可能である」と判断することになります。ホーンベック極東部長も遂にアメリカが対中支援を行うことに積極的になります。首都南京陥落後も国民党政府は戦い続けていて、建設的な和平構想の実現の見込みがなくなったアメリカにとって、国民党政府が戦い続けるのが望ましいことでした。日本の短期決戦力の不足も広く認識されていました。但し、やはり米英共にここに自らが参戦する気はありませんでした。

日本圧迫！

一九三七年十月、ルーズベルトは突然、ドイツ、イタリア、日本を隔離せよという趣旨の「隔離演説」を行ったのでした。そしてアメリカによる対日制裁を翌年一九三八年七月から始めます。ルーズベルトは特定の軍需品メーカーに対して対日輸出を停止するよう要請します。一九三九年七月には、ハル国務長官が一九一一年に締結した日米通商航海条約を半年後に破棄することを通告しました。「言葉を超えた」強硬策です。ハルの回顧録には次のように書かれています。「日本に対する心理的な圧迫に加え、実質的な影響を与えることを狙っていた。いくつかの（戦略）物資の禁輸を考えていた。それまでは道義的禁輸（航空機）にとどまっていた」。日本側は、当然ながら、なぜ破棄するのか尋ねました。ハルは次のように書いています。

「日本側に我々の意図を考えさせ続けること。それが我々にとって最善のやり方だと感じた」

ルーズベルト政権による完全なる日本圧迫です。ジョセフ・グルー駐日大使はこの外交姿勢に疑義を呈します。

「私は大統領との二度の打ち合わせで、ひとたび対日制裁を始めてしまえば、結局は行き着くところまで行ってしまう。つまり戦争になる、との考えを伝えた」

フーバーは、元海軍作戦部長で既に退役していた提督の意見を聞きました。提督は次のように意見を述べます。

「日本についても、アメリカが挑発さえしなければ、我が国を攻撃することはあり得ない。彼らは我が国を標的としていない」（『裏切られた自由』）

当っています。

けれどもアメリカ軍による国民党政府への支援は始まっていました。中国は軍需品の供給のほとんどをビルマ・ルートに頼っていました。ビルマ・ルートとは、北部ビルマから中国雲南省に通じる数百マイルに及ぶ道路です。他のルートは日本軍に封鎖されていました。一九四〇年夏、日本はイギリスに対してビルマ・ルートの閉鎖を要求します。この時期のイギリスはヒトラーとの死闘の真っ只中です。結局、ビルマ・ルートは閉鎖されました。中国への物資の輸送は空からのものとなり、輸送機の護衛は、驚いたことに、アメリカの義勇航空部隊（フライング・タイガー）が担ったのです。

ルーズベルトの日本に対する外交は、大統領選挙戦の最中であっても、経済的圧力をかけ、海軍力を使って脅すというものでした。その結果、一九四〇年九月末、ベルリン・ローマ・東京の提携が、本当に三国同盟として軍事同盟化してしまいます。これを計画的に推進した日本の首相が近衛文麿です。彼の野望がそう為さしめたのですが、この点は後程詳しく述べます。

この軍事同盟で、ヨーロッパにおける新秩序の形成は独伊両国が、東アジアにおける新秩序は日本が担うと確認しています。東アジアにおける新秩序という考え方は、正に近衛が推進しているものです。また、現在のヨーロッパでの戦い、あるいは日中の戦いに関与していない国が締結国を攻撃した場合、締結国は、政治的、経済的、そして軍事的にこれを支援するということでした。この時点で対象となり得る国は、アメリカでした。しかし、アメリカ大統領選挙期間中、ルーズベルトはこのことを国民に伝えていません。共和党の大統領候補ウェンデル・ウィルキーはこの問題に言及しました。フーバーがアドバイスしたのです。

「ドイツ、イタリアそして日本が、我が国を戦いの対象になり得ると考えているのは明らかだ。彼らが我々に侵略的な意図を持っているのか。それとも我々がそうであるのか。我々はどちらに向かおうとしているのか。なぜ我々はこんな立場に立ってしまったのか。最も凶暴な三つの国に、このような声明（三国同盟）を発せしめたのは、なぜなのか。いったいどんな外交をしていたのか」

フーバー自身も演説でこれに触れました。

「我が国の歴史上初めて、我が国を標的とし圧力をかけようと意図する軍事協定が生まれてしまった。その上、この協定は我が国を両方向（ヨーロッパ方面と太平洋方面）から脅かすものだ。このことは軍事学を少しでもかじっていればわかりきったことだ」（『裏切られた自由』）

「イギリスやオランダの植民地が日本に攻撃されたとき必ずアメリカが参戦する」ことが、一九四一年四月下旬にシンガポールで詳細に議論されています。「アメリカの植民地」ではありません。また、八月十日の大西洋憲章の協議の場でも打ち合わせがなされました。シンガポールでの協議は相当に好戦的なものだったことが協定書の次の文言からもわかります。

「我々の目的は、ドイツおよびその同盟国を敗北させることにある。したがって、極東においては、連合国の軍事力を、日本の（予想される）攻撃に耐えられるよう整備することにある。日本に経済的圧力をかけ続け、こちらから攻勢に出る機会を待つ（傍点は原文）」（『裏切られた自由』）

のちに真珠湾攻撃について調査が実施されましたが、その中で、スターク提督の次のような言葉（一九四一年四月三日）が明らかにされています。

「（この協定が成ったことで）問題は、我が国が参戦するか否かから、いつ参戦するかに移行した」（傍点は原文）

この協定は、議会にも議会内の委員会にも報告されていません。憲法が議会に付与した権限は全く無視されたのです。「ニューヨーク・ヘラルド・トリビューン」紙は、ウッドワード海軍少将が次のように述べたことを報じました。

「現実問題として、我が国はすでに戦争状態に入っている。ごまかしはやめたほうがよい」「（ドイツと日本のような）不道徳な戦争国家を敗北させるためには、イギリスと中国を徹底的に支援しなくてはならない」（『裏切られた自由』）

アメリカ国民も議会も参戦に強く反対していました。したがって、大勢をひっくり返して参戦を可能にするには、ドイツあるいは日本によるアメリカに対する明白な反米行為が必要だと、ワシントンの政権上層部は考えました。彼らは事態をその方向に進めようとします。つまりドイツあるいは日本に対してアメリカを攻撃するように仕向けるのです。

騙された天使たち

フーバーは日本の首相近衛文麿が演じた「平和への努力」を信じていました。実はフーバーは、一九三四年（昭和九年）に訪米した近衛と会談しています。当時近衛は貴族院議長でした。フーバーはこの会談において近衛に対して何ら深い観察は行っていませんでした。フーバーは記録に残していませんが、そういうことが七年前にあったのです。

さて、回顧録を見てみます。

「アメリカ政府は（対日交渉の経緯を）国民に隠していた。そしてその後の教育でも、何があったか歴史の真実を教えていない。だからこそ、対日交渉の経緯はしっかり書いておかなくてはならない」「一九四一年六月のヒトラーによるソビエト攻撃で、国際的な力関係にははっきりとした転換が起きた。ヒトラーのソビエト攻撃は、日独伊三国同盟を揺るがした。このことによって、日本では、ソビエトとの戦いの可能性が一気に高まった」

ここまでは正確です。

「我が国は日本に対して経済制裁を実施し、海軍を（太平洋方面に）展開させることで日本にプレッシャーをかけていた。中国を支援するためであった。そのことで日本の危機は高まっていた。日本は中国に対する侵略的戦争で、主要な海岸線を占領していた。しかし征服には至らず戦いは泥沼化していた。このような情勢の中で日本は英米両国との関係を悪化させた。ルーズベルト大統領は、中国を支援しようと日本に対する経済制裁を徐々に強めていった。さらに、太平洋艦隊の基地を本土西岸の港からハワイの真珠湾に移した」

この辺りもフーバーとしてはまあまあです。しかし、ここからが問題です。

「日本の軍国主義的行動の中心となっていたのは、陸軍であり、陸軍省だった。日本海軍は、むしろリベラル勢力と見なされていた。そうした勢力は近衛文麿公（首相）に指導されていた。近衛首相は、緊張緩和を何とか実現したいと考えていた。特に米英両国との関係改善を図りたかった」（『裏切られた自由』）

フーバーの陸軍、海軍そして近衛についての理解は全く事実と違っています。結論から言えば、最も平和的であったのは陸軍参謀本部でした。近衛は日本海軍の一部の首脳部などと謀ってアメリカに戦争を仕掛けるべくレールを敷いていたのです。そしてそのことを「戦争」の側は把握していました。

フーバーは続けます。

「日本から関係改善を求める公式提案があったのは一九四一年五月のことである。その提案は、野村吉三郎提督によってもたらされた。彼は極めて親米的な人物であり、近衛によって駐米大使に任命されていた。しかし、野村の交渉の成果はことごとく東京の松岡洋右外務大臣の妨害にあった。松岡は反米感情を持っていた」

ほとんど出鱈目です。

「一九四一年七月十八日、近衛は新内閣を組織した。松岡に代えて豊田貞次郎提督を外務大臣に据えた。彼も親米的な人物だった。豊田の任命は、ルーズベルト大統領およびハル国務長官に対するメッセージであった。リベラル勢力の台頭を伝える意味があった。日本の状況は、侵略行為をやめ、中国に自由を回復させるのに好都合な環境に変化していたのである。一九四〇年九月、グルー駐日大使は（中略）一九四一年に入ってからは日本との関係改善は可能であり、経済制裁はむしろ危険であると訴えていた」（『裏切られた自由』）

フーバーの野村、松岡などに関する理解は極めて表面的であり、言い換えれば滅茶苦茶です。すっかり近衛に騙されています。フーバーはルーズベルトの悪には気づいていますが、近衛の悪はわかっていません。

「グルー大使の意見がありながら、一九四一年七月二十五日、ルーズベルトは日本からの提案を一顧だにせず、日本に対する経済制裁を突然に強化したのである。ヒトラーのスターリンへの攻撃が始まった一カ月後のことである。日本向け輸出および日本からの輸入をすべて政府の管理下に置いた。さらに米国における日本の資産を凍結した。これにイギリスとオランダが続いた」

この辺りのフーバーの記述は正しいです。続けます。

「この制裁によって日本がとれる選択肢は次の三つに限定されてしまった。①南方に進み、食糧および石油などを占領地域で確保する。占領する地域はタイ、マラヤ、蘭領東インド諸島などとなる。②経済制裁の首魁《しゅかい》たるアメリカを攻撃する。③再び、米英のアングロサクソン連合との和平構築を目指す。

八月四日、近衛首相は陸海軍大臣と協議し、ルーズベルト大統領との直接会談の道を探ると発表した。引き続き和平の条件を探るという決定は、海軍の支持を得、陸軍も同意していた。天皇は、できるだけ早く大統領との会見に臨むよう指示した。八月八日、東京からの指示に基づいて、野村大使はハル国務長官に対して、ルーズベルト大統領との首脳会談を正式に申し入れた。場所はアメリカ領土の太平洋側のどこかにしたいという提案だった。スチムソン陸軍長官は提案を受け入れることに反対であった。彼は八月九日の日記に次のように書いている。『この会談の申し込みは、我々に断固とした行動を起こさせないための目くらましである』。大西洋憲章を話し合った時期（一九四一年八月九日から十四日）には、チャーチルもルーズベルトも日本の動きがわかっていた。二人は日本に対して何らかの行動を起こすことを決めていた。近衛首相の提案を無視した上で、日本に対して強い警告を発することを決めた」

「大西洋憲章の打ち合わせから戻ったルーズベルト氏は、野村大使と会った（八月十七日）。彼は野村大使に声明文を示したが、それは大西洋上の会談でチャーチルとともに草稿を練ったものだった。……ハル国務長官の言葉を使えば、飴（オリーブの枝）と鞭（警告）をはっきりとさせたのである。鞭の部分は次のように表現されていた。『現在の状況に鑑みると、我が米国政府は、日本政府に対して次のように警告しなくてはならない。もし日本政府が軍事力による支配計画をこのまま遂行し、近隣諸国を力で脅すことを続けていけば、我が国政府は、合衆国および米国民の合法的権益を守り、安全保障を確かなものにするために必要なあらゆる措置をただちに取らざるを得なくなるであろう』」

「飴の部分は次のようなものだった。『日本政府はその現在の考え方をより明確にして発表することが望まれる。我が国政府はすでに繰り返し日本への要求事項を日本政府に示してきたところである』。会談の場で、野村大使は、近衛首相との首脳会談を要請する書面を手交した。要請の内容はすでにわかっていた。（野村）大使は、近衛は必ず合意ができると信じていることをルーズベルトにはっきりと説明した。近衛首相がこうした会談を提案することは、政治的に大きなリスクとなる。会談の失敗は彼の政治生命の終わりを意味していたからである。ルーズベルトは野村に、会談に反対ではないと答え、会談の地としてアラスカを提案した」（『裏切られた自由』）

フーバーは、ルーズベルトの狭さを的確に指摘していますが、近衛についての理解はやはり表面的なものに留まっています。近衛は「野望の実現」というとんでもなく大きなリスクをとっていたのです。詳しくは後の章で述べます。

グルー駐日大使は日記をつけ、そのコピーを毎月、ホーンベック国務省極東部長に送っていました。一九四一年八月十八日にグルー大使が豊田外相と長時間話し合っています。（日記によれば）この会談で豊田は近衛の訪米について次のように語りました。

「日本の歴史の中で（現職）首相の外国訪問は前例がない。しかし、近衛は大統領との会談を実現すると固く決めている。世界を破滅から救いたい、太平洋地域に和平を築きたい、そのためにはいかなる手段も厭わない。近衛にはそうした強い思いがある」

この日、グルーはワシントンの本省に自身の考えを電信で伝えました。

「日本とアメリカが戦うような無益なことを回避させたいと願っている。両国の戦いの可能性は日に日に高まっている。日本の提案（首脳会談）については放っておくようなことをせず、十分な（前向きな）検討がなされるべきだと訴える。近衛公とルーズベルト大統領の会談が生むだろう効果は計り知れないものがある。その好機が訪れている。高潔な政治家として（戦争を回避できる）行動が取れる機会である。太平洋方面の和平実現に立ちはだかる障壁を乗り越えられるかもしれないのである」

グルーも事態が全く見えていません。

グルー駐日大使は「経済制裁で日本は屈服する」という考え方を否定する見解を持っていました。結果的には正しい見解です。グルー駐日大使は八月十九日にはワシントンに次のように具申しています。

「日本政府は経済制裁によってその力が限界に達してしまった。我が国との戦いなどできるはずもない。だからこそ日本政府は前例にない提案（近衛・ルーズベルト会談）を望んでいる。このように考えるかもしれないが、そうではない。むしろ逆である。日本は（アメリカと戦うことになれば）とんでもなく悲惨なことになるかもしれない。しかし、日本政府が、そうなることをも覚悟して、外国政府の圧力に屈するよりも戦うほうがましだと考えることは十分に考えられるのである」

グルーはワシントン政権の一部が「日本がアメリカに牙を剝くはずがない」と考えていることに強い警鐘を鳴らしたのです。彼はその警告を繰り返しました。二月七日、五月二十七日、七月

十七日、七月二十二日と国務省に具申しました。日本への経済制裁が始まってからも、八月十九日の電信で警告しました。更に八月二十七日、九月五日、同二十九日、十一月三日と、彼の訴えはやまなかったのです。「日本がアメリカに牙を剝いてくる」なんて、ルーズベルトにとっても近衛にとっても嬉しくてたまらない状況です。けれどもグルーはそのことに気づいていません。

日本政府は、アメリカメディアの論調が日本に対して極めて敵対的であると抗議していましたが、国務省はそれに対し「アメリカのメディアのそのような論調は、日本(外交)の非妥協的態度が原因であり、それを変えたければ、日本政府の側で何らかの改善のための行動を起こすことが求められる、そうすればアメリカ世論も変化する(傍点はフーバー)」(『裏切られた自由』)という冷たいものでした。アメリカの大手メディアも「戦争」の側であり、ルーズベルト政権と一緒になって煽っていたのです。日本も同じ状況でした。八月二十八日、野村駐米大使は近衛からの親書(八月二十七日付)をルーズベルト大統領に手交しました。グルー駐日大使はこの時もルーズベルト大統領は首脳会談に応じるべきだと訴えています。

九月六日、グルー駐日大使と近衛首相が会談をしました。近衛文麿が待ちに待った一世一代の大芝居です。近衛の気迫と濃厚なもてなしに応えて「この会談についてのルーズベルト大統領宛ての報告は外交官としてのキャリアの中で最も重要な文書になるだろう」とグルーは近衛に語ります。近衛との会談後のグルーの報告書は次のようなものでした。

「今晩、（近衛）首相から、彼の友人宅での晩餐に招待されました。そこでの会談は三時間に及びました。私たちは、極めて率直に両国間の諸問題について意見を交わしました。首相は本官に、親電によって首相の考えを大統領に伝えてくれるよう懇請しました」（『裏切られた自由』）

（グルーからルーズベルトへの）その哀訴のような親書が、ルーズベルト大統領とハル国務長官のもとに届いたのは九月二十九日でした。グルーは次のように訴えていました。

「私は、この（米日関係改善の）好機を見逃すようなことはしてはならないと切に願うものであります。日本は、自らのこれまでの外交の誤りに足を絡めとられていますが、その危うい立場から何とか抜け出そうと努力しています。本官がすでに本省に伝えたとおり、世界で起きている事件が日本の外交に衝撃を与えています。そのことによって日本国内のリベラル勢力が、政治の中枢に戻りかけています。いまがその時だと思います。この新しい状況こそが（米日関係を）好転させる好機なのです。世界で起きている事件の影響は、日本の（政治）状況を、（我が国の外交にとって）望ましい方向に変化させています。米日関係好転の種が播《ま》かれたのです。注意深く播かれたこの種を芽吹かせ育てられれば、日本の思想が刷新され、両国関係は完全なる再調整ができるかもしれないのです（傍点部分は原文イタリック）」（『裏切られた自由』）

ここでもグルーは、近衛を「リベラル勢力」と見ています。完全に誤った情勢認識です。

「日本人の心理は西洋のいかなる国の人種のそれとも異なっています。日本人を西洋人の尺度で判断することはできません。現在直面している課題を勘案しながら、彼らの心理を理解しようとしなくてはなりません。日本が（会談の実現前に）、原則においても具体的な実行の方途についても、しっかり説明し、それが我が国の満足のいくものであることをはっきりさせなくてはならないとする主張があります。そのような態度は、時間を弄《もてあそ》んでいることに他なりません。その間に重大事件が起き、近衛内閣の評判が大きく毀損することもあり得るのです。なんとかアメリカとの間で妥協点を見出したいと考える勢力も、このことを憂慮しているのです。憂慮すべき方向に事態が進んでしまえば、非合理的なことも起こり得るのです。つまり対米戦争です。近衛内閣が崩壊し、軍国主義的独裁者が政権に就けば、その政権は、我が国との衝突を避けようとする態度は見せないでしょう（傍点は原文）」（『裏切られた自由』）

やはりグルーは近衛の話術に完全に騙されています。「近衛内閣が崩壊し、軍国主義的独裁者が政権に就けば」とは、近衛の計画にある東條内閣のことを指しています。近衛がグルーに入れ知恵をして書かせたのでしょう。実際には、東條は首相になってから陛下の意を体して戦争を避けるべく最大限の努力をします。

さて、クレイギー英国大使も凡そグルー米国大使と同意見でした。二人の駐日大使の主張を簡潔にまとめると次のようになります。

a　日本を、経済制裁あるいは脅かしによって屈服させることはできない。
b　日本は、国家的屈辱を飲まされるよりも、「腹切り」のごとき自殺的行動を起こす可能性がある。
c　対等の関係での交渉（首脳会談）が太平洋地域のどこかで開催されれば、どのような条件でも、それなりの理屈があれば受ける用意があり、近衛がそうすることは（天皇に）承認されている。
d　これが（米日関係改善の）最後の機会である。

あとで詳しく述べますが、日本は開戦決断において「腹切り」のごとき自殺的行為へとは志向しませんでした。西洋人と同じように「合理主義」に基づいて決断したのです。

十月七日、近衛首相の秘書官**牛場友彦**が、東京のアメリカ大使館付参事官に近衛が困惑していると伝えてきました。

「近衛公はこれ以上何ができるかわからないと困惑している。彼に反対する勢力が近衛内閣攻撃を準備していることは明らかであり、この先の見通しは暗い。アメリカは、日本とはいかなる（条件であっても）合意する意思を持っていないのではないか」

その通りのことをアメリカ陸軍省スティムソン長官の手書きメモが示しています。

「日本との交渉そのものは了解したが、その交渉で、大統領と首相の直接会談が成るようなことがあってはならなかった。もしそうした会談が行なわれ、そこで何らかの妥協が成れば、きわめて重要である中国との関係が危機に晒されることを恐れたのである」(『裏切られた自由』)

日米の妥協を不成立とさせたい蔣介石の意向は、先述の如く共産主義者たちによってルーズベルト政権内に浸透していたのです。そして、牛場の言葉とは裏腹に、近衛も初めから直接会談は実現しないものと踏んでいました。情勢を牛場に確認させたのです。

さて、フーバーは近衛内閣総辞職の報を受けて次のように記しています。

「近衛の失脚は二十世紀最大の悲劇の一つとなった。彼が日本の軍国主義者の動きを何とか牽制しようとしていたことは賞賛に値する。彼は何とか和平を実現したいと願い、そのためには自身の命を犠牲にすることも厭わなかったのである」(『裏切られた自由』)

ここまで来ると「平和の天使」フーバーの喜劇的な見誤りです。近衛は日米戦へのレールを敷きつつも、敗戦後に自らの身の潔白を証するためにあたかも平和主義者であったかのように日米交渉に全力で取り組んでいる姿《ふり》をアピールしていただけなのです。

そしてこれも後の章で詳しく述べますが、少なくとも日米交渉の時期、近衛は「リベラル派」の前大蔵大臣や三井財閥総帥を殺した暗殺団（血盟団）のリーダーおよび五・一五事件の実行犯一味というフーバーの言うところの「軍国主義者」や闇の勢力を傍に置いて身辺を固めていたのです。近衛も悪魔的であったのです。

後年一九五二年になって、グルー駐日大使はこの時期のことを回顧しています。

「この危機的時期にあって、我が大使館は、繰り返しワシントンに公電を打ち、日本の政治状況を考慮するよう要請した。この一〇年来初めて建設的な交渉ができる機会が到来したことを訴えた。我々は、近衛公が、この国に和平への道を歩ませることができる立場に就いていると確信していた」『日本政府は我が国政府に対し、何とかして、自国の政策変更を可能にするインセンティブのようなシグナルを出してほしいと懇願し続けていた。これまでの誤った外交政策を是正させたかったのである。しかし、我が国政府は冷酷にもその要請に決して応えようとはしなかった。その結果、一九三九年には平沼男爵の、一九四一年には近衛公の要請がすげなく拒否された。二人はしっかりとした政治家であった。二人は、将来を見据えることができ、我が国との、あるいは他の民主国家との良き関係の構築に舵を切ろうとしていた。このような日本の指導者に対して我がアメリカが取った態度は、真に先を見据えた建設的な政治であったのだろうか」（『裏切られた自由』）。

グルーは純粋にかつ真剣に職務に取り組んでいました。しかし最後まで完全に見誤っていました。その影響はフーバーに及びました。私はここでグルーとフーバーをまとめて「天使たち」と呼びます。

「腹切り」への「生贄」

「一九四一年十月十八日、近衛内閣が崩壊し、東條英機将軍が首相に就任した。閣僚は一人を除いてすべて軍国主義者であった」とフーバーは述べています。ところが東條首相は、昭和天皇の意を受けて避戦への努力に徹していました。そのこともフーバーは情報収集できていません。

十一月三日、日本から新提案が示されることがわかっていたグルー駐日大使は、ワシントンに打電し、日本は経済制裁によって崩壊しないだろう（屈しないだろう）と、これまでの警告を繰り返しました。

「在東京大使館は、我が国の多くの経済学者が主張するような事態、つまり日本は（経済制裁によって）窮乏し、経済が疲弊し、軍事大国の地位から滑り落ちるような事態が起こることは決してないと確信しております。日本人の心の機微を斟酌すれば、厳しい経済制裁によって対日戦争を回避できるという考えはきわめて危険な仮説であります。経済制裁によって日本との衝突を回避することはできないでしょう」

　グルーは自国のこともわかっていませんでした。ルーズベルト政権は「厳しい経済制裁によって対日戦争を起こそう」としていたのですから。

「大使（グルー）は、我が国が日本と戦うような事態になることには反対です。この意見書はそのことを伝えることが目的です。日本はそうした事態が自殺行為になるとわかっていても、遮二無二そのような行動（自殺行為）に出る可能性があります。頭で考える合理的な思考によれば、そんなことをするはずがないという結論になりますが、『日本の合理的な考え方』を西洋の論理で測ることはできないのです」（『裏切られた自由』）

　ルーズベルトから見た場合、グルーの言動は笑いが止まらなかったでしょう。また、繰り返しになりますが、日本も「西洋同様」に合理的で、自殺行為ではなく勝てる見込みがある場合に開戦決断をする国でした。やはりグルーには日本の深奥部での事態の推移が見えていなかったのです。

　グルーは十一月四日の日記に次のように書いています。

「和平交渉が失敗すれば、日本は生きるか死ぬかの、いちかばちかの国家的な腹切りに打って出る可能性がある。日本は、いま経済制裁に苦しんでいるが、そのような制裁に遭っても決して屈しない国に変貌したいと願っている。我々のように日々日本の空気に触れている者にとっては、そうなることが『あり得る』という段階から、『そうなるだろう』という段階まできていることがよくわかる」(『裏切られた自由』)

「腹切り」はグルーが多用した見当違いなキーワードでしたが、「日本は、いま経済制裁に苦しんでいるが、そのような制裁に遭っても決して屈しない国に変貌したいと願っている」の辺りからはグルーもいつもと違う「空気」を感じ、日本の深奥部の動きを察知し始めています。

このように、グルー駐日大使は何度も何度も本国政府に注意を促しました。日本は、アメリカの意のままの国になるのか、飢えて死んでしまうのかの選択を迫られれば、戦う道を選ぶ可能性がある。常識的に考えれば、日本の攻撃対象は蘭印とフィリピンです。石油を中心とする経済制裁による苦しい状況を緩和するために、石油の産地や海上輸送路沿いのアメリカの拠点を攻撃するはずです。けれども、アメリカ国民はグルー駐日大使の警告を知らされていなかったのです。フーバーの知る限り、みんなが「敗北必至の自殺行為に打って出る国家などあるはずがない」と思っていました。

ルーズベルト大統領は日本に対する経済制裁を一年間にわたって続け、一九四一年夏には完全禁輸(資産凍結)としました。真珠湾攻撃の五カ月前のことです。経済制裁は実質的には戦争行為です。そうした挑発が続けばどんな国でも誇りがあれば抵抗する、日本のように「腹切り」の伝統がある国ならなおさらであると、ルーズベルトは何度も警告されていたのです。しかしルーズベルトにしてみれば、願ったり叶ったりの警告でした。

フーバーは、「腹切り」の伝統がある日本が「いちかばちかの国家的な腹切りに打って出る」「敗北必至の自殺行為に打って出る」可能性があると言っていますが、前述したように、それは日本というものをよく理解していないこその発言です。少し詳しく説明します。

昭和天皇は、早くから「対米英戦ともなれば長期戦を覚悟しなければならない。けれども長期戦に目途がないならば対米英開戦などもっての外である」との強いお考えをお持ちでした。したがって、対米英「長期戦」の視界が開けない限りは、外交交渉路線一本です。ところが、陸軍を中心に対米英打開策の研究がなされて、その研究成果が対米英長期戦への視界を開く戦争戦略に結びつくものであったのです。日本は支那事変の重荷で経済的窮状に陥っていたため、破綻は時間の問題でした。そのような状況下、アメリカ主導での資産凍結と昭和十六年八月一日に発動された対日全面禁輸措置がとどめを刺しました。アメリカから石油が日本に入ってこないという事態です。座して死を待つか、それとも石油を獲りに行くか。国家、民族、そして家族が生き残るため、開戦決断は合理的な判断の下に行われなければなりません。そうでなければ国民は納得せず、国家は運営できず、陛下もご裁可なさらなかったでしょう。

この合理的な判断の主役は陸軍でした。フーバーの「日米開戦に至る可能性がある」という見解は正しいですが、そこに「いちかばちかの国家的な腹切り」「敗北必至の自殺行為」という発想はありません。このことは、あとで「戦争」を企む側と「平和」を維持しようとする側との闘いをふり返る時に、とても重要なことであることがわかります。

フーバーは回顧録に次のように書いています。

「日本との戦いは無意味である。（ルーズベルト政権は）戦争したい、場所はどこでもよい、と考えているようだ」

アメリカ議会もアメリカ国民も、日本が最後に出した新らたな和平案のことも一切知らされていませんでした。その存在が白日の下に晒されたのは数年後のことです。十一月二十五日、ルーズベルト大統領は会議を招集。出席したのは、ハル国務長官、スティムソン陸軍長官、ノックス海軍長官、マーシャル参謀総長、スターク海軍作戦部長です。会議を記録したスティムソンの議事録はのちに真珠湾攻撃調査委員会に提出されています。

「問題は、いかにして彼ら（日本）を、最初の一発を撃つ立場に追い込むかである。それによって我々が重大な危険に晒されることがあってはならないが（傍点はフーバー）」（『裏切られた自由』）

ワシントン高官は戦いは数カ月で終わると見ていました。フーバーは、この頃ノックスが書いた親書を見たことがあると記しています。「日本という国を地図の上から三カ月で消してみせる」。

さて、真珠湾にいたアメリカ軍がアメリカ参戦の口実づくりのために「生贄」にされたことがはっきりと判る証言を挙げてみます。

十二月五日、ハルは次のように書いています。

「私は、東京およびその他の極東の外交官に対して、国務省本省と連絡が途絶えた場合、暗号表、秘密文書、パスポート等を破棄し、事務所の閉鎖とローカル職員の解雇を実施するよう指示した」

この時点で、ハルは、自ら日本に提示したハル・ノートが、（日本を刺激して）戦争を引き起こすことがわかっていたに違いありません。

L・F・サフォード大佐は、当時、ワシントンの海軍通信部で機密保全を担当していました。彼は、のちに海軍提督トーマス・ハートによる調査に対して、次のように答えています。

「十二月四日、我々は二つの独立した情報源から、日本はアメリカ、英国を攻撃する、ただしソビエトとは戦わないとする情報を入手していた。ワシントン時間の十二月六日午後九時、日本が対米宣戦布告するという確かな情報を得た。布告の時間は近々に示されるということだった」

サフォード大佐は「この情報は極めて重要であると考え、暗号解読と同時に、軍情報部に報告された」と証言しました。

「一九四一年十二月七日午前十時十五分（ワシントン時間）、我々はワシントンの陸軍暗号解読部隊から、日本が同日午後一時（ワシントン時間）に、国務長官に対して宣戦布告の文書を手交するという確定的な情報を得た。ワシントンの午後一時は、ハワイでは夜明けで、フィリピンではほぼ深夜にあたる時間だった。このことは、およそ三時間で飛行部隊によるハワイへの奇襲攻撃があることを示唆していた」（『裏切られた自由』）。

ロバート・A・セオボールド提督は、真珠湾の駆逐艦隊司令官でした。彼は（明らかになった）事実を検討した上で、次のように述べています。

「ルーズベルト大統領は、日本に対する外交的、経済的圧力を緩めることなく徐々に強めていった。日本を戦争に追いやることが狙いだった。そして同時に、太平洋艦隊を真珠湾に置いたままにした。これは奇襲攻撃の呼び水であった。大統領のやり方は完全なる外交的勝利だった。日本に先に戦争行為に出てもらいたいという思いが、大統領や彼の文官顧問らに、軍事的なアドバイスを無視させたのである。このような結論にならざるを得ないことには、もはや議論の余地はない。軍のアドバイスが考慮されていたら、真珠湾攻撃による被害も多少は軽減されていたに違いない」（『裏切られた自由』）

「呼び水」は「生贄」と言い換えることができます。

一九四七年にジョージ・モーゲンスターン（『シカゴ・トリビューン』紙記者）が『パール・ハーバー――秘密の戦争の内幕』（邦訳『真珠湾―日米開戦の真相とルーズベルトの責任』）を出版しました。徹底的な検証の上に立った著作です。モーゲンスターンは次のように結論づけています。

「ワシントンの（疑われている）高官は……戦争になる可能性をよくわかっていた。それにもかかわらず、その情報を（ハワイの司令官に）伝えようとしなかった。その情報を明確に、遅滞なく、（日本の）一撃が加えられる可能性のある現場につたえようとしなかった」「真珠湾の事件は、我が国の参戦を狙う勢力にとっては、参戦を渋る議会の束縛から解放され、戦いに消極的な国民を戦争に導くための口実となった。真珠湾事件は、目に見える最初の日本との戦いだった。しかし（ルーズベルト）政権が仕掛けていた秘密の戦争という視点からすれば、その（日本に対する）秘密の戦争の最後の戦いであったと言える。秘密の戦争は、我が国の指導者が敵と決めた国との戦いである。どの国が敵かは、宣戦布告によって公式に敵国となるずっと前から決められていた。秘密の戦争は、敵国に仕掛けられるだけではない。プロパガンダや嘘の情報を流し、国民世論を操作しようとする。つまりアメリカ国民に対しても仕掛けられているのだ。我が国の（日本に対する経済制裁などの）外交は、実際には戦争行為と変わらないものであっても、我が国が戦争しないための方策だと言い換えられた。戦争するためには憲法の制約があるが、その制約も上手に回避した。日本に対する宣戦布告は議会が行なったが、この時点では戦争になっている状況を追認するだけの意味しかなくなっていた」(『裏切られた自由』)

明解な結論です。

イギリスの歴史家ラッセル・グレンフェル大佐は、次のように書いています。

「ある程度の事情がわかっている者は、日本が悪辣な奇襲攻撃をアメリカに仕掛けたなどとは考えない。真珠湾攻撃は、予期されていただけでなく期待されていた。ルーズベルト大統領がアメリカを戦争に導きたかったことに疑いの余地はない。ただ、政治的な理由で、最初の一撃は相手側から発せられる必要があった。だからこそ日本に対する締め付けを強めていったのである。その締め付けは、自尊心のある国であれば、もはや武器を取るしかないと思わせるところまでいっていた。アメリカ大統領によって日本は、アメリカを攻撃させられることになっていた。オリバー・リトルトンは英国の戦時生産大臣であったが、一九四四年に、『日本は真珠湾を攻撃するよう挑発されたのである。アメリカが戦争に無理やりに引きずり込まれた、などと主張することは茶番以外の何物でもない』と述べている」(『裏切られた自由』)

「日本は真珠湾を攻撃するよう挑発されたのである。アメリカが戦争に無理やりに引きずり込まれた、などと主張することは茶番以外の何物でもない」は端的に真実を表す言葉です。しかし、気を付けなければならないのは、日本はアメリカに挑発され開戦を余儀なくされたのですが、日本は何も「真珠湾」を攻撃する必要は無かったのです。いやそれどころか「日本が対米英戦に勝とうとするならば『真珠湾』を攻撃してはいけない」ということが日本にとっての戦略の要諦であったのです。この点も後の章で詳しく説明します。

さて、フーバーは親友のビル（元駐日大使）にこう語っています。

「あなたも私同様に、日本というガラガラヘビに（我が国政府が）しつこくちょっかいを出し、その結果そのヘビが我々に咬みついたんだ、ということをよく知っています。また、日本に対してあのような貿易上の規制をかけたり、挑発的な態度を示さなくても、日本はこれからの数年で内部崩壊するだろうことがわかっていました。なぜこんなことになってしまったのか、その過程も知っています」（『裏切られた自由』）

改めて言いますが「日本に対してあのような貿易上の規制をかけたり、挑発的な態度を示さなくても、日本はこれからの数年で内部崩壊するだろう」は、経済的側面から見ればほぼ事実でした。

フーバーは、一九四四年十一月に自らの考えを次のようにまとめています。

「……日本の外交を矯正したいのであれば、ヨーロッパでの戦いが終わるのを待つべきであった。そうすれば日本との戦いに、我が国一国で当らざるを得なくなることはなかった」

ルーズベルトはアメリカ一国で当たりたかったのです。

「結局、イギリス、ロシア、オランダ、フランスに代わって我が国が火中の栗を拾わされ、多くの若者を死なせてしまい、巨額の戦費負担を強いられたのである。こちらから挑発し、彼らを『窮鼠猫を嚙む』というところまで追いつめないかぎり、日本が我が国を攻撃することはあり得ない。ところがルーズベルトは、とにかく日本を挑発し続けた。それは一九四〇年の初めに始まり、暴力的なまでにエスカレートしていった。その結果、日本は誇りを傷つけられ、また経済的破滅への絶望感から真珠湾攻撃となってしまった。ルーズベルトが日本の心理にまったく鈍感であったか、あるいは本当に経済的制裁だけで屈服させられると信じていたか、はたまた、とにかく我が国民をヨーロッパの戦争に行かせたくて、その実現のために日本を挑発し続けたのか。それはこれからの歴史が明らかにしてくれるだろう。はっきりしているのは、ルーズベルトは経済制裁の暴力的側面をまったく理解していなかったことである。彼にとっては『経済制裁』は机の上の玩具だった。そうでないとすれば、計算ずくで（狡猾に）戦争を起こさせるための道具に使ったのだろう。ルーズベルトは、日本に鉄屑と石油の輸出を許可してきた。これらは、我が国が戦いの準備をするためには必要な資源であった。それでいて、その（重要品目の）供給を止めたときには、

（息の根を止めるほどの）経済制裁ではないとした。これ以外にも日本を辱めるような措置を取った。ルーズベルトの、パワーポリティックスを弄ぶような外交は、彼自身の混乱した頭の中そのものを示すものだった」（『裏切られた自由』）。

フーバーは日本を挑発し続けたルーズベルトの「計算ずくで（狡猾に）戦争を起こさせるための」「経済制裁」「パワーポリティックスを弄ぶような外交」について的確に述べています。

「太平洋方面での和平は可能だった。そうなっていれば、中国が（共産主義者に）強姦されるようなことにもならなかったし、我が国の太平洋方面の安全も脅かされることもなかったのである。更に言えば、ルーズベルトが、どうしてもドイツとの戦争を望み、彼らが我慢できずに戦いを挑んでくると考えていたら、太平洋方面では防衛を固めるべきであり、それこそがまともな判断であろう。そうしておけばヨーロッパ戦線での戦いが制約を受けることもないのである。とにかく現実には日本を挑発する政策を取った。日本に対する宣戦布告なき戦いであった。その結果、我が国は（真珠湾では）歴史上かつてないほどの犠牲を出した。そして、それがもたらした悲惨な結果は計り知れないのである」「現実は、ドイツも日本も我が国との戦争を望んでいなかった。西半球を攻撃するなどという計画などなかった。我々が防衛の準備さえしておけば、どのような同盟があろうと我が国を侵略することなどできはしなかったのである」（『裏切られた自由』）

いずれにせよ、フーバーはアメリカが「日本に対する宣戦布告なき戦い」を起こしたとはっきり言っています。一九三八年から四一年までに起こった出来事を客観的に観察すれば、そしてこれまでに明らかになった事実を見れば、アメリカを戦争に導いたのはルーズベルト大統領だということは明白であり、彼の日本に対する挑発が戦争を起こしたのです。

「その結果満州を共産主義者（ソビエト）に与えた」（『裏切られた自由』）のです。支那（中国）を共産主義者に与えたのです。……「生贄」を悪魔に捧げ人類を悲劇へと誘ったのです。

第五章

「平和」が「戦争」に負けた訳

ヒトラーに扮した近衛文麿

藤原（近衛）文麿というピエロ

真珠湾攻撃は偶発的な事件ではないし、ルーズベルト政権の圧迫に対する後先を考えない日本の発作的な「腹切り」でもありません。フーバーの知らぬところで、「戦争」の側の誘導と監視の下で日本も着実に戦争へと歩を進めていたのです。フーバーが夢想さえしていない、彼の想像力を超えたことが日本で起こっていたのです。

フーバー回顧録にかなりの頻度で登場する「リベラル派」勢力の筆頭（?・）、日本の首相近衛文麿が要《かなめ》となっての戦争への道です。近衛首相による「平和への努力」もふりだけでした。近衛は「野望」の実現を目指していたのです。近衛文麿とは一体何者か？　フーバーが知らなかった実像をそのルーツに遡って探ります。

世界に数多くある有名な家系の中でも由緒ある歴史をもつ藤原氏は、皇室に次いで稀有な存在と言われます。近衛家はその藤原氏一族の中で代表格の家です。藤原氏は日本の頂点に君臨し、その栄華はよく知られています。藤原氏にとって皇統は権勢を保持するための道具であり、あたかも「藤」のつるで締め付けるように寄生し養分を吸い取る対象だったのです。藤原氏は娘を天皇に入内《じゅだい》させて皇后とし、天皇の外戚となることにより揺るぎない権勢を手に入れていました。十世紀から十一世紀にかけて藤原道長は、三人の娘を皇后とすることに成功しています。

「この世をば　わが世とぞ思ふ望月の　欠けたることもなしと思へば」は有名な彼の絶頂期の歌

です。単純に歴代天皇の母親の姓をみた場合、百二十五人中三十一人が「藤原」姓です。実に四人に一人です（後述する五摂家を加えればその比率は高まります）。皇統の血は「藤原」で塗り潰されたといっても過言でないのです。皇后の産んだ子は最も有力な皇位継承候補になるので、その皇子たちを藤原氏は「わが子」として手なずけます。藤原氏の意に背く天皇は強引に退位させられました。奈良時代から平安時代にかけて藤原氏は律令（法律）を支配することにも邁進します。天律令を都合がいいように解釈し、「天皇の命令」という錦の御旗を掲げ朝廷を独占するのです。天皇を傀儡とし、律令の枠に囚われない自由を藤原氏だけが謳歌しました。藤原氏は厖大な富も手に入れました。高位高官を独占し富を独占していったのです。朝廷の人事権は原則天皇が握り、その天皇を動かすのが藤原氏でした。「藤原は日本中の土地を手に入れた」如くでした。

藤原氏の狙いは一党独裁。すり寄る者は生かすがそうでない者は潰す。日本は藤原氏の私物と化していたといっても過言ではなかったのです。中世に至り貴族社会が没落した後も、藤原氏は巧妙に武家社会に血脈を拡げ、時の権力者と陰で繋がり続けます。

そして、近世の貧窮の時代を乗り越えて明治維新と共に鮮やかに甦ります。明治新政府は旧公卿と諸侯とをあわせて「華族」としました。皇統も受け継いでいる近衛家は藤原氏の代表格の家であり、天皇に近い一族として持ちあげられます。近衛家は藤原氏嫡流でのちに五つに分かれた五摂家の筆頭として、歴代当主が各時代の政治や文化に大きな足跡を残してきました。千数百年にわたって権力に執着し続けてきた藤原氏。その末裔の筆頭、近衛文麿は氏祖鎌足から四十六代目にして藤原の血への信仰が篤かったのです。近衛は「藤原文麿」と刻まれた印鑑を愛しました。

彼は昭和天皇に政務を上奏するとき、椅子の背にもたれて座り長い足を組んだまま、ときに組みかえて涼しい顔をしていました。重臣たちが直立不動の姿勢で立ったままほとんど腰をかけなかった椅子です。近衛より十歳年下の昭和天皇は早くからしっかりと帝王学を身につけ聡明で慈悲深く、極めて伝統的でありつつも開明的で親英的な思考をもたれていました。近衛の態度には、そんな「天皇」何するものぞ、という意識が表れています。

近衛の秘書であった牛場友彦は戦後、近衛を次のように評します。

「公家の血ですよ。これはほんとうに常人と違うからな。それは冷酷なこと、とことん冷酷、ひがみが強いという点もありますよ。それは。あんちきしょうなんて……あの目がいかん、近衛さんの目が、へびのような目ですよ、あれね」

「またなかなか人を信用しないんだな。寂しい人ですよ。……一人もないというんだ、自分の尊敬する人は」

長年に亘り直に近衛に接していた者にしか語ることのできないリアルな表現です。近衛は天皇をも尊敬していなかったという証言です。近衛自身、次のように述べています。

「親しめども信ぜず、愛すれども溺れず……これが関白というものの信条だったのよ。これで近衛家は七百年におよぶ武家政治を切り抜けて来たのよ」

このような家系に生まれた近衛文麿が、偉大な祖先、藤原道長が絶頂期に詠んだ歌を口ずさみ、

「かくありたきものよ」と感慨に浸ったとしても不思議はないでしょう。近衛は美しい月が好きでした。邸宅の風呂場の浴槽から月が見えるようにと、窓を曇りガラスから透明ガラスに替えさせたというエピソードが残っています。浴槽から月を眺める近衛の瞳には、道長がみたあの望月の光が千年の時空を超えて燦然と映じられたのです。近衛は世上の動きを眺めながら覇権について思いを巡らします。

「この時代、外国（ソビエトとアメリカ）の勢力を利用しない手はないではないか。しからば、そのために、まずは共産主義者と陸軍を使ってみなければ面白くない」と。

アメリカ軍を使えば、天皇の軍隊、皇軍を粉砕し、「藤原文麿」が天下の覇権を取ることが可能でしょう。すなわち〝昭和の藤原の乱〟です。公家は自前の軍事力を持たないので、伝統的に外部勢力を利用してきました。戦後は戦犯容疑で巣鴨プリズン（拘置所）に収容された陸軍の武藤章は、次のように記しています。

「明治天皇は英明にあらせられて、維新の功臣たちを周囲に置かれた。彼らは公卿ではなかった。大正、昭和の御代となるに従い、明治の老臣は亡び、逐次再び公卿又は公卿化された人々が天皇の周囲に集まった。彼らは或る勢力と或る勢力とを争わせて、その間に漁夫の利を占めることを能とする。……日本の歴史は公卿の罪悪を隠蔽して、武家の罪のみを挙示する傾きがある。大東亜戦争の責任も軍人のみが負うことになった。武人文に疎くして歴史を書かず、日本の歴史は大抵公卿もしくはこれに類する徒が書いたのだから、甚しく歪曲したものと見ねばならぬ」（『軍務藤原（近衛）文麿は明治二十四年（一八九一年）十月十二日、東京市に生まれます。彼が学習院中等科に進んだ翌年の明治三十七年、父篤麿が難病で亡くなります。四十歳の早すぎる死でした。満十二歳の文麿が近衛家「当主」となり公爵を襲爵します。文麿は第一高等学校時代に大事件を起こしました。明治天皇が、文麿の実母とその妹の継母の実家である本郷の前田家に行幸する運びとなった際、「送迎役」の近衛家当主文麿が断乎として参列しなかったのです。翌々日には皇后の行啓もありましたが、やはり彼は参列しませんでした。彼は天皇・皇后への反抗を行動で示したのです。

更に翌年、彼が二十歳を迎えた十月、天皇から杯を賜り従五位に叙せられました。文麿はこの時も断固として参内しません。このような態度をとる者は当時の日本では他にいませんでした。天皇に反感を抱き、少なくとも素直になれない文麿の魂があります。

一高を卒業した近衛（文麿を「近衛」と表記）は東京帝国大学哲学科に入学します。この哲学科は天皇を中心とした国家主義的傾向がありました。彼はすぐに失望し一カ月余りで京都帝国大学法科に入り直します。ここで社会主義に接し共鳴するところが多かったようです。京大時代、彼は世襲公爵議員として貴族院に議席を与えられました。京都に住む最後の元老、西園寺公望を彼が訪ねたのも京大時代です。西園寺は、政権与党である立憲政友会前総裁で元首相、フーバーの言う「リベラル派」、親英米派の巨頭です。西園寺は将来性を感じさせる五摂家筆頭当主の青年近衛を気に入り、これ以降、国を背負う存在となるようにと自ら師匠的な役割を果たします。

大正六年（一九一七年）のロシア革命の年に近衛は京大を卒業し、目白の本宅から内務省文書課に嘱託として通い始めます。十二月、第一次世界大戦がほぼ終結した頃、彼は「英米本位の平和主義を排す」と題する論文を雑誌『日本及日本人』に発表しました。近衛の「我が闘争」の始まりです。彼は次のように主張します。

「英米人のいう平和とは自己に都合のよい『現状』のことだ。それに人道主義という美名を冠したにすぎない」「第一次世界大戦は専制主義・軍国主義に対する民主主義・人道主義の戦いだ」「暴力と正義、善と悪の争いだ」と英米は言っている。

しかし英米等の「列国が植民地とその利益を独占している現状は人類の『機会平等の原則』に反し、各国民の平等生存権を脅かすもの」である。従って「無闇な武力行使を認める訳ではないが、そうした現状を破壊しようとするドイツの行動は『正当な要求』であった」。そして「英国が早くも自給自足政策を唱え植民地の門戸閉鎖を論じている」「かかる場合には、わが国もまた自己生存の必要上、戦前のドイツの如くに現状打破の挙に出」ざるを得ない。つまり「英米本位の平和主義」は欺瞞だ、という主張です。

彼は日本国内の風潮も厳しく批判します。日本にも「英米本位の平和主義にかぶれ国際連盟を天来のごとく渇仰する態度あるは、実に卑屈千万にして正義人道より見て蛇蝎視すべきものなり」と。

この論文発表後間もない大正八年（一九一九年）一月、近衛は日本代表団の随員としてパリ講和会議（ベルサイユ会議）に参加し、合わせて十カ月の欧米視察をします。パリ講和会議とは、第一次世界大戦後の講和条件と国際連盟を含めた新たな国際体制構築をテーマとした会議です。日本代表団の全権は西園寺、次席は牧野伸顕元外相でした。随員は、近衛文麿、吉田茂、松岡洋右、重光葵など、のちに政界で活躍する者たちです。パリで近衛が見たものは、自国に都合のよい国際秩序ばかりを主張し、日本が提唱する人種差別撤廃案には反対する英米の姿でした。近衛は溜息をつきます。しかし彼は冷静な目で欧米で展開されていた「プロパガンダ」という手法に着目しました。国益に沿った対外発信をする海外通信社、政党運動を支援する国内言論機関、情報局等の広報宣伝機関が政治的に重要な役割を果たしていると気付いたのです。ここが近衛の「プロパガンダ」主義の原点です。

更に近衛は、国際政治において民間外交が積極的に展開されている様にも着目します。パリ講和会議の中心人物、アメリカのウィルソン大統領は、ハウス大佐を重用し、彼に民間知識人によるシンクタンク「インクワイアリー」を組織させました。近衛は、特に国際連盟設立以降に「国際主義者グループ」が国際宣伝家と国際関係専門家という二つの機能を発揮していることを知り、彼らのような存在を自らの野望に利用できないかと考えます。ですから彼は、アメリカの外交問題評議会（CFR）やイギリスの王立国際問題研究所（RIIA）などに所属する米英の民間知識人が、政府と協力してアメリカの第二次世界大戦参戦を促すために世論を導いていったことにも敏感でした。

近衛は帰国後、岩永裕吉という人物に会います。岩永はイギリスのロイター通信による東アジアでの情報覇権（情報の生産・流通の独占支配）を脱した、日本の通信社の創設を志していました。彼は大正十年（一九二一年）に「国際通信社」に迎えられて理事・専務理事を歴任し、事業を発展させます。彼はのちに日本ＩＰＲ（支部）の幹部となり昭和九年（一九三四年）の近衛訪米のお膳立てをします。

「英米本位の平和主義を排す」は、当分の間近衛の行動の基本軸となります。この「思想」は理屈としては「正論」です。しかし西園寺などの親英米派いわゆる「現状維持派」にとっては極めて悩ましく棘のあるものです。近衛の天皇への反抗心も横合いから覗いています。彼の「思想」は理想であるだけに、その実現性は大いに疑問です。理想を追い求めて行動に出た時の破局が、既に顔を覗かせています。

のちに歴史がこのことを証明します。近衛の「思想」の延長線上には天皇の真意との確執も待っています。西園寺はこの時の近衛を見て嫌な予感と不安に襲われていました。近衛は、大陸への積極的な関わりを志向する政友会幹事長森恪の紹介で「革新」軍人や「革新」官僚たちと会っていきます。「英米本位の平和主義を排す」は少しずつ実践へと歩を進めます。

昭和八年（一九三三年）、近衛は満洲事変後の情勢を背景に「世界の現状を改造せよ―偽善的平和論を排撃す―」と題した論文を大衆雑誌に発表します。この論文の考え方は『日本及日本人』の論文、「英米本位の平和主義を排す」に近いものでした。満洲事変後に日本が国際連盟に提訴され、諸外国の反感を招いていたことを受けて書いたものです。近衛は日本の満洲政策を肯定し、植民地支配を長年行ってきた欧米列強に対する強い反発を表しています。この「正論」は時流に乗り、国民の間で沸き起こりつつあった排外的愛国心とマッチし近衛は人気を博します。この「人気」を得ることが近衛の目的でした。英米に突きつけた「正論」は、日本の親英米勢力に突きつけた「正論」でもあります。「正論」という言葉を「闘争」と置き替えてもいいかも知れません。近衛「人気」はのちにこの国に災いを齎《もたら》します。

やがて近衛は「漫然たる国際協調主義に終始せず、世界の動向と日本の運命、国民の運命の道を深く認識して、常に軍人の先手を打って革新の実を行う以外ない」と主張し始めます。これがいわゆる近衛の「先手論」です。表面は「政治主導」の主張ですが、後で紹介する風見章とのコンビで軍の先手を打ち政治が軍を煽っていくのです。昭和八年（一九三三年）六月、近衛は貴族院議長に就任します。

近衛はヒトラーに憧れていました。少し先の話ですが、昭和十二年（一九三七年）四月、林銑十郎大将内閣が総辞職せざるを得なくなった状況下で、世上では貴公子宰相待望論・近衛内閣待望論が沸き起こります。丁度その直前、近衛の永田町の邸宅で一族郎党揃っての仮装パーティーが催されました。近衛の次女温子と熊本藩主の孫の細川護貞との結婚式の前夜の祝賀パーティーです。そこで近衛はヒトラーに扮したのです。そしてその写真がジャーナリストの手で新聞に掲載されてしまい、大いに物議を醸します。再びの大命降下を受け、総理大臣に就任する三カ月前というセンシティブな時期です。ドイツを敗戦のどん底から立ちあがらせたヒトラーは、当時一世を風靡《ふうび》する「英雄」でした。あらゆる国内の政治諸勢力を結集することによって革新を達成し、国際政治における主導権を得ようという野心が、近衛をしてヒトラーに扮せしめたと考えるのがごく自然です。

もちろん「藤原」の文麿から見れば、ヒトラーもスターリンもルーズベルトも、そして国際金融資本家達でさえも最近出てきたばかりの成り上がり者です。問題は、ヒトラーは「英雄」ではありましたが「独裁者」でもあったことです。日本の国柄には全く馴染みません。『文藝春秋』昭和十二年（一九三七年）七月号で政治評論家は近衛を次のように辛口に評します。

「彼が仮装会で、ナチス独逸のヒットラーに扮したのも、仮装の裏に、彼の本心が潜んでいたのだった」

昭和九年（一九三四年）の訪米以来、ＩＰＲに籍を置きつつ近衛の秘書を務めていた牛場友彦も、「やはり何といっても、ナチの組織が近衛さんの頭にあったことは否定できない。ナチの組織のようなものを背景に政治に当るということが一つのやり方だと思っていたんでしょう。（仮装パーティーで）近衛さんがヒトラーに扮したのも……憧れもあったんだろうかね」と述べています。近衛に纏わるこの種の情報はフーバーの耳には達していませんが、ロックフェラーの耳には入っていたことでしょう。

昭和十二年（一九三七年）、近衛の総理大臣就任後の九月十一日に日比谷公会堂で「国民精神総動員大演説会」が開催されました。近衛首相は、東洋の平和的秩序を樹立するために国民一丸となって邁進すべきであり、協力提携する意思のない支那政府に対しては一大鉄槌《てっつい》を加え、同調してくれる勢力と手を結ぶべき旨を早くも主張します。この演説はラジオ中継されました。会場から沸く大喝采にマイクの音声が割れます。まさにヒトラーばりです。近衛は親しい衆議院議員にアメリカ、ドイツ、ソビエトを視察させ、国民再組織のための情報収集を目的に、特にドイツの党組織を研究させます。

さて、近衛が日本で果たした歴史的役割は、ルーズベルトがアメリカで果たした歴史的役割と似ています。詳しくは順を追って見ていきますが、近衛は、共産主義者や国際金融資本家と繋がりがある者たちを身近に登用します。共産主義者たちは日本破壊の推進役、国際金融資本系列の面々はそのサポート役です。近衛の知らぬことですが、彼らは近衛の監視役でもあります。従来あまり言われてこなかったのですが、共産主義者たちを政権中枢や政権周辺に招き入れたという点で、近衛とルーズベルトが共通点を持つということは大事な真実です。

但し、ルーズベルトと近衛では動機が違っていました。近衛は己の野望のために、ルーズベルトは国際金融資本のお抱え大統領としての役割を果たしていました。この日本における動きを、残念ながら「平和」の天使フーバーは全く気付いていませんでした。

後述するように、近衛は「自前で」昭和研究会という国策研究組織（シンクタンク）を持ちました。この点はルーズベルト以上の構えです。昭和研究会は共産主義者の拠点として人材を輩出していく、いわばアメリカ共産党のような役割を果たします。昭和研究会の主張は近衛内閣の施策に反映されていました。

ここで近衛の首相在任期間を確認しておきます。

彼は、支那事変勃発直前から真珠湾攻撃の五十日前まで、正に戦前の激動期に日本の政治中枢を担いました。第一次近衛内閣は、昭和十二年（一九三七年）六月から昭和十四年（一九三九年）一月まで、第二次・第三次近衛内閣は昭和十五年（一九四〇年）七月から昭和十六年（一九四一年）十月まで、通算では三年弱です。第一次内閣と第二次内閣との間の一年半は枢密院議長でした。枢密院は天皇の諮問機関です。第一次近衛内閣の後継の平沼内閣には近衛自身が無任所大臣として入り、大部分の閣僚も近衛内閣からの留任、かつ内務大臣に近衛の盟友、木戸幸一が就任しました。平沼内閣も近衛色が強かったのです。

近衛は「国民的人気」を勝ち得ていました。首相就任時の年齢は初代の伊藤博文に次いで若く、家柄の点では下級武士上がりの伊藤とは比較にならず、更に百八十センチ近い長身で容姿は「貴族的な風貌」と評されました。彼に組閣の大命が下った時、狂喜した朝日新聞は次のように報じます。

「白面の青年宰相　わが内閣史上画時代的　四十七歳の近衛公　歴代老齢者をもって誇るわが内閣史上において、これは当年四十七歳（数え年）の青年宰相！　まさに画時代的なことだ」

近衛内閣の下で起こった様々な出来事を並べてみます。

――支那事変は中国共産党による巧みな挑発に誘導された結果ですが、そもそも日本の北支那進出に肯定的であった近衛首相は、共産主義者である風見章内閣書記官長と共に事変拡大を煽動する声明を出し、陸軍や世論を煽りました。更に陸軍参謀本部の反対に抗して「国民政府を対手とせず」と声明し、事変拡大を予算面で手当てしながら、不拡大施策については不作為の連続でした。

首相肝入りの昭和研究会は、『朝日新聞』出身で近衛内閣嘱託として首相官邸内に部屋を構えた共産主義者尾崎秀実たちオピニオンリーダーを擁して、事変「完遂」の世論を形成しました。近衛首相は事変遂行の理念として「東亜新秩序」を謳い、更には東南アジア（南方）を指向して「大東亜共栄圏」構想を打ち出します。国家総動員法によって統制を強化して総力戦体制を確立すると共に、第二次近衛内閣成立後まもなく三国同盟を締結して反英の枢軸陣営に入り、続いて大政翼賛会を始動させ、支那では汪兆銘政府を承認しました。陸軍が熱烈希求した日米和平のための「日米諒解案」はその謀略性もあってあえなく頓挫し、他方、対米英戦を想定して設立された「秋丸機関」の研究報告に基づいて勝利をめざす戦争戦略の原型がつくられました。「秋丸機関」の研究リーダー有沢広巳は、昭和研究会が発表した社会主義的な統制経済を企図する「日本経済再編成試案」の執筆者で、「秋丸機関」には他にも共産主義の学者たちが参加していました。

近衛首相は南部仏印進駐に同意して、米英蘭による資産凍結と対日石油全面禁輸を招来し、大東亜戦争への道を完成します。仕上げは、東條英機陸相に首相のバトンを渡したことです。東條陸相は最後の閣議で第四次近衛内閣を望む様子であったようですが、近衛たちは舞台裏に下がります。

これらの出来事がひとりの首相の下で起きたのです。大東亜戦争への道はイコール近衛内閣です。そして近衛自身は共産主義者ではありませんでしたが、多くの共産主義者たちを政権や政権周辺に取り込みます。近衛はとかく優柔不断であったとか、何かあるとすぐ病気になって寝こんだと語られています。そんな彼の真意は、実は、昭和天皇を廃して、藤原氏の筆頭として自らの覇権を打ち立てることにあったのです。そのために、共産主義者たちを利用して戦争を泥沼化させて大日本帝国を存亡の淵に陥れ、アメリカ軍をして皇軍を潰させるのです。皇軍を失い丸裸となり、かつ敗戦の結果として戦争責任を負う昭和天皇には退位して貰い、進駐してくるアメリカ軍を御しながら文麿が国の統治を担うのです。正に二十世紀の「藤原道長」です。

近衛に関する同時代の証言として、真っ先に『鳩山一郎日記』が挙げられます。鳩山一郎は政友会で鳩山グループを形成する有力な衆議院議員で、戦後に総理大臣となります。同日記では、近衛の共産主義者利用に激しい警鐘を鳴らし、昭和十五年（一九四〇年）十一月一日に「コミンテルンの東亜に於ける活動についての報告を読む。近衛時代に於ける政府の施策すべてコミンテルンのテーゼに基づく、実に怖るべし」とした上で、近衛の策動から国体を護るため「一身を犠牲として御奉公」する覚悟を表明します。

蠟山政道の昭和研究会

近衛は自前の国策研究組織《シンクタンク》の設立を企図し、その中軸に共産主義者の蠟山政道《ろうやままさみち》を指名します。蠟山はこのとき既に共産主義の「東京政治経済研究所」を松本重治や牛場友彦らと運営し、かつ共産主義者の牙城であるＩＰＲの主要メンバーでした。近衛は国策研究組織を蠟山色に染めてくれと要請します。日本共産党は当局の取り締まりにより壊滅しますが、この国策研究組織は発展していきます。昭和九年（一九三四年）、蠟山は近衛の訪米にも随行しました。近衛と蠟山の二人三脚です。

蠟山政道は明治二十八年（一八九五年）新潟県に生まれます。東京帝国大学法学部政治学科に在学中、吉野作造の影響を受け東大新人会に参加し、共産主義の世界に入ります。昭和十四年（一九三九年）まで法学部教授で、その後言論に活動の主軸を移します。ＩＰＲが主宰する太平洋会議では、早くから日本代表団のひとりとして参加しました。

昭和四年（一九二九年）、第三回京都会議においては、松本重治と共謀して反日的行動をとります。昭和五年（一九三〇年）、松本や牛場たちと共に、共産主義者的立場の「東京政治経済研究所」（「虎の門研究所」）を設立します。満洲問題での支那の主張を重視して「独立国家として満洲国は認めず、支那に満洲の宗主権を与え、満洲を高度の自治国家にする」という日本の国益を損なう提案「秘　満洲問題解決案」を国際連盟（リットン調査団）などに提出します。蠟山は近衛文麿に「立憲独裁」を提唱し、近衛の昭和研究会立ち上げの最重要メンバーとなっていました。

ちなみに戦後の蠟山は、中央公論社副社長、日本行政学会初代理事長、お茶の水女子大学学長などを歴任します。民主社会主義連盟理事長として社会党を理論的にサポートし、昭和三十五年（一九六〇年）の民主社会党結成と同時に民主社会主義研究会議の議長に就任します。

昭和八年（一九三三年）八月に創設された国策研究組織の初期メンバーは、近衛、後藤隆之助、蠟山、青年団の酒井三郎、そして一高で近衛や後藤と同級であった大蔵省の井川忠雄です。井川はのちに近衛の日米交渉のお膳立てを、外務大臣ルートとは別ルートで謀る人物です。同年十二月「昭和研究会」と命名され、発起人会が開かれました。発起人は、後藤、蠟山、酒井、井川、貴族院議員の有馬頼寧《ありまよりやす》、『朝日新聞』論説委員の前田多門、『朝日新聞』論説委員でのちに政治部長の関口泰たちです。複数の『朝日新聞』関係者がしっかり参画しています。更に『朝日新聞』論説委員の佐々弘雄なども加わります。

昭和十一年（一九三六年）の二・二六事件後に、近衛が首相候補として一気に浮上しました。このとき昭和研究会の常任委員は、後藤、蠟山、佐々弘雄たち、委員は風見章（元『朝日新聞』・衆議院議員）たちが各界を代表する権威者、実力者と共に並びました。委員の下に部会が設置され、部会ごとに専門研究会を組織しました。研究成果は近衛（のちに近衛内閣）に答申されたほか、書籍として販売されました。その後、常任委員に、笠信太郎（『朝日新聞』論説委員）、三木清（哲学者）、矢部貞治（東大政治学助教授）が加わり、委員には、『朝日新聞』から尾崎秀実など四名が参加しました。尾崎は昭和十一年（一九三六年）二月、牛場の斡旋で、蠟山などを中心とする近衛を囲む会の輪の中に既に入っていました。前田、関口、佐々、風見、笠、尾崎、大西、沢村、益田などの昭和研究会の主要メンバーには『朝日新聞』関係者がとても多かったのです。近衛のブレーンの主要メンバーの約二割は、『朝日新聞』出身者でした。

共産主義系列　蠟山政道

昭和研究会の専門研究会は次第に増加し、昭和十三年(一九三八年)には十数となりました。注目の「支那問題研究会」は風見が委員長となり、真っ先に尾崎を委員にしました。支那事変たけなわの折、「支那問題研究会」は風見と尾崎を中心に運営されたのです。三木清は、支那事変の「東亜の統一」と「資本主義の是正」という二つの世界史的意義を唱えます。

昭和研究会の一同は、支那事変で大きな犠牲を出している現状や長期化をこの理想に結び付けようと考えました。「経済再編成研究会」は笠信太郎と有沢広巳(東大経済学部助教授)たちを中心に運営され、昭和十五年(一九四〇年)八月、計画経済を目指す「日本経済再編成試案」を公表しました。これは財界に衝撃を与え、以後、財界は昭和研究会を「赤」と呼んで叩きます。有沢は後述する陸軍省戦争経済研究班(秋丸機関)において、研究リーダーとして活躍していました。昭和塾も『朝日新聞』の佐々弘雄たちにより設立されます。昭和塾の行動のモチーフは、レーニンの労働者大衆向けパンフレットによるものでした。運営の中心メンバーは、佐々、平貞蔵《たいらていぞう》、蠟山、尾崎、三木たちです。今を時めくオピニオンリーダー尾崎主任講師に憧れて入塾する若者が大勢いました。尾崎は「日本の大陸経営、大東亜共栄圏が目的を達成するには日本自身の革命が必要である」と教えます。革命の煽動です。

太平洋問題調査会が演出した訪米

国際金融資本家たちにとって、時代の潮流を利用し便乗しようとする野心家(近衛)は歓迎するところです。野心家が彼らの意向に沿ってピエロのように踊れば、もはや彼らの駒です。満々の野心を持し革命組織昭和研究会を設立した日本の最有力華族政治家は、東アジアにおける駒として有望です。「藤原」を天皇へ反抗させる、大日本帝国と皇軍を叩き潰させる、そういう利用ができる大駒です。国際金融資本家にとっては情報こそが命です。彼らは日本の歴史と国情と人物を組織的に研究し熟知していました。

昭和九年（一九三四年）の近衛の訪米は、「藤原」が日本を離れてアメリカの主要都市を訪問し要人たちと会談するというもので、国際金融資本家たちにとって人物を見定める絶好の機会であり、かつ仕掛けを仕込むチャンスでした。

都合のいいことに、この訪問にあたって近衛は、太平洋問題調査会（ＩＰＲ：Institute of Pacific Relations）に日本ＩＰＲ（支部）を通して協力を要請しました。これは日本ＩＰＲに財政支援をしていた日本政府の意向でもありました。近衛のアメリカにおける民間要人との接触は、日米のＩＰＲの人脈をもって取り計らわれます。日本ＩＰＲでは、二人の幹部、「国際通信社」を経て新聞聯合社専務理事となり近衛と旧知の岩永裕吉と、法学者にして日本でのアメリカ史学の創始者である高木八尺《やさか》が役割を担いました。

高木八尺著『アメリカ合衆国の大学における日本研究の外観』表紙

高木は第一高等学校在籍中に感化を受けた当時の校

長、新渡戸稲造から東京帝国大学「米国憲法・歴史及び外交講座」(通称ヘボン講座)の講師に指名され、四年余の欧米留学を経て大正十三年(一九二四年)から東京帝国大学で講義を開始していました。ヘボン講座はチェース・ナショナル銀行会長でロックフェラー財団創設時の理事バートン・ヘップバーンによる寄附講座です。IPRの初代事務局長マール・デーヴィスは、父親が同志社大学の宣教師で、キリスト教徒の高木とは親しい仲でした。高木は昭和八年(一九三三年)には、ロックフェラー財団の依頼でアメリカの大学における日本研究の実態を調査し、IPRに報告書「アメリカ合衆国の大学における日本研究の外観」を提出します。来る対日包囲網構築に向けてのアメリカにおける日本研究の実態把握として、以降役立てられる報告書です。

近衛訪米の随行者もIPRで固められます。IPR日本代表団のひとりで昭和研究会の創立メンバーの蠟山政道と、IPR国際事務局員の牛場友彦の二人です。蠟山と牛場の随行には岩永が太鼓判を押しました。蠟山の親友かつ岩永の部下かつ牛場の盟友、そして国際金融資本家と親しい松本重治も随行候補でしたが、上海に駐在していたので実現しませんでした。この蠟山、牛場、そして松本は、既に昭和四、五年(一九二九、三〇年)頃から共産主義運動の同志でした。

牛場友彦は、明治三十四年(一九〇一年)に京都府で生まれます。生家は実業家で金持ち、秀才の誉れ高い牛場四兄弟の長男です。戦後に外務次官、対外経済担当大臣、駐米大使を務めた信彦、慶應義塾大学医学部教授を務めた大蔵が実弟にいます。信彦は「日本にとってロックフェラー家が持つ意味がいかに大きいか」を常に認識していたと言います。友彦は東大法学部卒業後、オッ

国際金融資本系列　牛場友彦

クスフォード大学に留学。卒業後は、昭和五年（一九三〇年）、イギリスで一緒だった松本や蠟山たちと共に共産主義者の「東京政治経済研究所」を設立しました。その後、ロックフェラー財団の下で国際共産主義者の牙城となっていたＩＰＲの国際事務局員として活躍します。彼は国際事務局で能力を高く評価されました。牛場は昭和九年（一九三四年）の近衛の訪米に同行して以来、近衛の私設秘書や首相秘書官として外交部門などを担当しました。昭和十一年（一九三六年）には、彼は**西園寺公一**と一高・東大の同期で親友の尾崎秀実（のちにソビエトのスパイとして検挙）たちを連れて、アメリカで開催されたＩＰＲヨセミテ会議に出席します。会議の準備では国際事務局員として約二年間忙殺されています。牛場と終戦直後の活躍で有名な**白洲次郎**とは幼馴染で、ほぼ同年齢です。

ほぼ同時期に、牛場はオックスフォード、白洲はケンブリッジで学んでいたようです。牛場、白洲、松本、尾崎はみな明治三十三年（一九〇〇年）前後の生まれです。牛場は尾崎や白洲を近衛に紹介し、朝飯会のメンバーとしました。牛場の近衛を見る目はどんな時でもクールです。彼は、後年、松本と共に近衛の死に隣室で臨みます。戦後の牛場は松本たちと共に日本経済復興協会の理事となり、更に日本輸出入銀行監事、アラスカパルプ副社長、日本不動産銀行顧問を歴任します。

当時、既にＩＰＲはロックフェラー財団の影響下にあり、国際共産主義者の牙城となっていましたが、近衛はこのＩＰＲに近づくべく図ったのです。

昭和九年（一九三四年）五月、いよいよ近衛は横浜港からアメリカ各都市歴訪の旅に出ます。貴族院議長にして皇室に最も近い名門政治家、日本の実力者の渡米として国内外に喧伝されました。出発時には首相以下による空前の規模の見送りを受けます。

彼は滞米中、アメリカに留学していた長男文隆の高校卒業式に出席すると共に、ルーズベルト大統領、ハル国務長官、ホーンベック極東部長、ハウス大佐そしてモルガン銀行総裁でウォールストリートの代表的存在であるトーマス・ラモント、その他各界名士と数多くの会談をします。この頃のルーズベルト大統領やハル国務長官は、まだ日本への関心はそれ程高くありませんでした。二人が彼に抱いた印象も定かではありません。近衛はフーバー前大統領とも会談しました。フーバー前大統領は近衛との初めてかつ唯一の会談で、自分より背が高い十七歳年下の彼を、「黄色人種だが貴種にして一見コスモポリタン風」などと明るい印象を持って見たことでしょう。一回の会談では彼の野望に満ちた本質までは見通すことはできなかったようです。フーバーが十分な観察を行っていれば、IPRが彼の周りで暗躍していたことにも気付いたはずですが、フーバーは看過しました。フーバーの回顧録にはこの近衛との会談についての記述は一切ありません。

近衛の訪米には、民間レベルでの満洲国「承認」の可能性を探る狙いもありました。日本陸軍や外務省も近衛を後押しします。彼の主要な会談者のひとりトーマス・ラモントはウォールストリートの代表的存在であり、震災復興資金を含め日本への多額の投資実績もあります。彼との長時間の会談で、極東の現状維持を求めるラモントと「英米本位の平和主義を排す」近衛との意見は対立しました。近衛は支那人によるアメリカ人への宣伝工作が徹底されていると考えます。

近衛はＩＰＲのアメリカ人幹部たちとも密に会談します。随行した牛場友彦にとっては職場の知った面々です。ＩＰＲの有力な共産主義メンバー、オーエン・ラティモア、ジョセフ・バーンズ、そしてのちに調査会に参加するトーマス・ビッソンやメディア関係者たちとの座談会「米国輿論に聴く会」も開催されました。近衛は蠟山を伴って参加しました。オーエン・ラティモアについては先に詳しく述べましたが、支那学者で特に内陸アジアの現地調査で有名です。ＩＰＲの中心スタッフであり、機関誌『パシフィック・アフェアーズ』の編集長でした。戦時期には蔣介石政権の顧問としてアメリカの対中政策に関わります。ジョセフ・バーンズはアメリカＩＰＲ幹事でカーター国際事務局長と共にソビエトを訪問し大歓迎されています。トーマス・ビッソンは支那での宣教師の経験をもつアメリカ外交政策協会理事です。戦後は米国戦略爆撃調査団団員として来日し、戦犯容疑で近衛の尋問を行います。この座談会でビッソンは、日本の満洲国建国や支那政策を批判します。国際金融資本家や共産主義者達にとって、ソビエトの侵攻に対する防波堤の役割を担う満洲国建国は絶対許せない所業です。

八月一日の近衛の帰国時にも、岡田首相以下錚々たる面々が出迎えました。彼はアメリカ視察談を新聞記者に語り、また雑誌に寄稿します。その中でラモントが内密で語った人物評を迂闊にも漏らします。

関係イメージ図（すべてと関係する近衛は割愛しています）

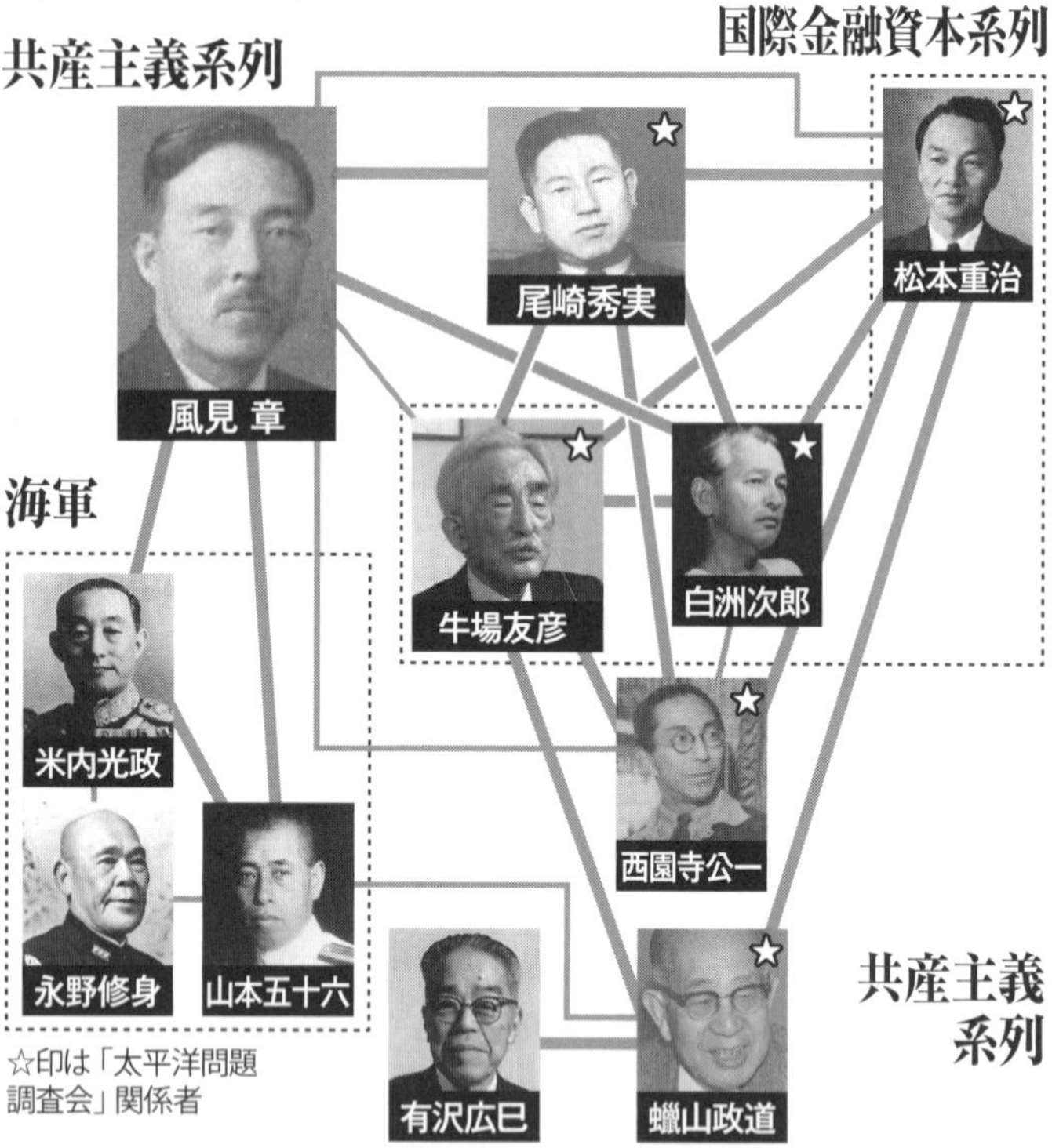

国際金融資本系列	牛場友彦	1901年生まれ	親友	尾崎・松本・蠟山・白洲・西園寺
国際金融資本系列	松本重治	1899年生まれ	親友	西園寺・牛場・尾崎・蠟山・白洲
国際金融資本系列	白洲次郎	1902年生まれ	親友	牛場・松本・尾崎・風見
共産主義系列	尾崎秀実	1901年生まれ	親友	牛場・風見・白洲・松本・西園寺
共産主義系列	西園寺公一	1906年生まれ	親友	松本・尾崎・牛場
共産主義系列	蠟山政道	1895年生まれ	親友	松本・牛場・有沢
共産主義系列	有沢広巳	1896年生まれ	親友	蠟山
共産主義系列	風見章	1886年生まれ	親友	尾崎・白洲・米内・山本
海軍	米内光政	1880年生まれ	親友	山本・風見・永野
海軍	永野修身	1880年生まれ	親友	米内・山本
海軍	山本五十六	1884年生まれ	親友	米内・風見・永野

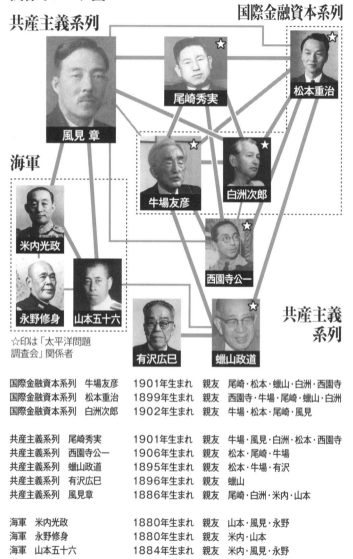

近衛文麿とフーバー前大統領

「ルーズベルト大統領やハル国務長官は外交のことを何も知らず、特に極東の事情に全く無智だから、極東部長ホーンベックが一切の極東政策を決定している最も有力な人物である」と。これがアメリカ共産党の『デイリー・ワーカー』紙に転載され、「ルーズベルトやハルを中傷した」と語られたラモントは激怒します。ラモントは近衛を「卑劣、無作法者、これ以上アメリカを訪れるな、親切が仇で返された」と罵ります。ラモントは近衛を行き届いた配慮でもてなしていたのです。「近衛は外交感覚に欠け信頼できない人物だ」という評判がアメリカ国内に広がり、のちのちまで影響したと言われています。これもフーバーの回顧録には書かれていません。日本への注意が足りなかったのです。

これとは別に、近衛は帰国後に次のように語ります。

「日米関係は無条件の楽観を許さぬということだ。軍縮といい東洋問題といい、これから解決すべき重大問題が山の如く控えている。故に自分はあえていう、強力な挙国一致内閣をつくれ」「政党政治を復活すべきや否やという点は、〝否〟としか答えられない」

断乎、政党政治を否定するのです。訪米中、近衛はロックフェラー財団の影響下にある国際共産主義者達と接触を持つに至りました。更に彼らと繋がりの強い牛場友彦を、生涯の秘書として懐に入れたのです。これ以降藤原（近衛）文麿は、コミンテルンの国際共産主義運動や国際金融資本家たちがつくる国際政治の潮流を利用し、同時にそれに利用される位置に入るのです。

この昭和九年（一九三四年）、近衛はラジオ放送の中央集権化を企て、地方の各放送局を社団法人日本放送協会に統合します。「プロパガンダ」機関としてラジオに着目したのです。彼は日本放送協会の会長職の上に位置する総裁に就任します（昭和二十年まで在職）。これも少し先の話になりますが、昭和十二年（一九三七年）六月四日、第一次近衛内閣の組閣当夜、彼は「全国民に告ぐ」というラジオ放送をします。史上初の試みです。

同日、日本放送協会は加入者三百万突破記念祝賀会も開催します。彼のラジオの使いこなし方はルーズベルトやヒトラー並みです。

昭和九年（一九三四年）から十年（一九三五年）にかけて、近衛は石川県警察部長に本心を語っています。

「今の政党はなっていませんよ。(中略)不勉強と無感覚だといって、若い軍人が怒るのも無理ないと思う。私はそこで、今の日本を救うには、この議会主義では駄目じゃないかとさえ思う。この議会主義をたたきつけなければならない。が、この議会政治の守り本尊は元老西園寺公です。これが牙城ですよ」

近衛は、日本の「リベラル派」の巨匠、元老西園寺を攻撃しているのです。迂闊にもフーバーはこのような近衛の姿を全く察知していませんでした。

昭和十年(一九三五年)十一月、近衛は講演で、国際連盟、不戦条約、九ヶ国条約、そして海軍軍縮条約への日本の参加に疑問を呈します。

「ドイツの政治家はドイツが新しい領土を必要とすることを公然とナチスの綱領の中に入れている。然るに日本にはこの素直さが欠けている」として、その原因は「現状維持を基礎とするところの平和機構をもって神聖なりとする所の英米本位の考え方が日本人の頭の中に浸み込んでいる」からだと主張します。国内に存在する「英米本意の平和主義」者、すなわちフーバーの言うリベラル派を排さなければならないとの考えです。

彼はこの年の暮れ、大阪朝日新聞の経済部長に「西園寺公爵ももう大分のお年で、人に会えばくたびれると言われるし、世の中の動きについての認識も、若い者とは大分違う。元老といったって、重臣といったって、そんなようなものだから、大きな目で見れば、国家の発展の邪魔になっているといってていいのではないかね」と語っています。「リベラル派」の巨匠、元老西園寺が邪魔だと言うのです。

昭和十一年（一九三六年）三月四日、それでもなお近衛を買っていた西園寺の推薦により、二・二六事件後に辞職した岡田啓介の後継として、近衛に天皇から総理大臣に就任せよとの大命が降下しました。天皇自らが「是非とも」との仰せです。

しかし近衛は健康を理由に辞退したのです。大命を断るなどは本来あり得ないことです。けれどもこの時に首相となれば、やっかいで危険極まりない陸軍内の統制派と皇道派の争いの処理に関わらなければなりません。彼は「我が闘争のためにはここは避けて身を温存するが勝ち」と考えたのです。

いずれにせよ天皇は、「近衛はまったく自分の都合のよいことを言っている」とお感じになられました。近衛は、西園寺や昭和天皇とは別の道、自らの覇権を求めて〝我が闘争〟の道を歩いていたのです。「戦争」の側の見立て通りです。彼らがにやりとしている顔が目に浮かびます。「戦争」の側には近衛の実態が手に取るようにわかっていました。「戦争」の側は、近衛文麿の懐に牛場友彦を送り込んでいたのです。牛場は近衛にそれとなく「野望を実現させてあげます」とか「サポートさせて下さい」というような甘い囁《ささや》きを伝言していたかも知れません。

大抜擢、謀略

昭和十二年（一九三七年）六月、近衛は第一次近衛内閣の要である書記官長（今の「官房長官」）に、共産主義者風見章を大抜擢しました。コミンテルンの忠臣で謀略の士である風見が日本の首相が自他共に一心同体と認める存在となったのです。近衛自身は共産主義者ではありません。あくまでも自らの野望の実現のために国際共産主義運動を利用すべく、共産主義者を政権中枢に登用したのです。

「反日」の巨人風見章は明治十九年（一八八六年）茨城県に生まれました。早稲田大学政治経済学科を卒業後、大阪朝日新聞や国際通信の記者を経て『信濃毎日新聞』の主筆となります。昭和二年（一九二七年）に労働争議に加わり、共産党員と共に女工を支援してストライキを鼓舞します。社説では共産主義運動論を連日展開しました。彼は、昭和二年（一九二七年）から三年（一九二八年）にかけて「マルクスに付いて」という署名記事を連載し「共産党宣言」に最大級の賛辞を贈ります。

共産主義系列　風見章

夕刊の一面トップでは、マルクスの『資本論』（改造社）の大広告を掲載します。マルキシズムが一世を風靡していた世でしたが、風見主筆は突出していました。彼はこの『信濃毎日新聞』時代、在日カナダ人宣教師ダニエル・ノーマンと家族ぐるみのつきあいをしていました。ダニエルの次男は共産主義者にしてカナダの外交官となるハーバート・ノーマンです。ノーマンは昭和十三年（一九三八年）からＩＰＲの国際事務局の研究員となります。「日本ファシズム国家論」を主張し、機関誌に「日本処理案」を発表します。戦後ＧＨＱ対敵諜報部調査分析課長として来日し、近衛の命運を握ります。のちにソビエトスパイの容疑をかけられ、昭和三十二年（一九五七年）、四十七歳の時に飛び降り自殺をします。ノーマンの自殺に風見は大きなショックを受けます。

さて、風見は普通選挙制度の総選挙で地元茨城三区で再挑戦して衆議院議員となり、以後連続四回当選します。近衛は首相初就任の大命降下に備えて、早くからマスコミ対策やプロパガンダに強い共産主義者を内閣書記官長に充《あ》てるべく物色していました。当時の書記官長は内閣の大番頭として、現在の官房長官よりも大きな権限を持っていました。近衛はかつて軽井沢の別荘で『信濃毎日新聞』の風見主筆が書く共産主義賛美の社説を愛読していました。更に彼の議会での反体制ぶりを高く評価していました。尾崎秀実や陸軍次官梅津美治郎らの推薦があったとも言われていますが、実は風見は、第一次近衛内閣発足の数カ月前に昭和研究会の支那問題研究会の委員長に就任していたのです。後藤隆之助はのちに「これは書記官長就任への布石であった」と述べています。

近衛は、共産主義陣営の革命児風見を駒として手に入れていたのです。近衛は第一次内閣の発足にあたり、シナリオ通り彼を「意中の人物」として書記官長に抜擢しました。『朝日新聞』などは「野人政治家を大抜擢」とフレッシュなイメージで報道します。国民に本当のことはわかりません。近衛の狙い通り、「内閣の一番番頭に新聞人をかかえたのだから、人気製造はお手のもの」

となります。プロパガンダ政治の本格始動です。

風見の人物像を更に見てみましょう。

彼は第一次近衛内閣入閣前から『朝日新聞』出身グループの尾崎秀実と同志でした。風見は、戦後、雑誌『改造』昭和二十六年（一九五一年）八月号に「尾崎秀実評伝―殉教者への挽歌」という題で寄稿し、「尾崎秀実とゾルゲは国家による虐殺行為で殺された」「その尾崎が、いまや、その気迫をあたりにふりまきつつ、こう然として絞首台上にたったという姿をまぶたにうかべてみるとき、わたしのむねは鬼神も泣けとうずきだすのである」と絶叫します。

更に尾崎をマルクス主義の殉教者と位置付け、「わが尾崎が、絞首台にはこべる足音は、天皇制政権にむかって、弔いの鐘の響きであり、同時に、新しい時代へと、この民族を導くべき進軍ラッパではなかったか」と訴えます。周知のように尾崎秀実は、第三次近衛内閣総辞職直前にゾルゲ事件でのスパイ容疑で逮捕された人物です。「天皇制」打倒を日本革命の第一段階としたコミンテルンの三十二年テーゼへの盲従を吐露したこの文章で、風見が完全な共産主義者であったことがわかります。

風見の著書『近衛内閣』（昭和二十六年七月　日本出版共同）では、第二次近衛内閣で司法大臣に就任した時の心境を述べています。

彼は自らを「古くさい憲法などどうでもいいや」などと放言していた人間であり、「北一輝だったと思う、天皇が国家ならば、国家はひげをはやして馬車に乗って大道を闊歩するかと云ったのを、深い理屈は知らぬが、大いに痛快がっておもしろがったことがあった。憲法の知識といえば、この話で、やっと憲法なる文字の存在を思い出すくらいだった」と言っていました。近衛からは「司法大臣としての仕事はちっとも期待していない、そういう意味でなく、新党運動のために閣僚となってもらっていたほうが、万事都合がいいので、そういうことにしたのだから、ぜひ入閣してくれ、司法省の仕事は次官にまかせておけばいいではないか」と言われたと記していきます。昭和天皇が「司法大臣候補につき風見章に、新体制運動への関与の心配はないか」と内大臣に御下問されていたにも拘らずの驚くべき内容です。昭和天皇は新体制運動自体についても警戒されていました。

昭和十二年五月三十日、林内閣総辞職の前日、風見と尾崎、そして『朝日新聞』の関口泰、林広吉、須田禎一たちは、風見の地元に近い茨城県筑波山に登ります。尾崎はサングラスにトレンチコートと大物スパイ風（?）の姿で自信に満ち、常に風見の隣につきます。関口泰は昭和研究会の発起人会のメンバーです。夕刻、一行は土浦に出て**山本五十六**ゆかりの料亭「霞月楼」で夕食をとります。「霞月楼」の主人夫妻は、新潟県出身で関東に身よりがない航空隊副長時代の山本の養父母として知られています。海軍航空隊では「霞月楼」に「KG」という暗号が付いていました。**永野修身**海軍大臣によって海軍航空本部長から海軍次官に抜擢された山本は、当時、永野の後任の**米内光政**《よないみつまさ》海軍大臣の下で次官を留任していました。「霞月楼」の名は霞ヶ浦に映る月からの命名です。

けれども風見と尾崎たち一行は、近衛の父篤麿が号して「霞山」だったので、「霞の月」を「近衛の月」とみたて、近衛内閣誕生寸前のこの時期に「革命は近い！」と気勢をあげて痛飲したことでしょう。風見と尾崎と『朝日新聞』一行は、近衛内閣誕生にむけた決起大会兼秘密会議を山本ゆかりの料亭で行ったのです。

戦前、日本でも共産主義思想が蔓延していました。ソビエトや中国共産党の直接的な手先でなくとも、自律的なシンパが学会・マスコミ・官界などに多数いました。恐慌などの資本主義の蹉《さ》跌《てつ》を背景に、大正・昭和期、多くの日本人、特にインテリ・指導者層が社会主義を理想化しました。近衛も若い頃には社会主義に理想をみた時期もあり、反英米を主張しました。風見や尾崎は完全な共産主義者です。近衛が政権中枢に入れた共産主義者たちが、支那事変とそれに続く対米英戦でめざしたのは、レーニンの「革命的祖国敗北主義」つまり「帝国主義戦争を内乱（革命）に転化せよ」というスローガンに基づいて敗戦革命へのレールを敷くことでした。日本とアメリカの対立を徹底的に煽り、両者が戦うことを目指したのです。

そうすることでアジアに共産主義国家を作ろう、というのがレーニンやスターリンの世界戦略でした。近衛は、風見らの背景を熟知していました。近衛は共産主義者たちが企図する敗戦革命（日本革命）への道を近衛文麿の覇権獲得計画に織り込み、利用するのです。

近衛が、この時までに陸軍の皇道派に近づき二・二六事件に関する恩赦などを持ち出したのは、彼らを恐れるがゆえ彼らの歓心を買いたかったのと同時に、自らは共産主義者ではないというポーズ、アリバイづくりのための一石二鳥の周到な布石でした。

その証拠に、近衛は、皇道派の旗印となっていた「天皇機関説に対する攻撃」や国体明徴運動には余り興味を示しません。二・二六事件に関する恩赦には、有能な臣下を殺した若手将校たちや皇道派を嫌う天皇へのあてつけがあったとも解されます。なお、近衛はのちに共産主義者と陸軍統制派に戦争責任を押しつけ「自分は騙されただけだ」と語るために、皇道派が抱いた歴史観、いわゆる「皇道派史観」を利用します。

ところで第一次近衛内閣成立後、総理大臣秘書官であった牛場友彦や岸道三が、政治経済に明るい者たちを食事に招き、「朝飯会」を始めます。会場は牛場秘書官邸などです。尾崎秀実が人選のかなりを担い、学者、評論家、『朝日新聞』関係者などを集めました。内閣書記官長の風見章を始め、内閣嘱託の尾崎、『朝日新聞』の佐々弘雄と笠信太郎、政治学者の蠟山政道、最後の元老西園寺公望の孫の西園寺公一、同盟通信社の松方三郎、思想家の平貞蔵などがメンバーで、多くは昭和研究会の中心的存在でもありました。昭和十五年(一九四〇年)初め頃から、牛場、尾崎、蠟山、西園寺たちの共洲次郎もいました。牛場と幼馴染であった関係を使って近衛に接近した白通の知りあいであった同盟通信社編集局長で松方の上司の松本重治や故犬養毅首相の長男で衆議院議員の犬養健も参加します。

第二次近衛内閣の成立直後の昭和十五年(一九四〇年)八月からの朝飯会の顔ぶれは、富田健治書記官長、牛場、岸、幹事役で革新商工官僚の帆足計を始め、内閣嘱託の西園寺、尾崎、松本、笠信太郎、犬養健、和田耕作などでした。朝飯会は近衛内閣総辞職前まで続きます。朝飯会の実態は内閣書記官長と尾崎を中核とした近衛のブレーン・トラストです。尾崎たちは近衛内閣の支那事変拡大や南進政策遂行に大きな影響を与えます。

第一次近衛内閣成立後、近衛と風見は軍と結びつき、時に軍を煽って自らの企図を実現していきます。まずは支那事変の拡大です。近衛内閣誕生を待っていたかのように昭和十二年（一九三七年）七月七日盧溝橋事件が起こります。中国共産党の工作によると思われる発砲・衝突事件です。盧溝橋事件勃発の三日後の七月十日、風見は日記に「陸相は事態悪化の危険性をみとめざりし」、「閣僚の足止めを解かれては奈何との申出あり」という杉山陸軍大臣の事件への冷静な判断を記しています。国民政府の蔣介石や汪兆銘は、西安事件後の「一致抗日」という風潮に対して国共合作を漸次受け入れながらも、「民力の増進」を第一として抗日にブレーキをかけていました。

しかし近衛や風見たちはそれでは困るのです。風見は、杉山陸相の冷静な判断とは違って、「今回の事件は到底楽観を許さざる可き」と早くも位置付けていたのです。始めから前のめりです。同時に、事件拡大を期していたかのように実に手回しよく予《あらかじ》め近衛内閣の閣僚たちに禁足令を出します。国内外にむけて事態を煽り始めるのです。日支間に存在する非戦の均衡を近衛と風見たち、そして中国共産党が崩しにかかります。

翌日の七月十一日、近衛は「支那に反省を促すために一大打撃を与えるべき」と称し、日曜日にも拘らず臨時閣議を開きます。ここで早くも事件を「北支事変」と呼称し、内地などから「北支派兵」する方針と派兵経費支出を決定したのです。拙速かつ異様です。現地では停戦協定が成立していました。支那軍の撤退、謝罪と責任者の処罰、抗日運動の取締りなどの措置を支那側が採ることで合意し、関東軍・朝鮮軍の一部は部隊が派兵されるものの、その日のうちに内地師団派兵は実施保留になり、一見落着していたにも拘らずの決定です。

加えて近衛はその夜、朝日新聞などの言論機関代表、貴族院や衆議院代表、財界代表をこの順番で首相官邸に招いて会見し、近衛自ら「北支派兵」の方針決定と重大決意を高らかに謳い上げたのです。狂気の沙汰です。更に近衛は、各界代表たちから政府の対支那政策に関する了解と協力を「満場異議なし」の「白紙委任状」で取り付けます。各界代表を呼んで会見するとしても、この性質上、まず政界、続いて財界、そして最後に言論界の順番でなければ可笑しいですし、風見も当初そのように閣僚たちに説明していました。

しかし蓋を開けてみると、翌日の月曜日の朝刊を意識して言論界を真っ先に呼んでいました。「今次事件は全く支那側の計画的武力抗日なること最早疑いの余地なし」とする強硬な声明文まで発表し、翌日朝刊の紙面だけでなく号外まで出させます。目的は事変推進（拡大）に向けた内外各方面や国民各層への強力なアピールにありました。風見は新聞記者たちに「すっかり覚悟が出来ているから心配要らぬ」とさえ言っています。これは本音です。

会見の模様を外務省東亜局長の石射猪太郎は次のように語っています。

「行ってみると、官邸はお祭のように賑わっていた。政府自ら気勢をあげて、事件拡大の方向へ滑り出さんとする気配なのだ。事件がある毎に、政府はいつも後手にまわり、軍部に引き摺られるのが今までの例だ。いっそ政府自身先手に出る方が、かえって軍をたじろがせ事件解決上効果的だという首相側近の考えから、まず大風呂敷を拡げて気勢を示したのだといわれた」

石射は出鱈目な言い訳を聞かされています。

この後も近衛と風見からの協力要請に応え、有力各紙は華々しく「強硬論」で世論を煽ります。支那国民は当然激怒します。すべてマスコミ対策に長じた風見が専ら近衛の了解の下で取り組んだ仕掛けです。陸軍には相談していません。「停戦協定成立」の号外を出そうとした新聞社に真実性の問題があると差し止めが働きかけられ、協定成立に水をかける原稿が放送局に渡されるという動きもありました。夜半近く、東京のラジオ放送は「停戦協定成立との報告に接したが、冀察《きさつ》政権従来の態度に鑑み、果して誠意に基くものなるや否や信用が出来ぬ、恐らくは将来反故同然に終らん」と報じ、日本側の現地軍幹部や支那側を仰天させたそうです。支那側は「日本こそ誠意がない、今日既に協定破棄の口実を設けているではないか、不拡大方針も、停戦協定も、作戦準備完了までの時間をかせぐ緩兵の策に過ぎない」と不信を募らせます。近衛や風見の狙い通りです。

元老西園寺の秘書原田熊雄は、七月十四日に次のように記しています。

「出先の官憲がばかに強いと言うけれども、寧ろ出先では、閣議で派兵を決めたことだとか、あるいは陛下が葉山からお帰りにならなかった方がよかったとか、非常に慌てすぎたという風に内地を見ており、現地は現地だけで局部的に必ず解決できるものと思っている」

内地を「慌て」させ陸軍省部を煽っていたのは、政権最中枢の近衛と風見だったのです。「政治」は諸力・諸勢力のバランスです。これらが扇の面上にあるとすれば、近衛は出自と富と人気と名声ゆえに「扇の要」に位置していました。近衛が徐《おもむろ》に少し体重をかけたほうに時代が傾いていく位置です。普通、人は戦争が嫌いです。それは軍人も同じです。けれども、どこの国にも好戦的な一群はいます。両者のバランスがとれている間は戦争は起きません。

しかし「扇の要」にいる近衛がバランスを自分の望むほうへ傾けることを意図したならば、少しの仕掛けや工夫でそれができてしまうのです。近衛自身、明確にそのことを意識していました。というより、そのような位置に付くべく、彼自身が早くから入念に企図してきたのです。のちにふり返っても、近衛と風見の仕掛けが、国内外において事変拡大に向かう流れに大きな力を与えたことは否定できません。

盧溝橋事件の直前、中国共産党は盧溝橋付近の雑軍の如き第二十九軍にかなりの工作をしていたようです。一方、蔣介石は六月には南京の政府を事実上「廬山」に移しました。そして六月二十一日、蔣介石と汪兆銘は連名で、全国の政界、学会、実業界・報道の指導者たちに七月十六日から二十三日までの八日間会議を開催すべく招電を発しました。もし七月に入って、日支間に緊張が走る事件が発生し早期に終息しなかったらこの上なく不都合なタイミングでした。これらの現地情勢を近衛も風見も熟知していたのです。近衛と風見は正にこのタイミングで「北支派兵」声明という爆弾を投げ入れたのです。案の定、廬山会議では、慎重に対日融和的な態度をとってきた蒋介石が局地解決に望みをかけつつも、次の一大演説をすることを余儀なくされます。
「われわれは、弱国である以上、もし最後の関頭に直面すれば、国家の生存をはかるため全民族の生命を賭するだけのことである。そのときには、もはやわれわれは中途で妥協することを許されない……」

大会議場に集った人々は近衛の「北支派兵」宣言を受けて抗戦決意一色となっていました。更に状況を悪化させたのが七月二十九日に起きた通州事件でした。冀東《きとう》防共自治政府保安隊の日本人への残虐行為に当然日本国民は激昂します。中国共産党と近衛や風見たちにとっては思い通りです。

盧溝橋事件を始めとする中国共産党の工作は、日本軍と蒋介石軍を戦わせて漁夫の利を得るという戦略で行われていました。結局これが成功を収め中国共産党が最終的に中国大陸での覇者となります。

「蒋介石と中国共産党とは仲が悪い。盧溝橋事件も共産軍が停戦中の日支両国兵の中間に夜間這入り込んで双方に発砲したことから起こった」ということは早くから国民党内で知れ渡っていました。「いくら蒋介石が日本と戦争を避けんとしても共産軍の若い士官はどうしても承知しなかった」のです。これらのことは日本側も摑んでいて、例えば、国際決済銀行理事会副会長を経て横浜正金銀行の北支責任者となっていた加納久朗は、政府の情報局会議に参画すると同時に、内大臣木戸幸一に「重慶情報」としてこの情報を報告しています（『木戸幸一関係文書』）。

「背広を着た軍人」と呼ばれ、のちに企画院総裁となる陸軍の鈴木貞一は、早くからソビエトによる日本の共産化工作を警戒して「北支事変の背後に中国共産党とソ連がいる、更にはユダヤがいる」と近衛を始め枢要部に警鐘を鳴らしています（『木戸幸一関係文書』）。スターリンにとって、日本の力を削ぐ支那事変は思う壺でした。

戦後の話ですが、昭和三十九年（一九六四年）七月に中華人民共和国を訪問した日本社会党訪中団が日中戦争について謝罪しようとしましたが、毛沢東が「日本は謝る必要はない」と遮り、「われわれ中国共産党はあなた方日本軍国主義に感謝しなくてはなりません。日本がもし中国に侵略していなかったら、共産党の勝利はなかったし、新中国の成立もなかったからです」と述べたことは有名です。

日本降伏後、毛沢東はいち早く満洲に軍隊を送り、ソビエト軍の保護下で日本軍の大量の武器と装備を接収しました。満洲には、十四年間の日本による開発により中国の重工業の七割が集中し、対ソ戦に備えた兵器が集積していたのです。共産党軍は、国共内戦で国民党軍に対して圧倒的な軍事的勝利を収めます。

参謀本部第一部長（作戦部長）石原莞爾少将は北支事変が始まるや、和平にむけて近衛首相に蔣介石との直接会談を提言します。

これに対して風見は、屁理屈をつけて石原を非難し会談の実現を妨害、事態を悪化させるよう謀ったのです。近衛も七月十二日から十九日までの大切な時期、例の如く病臥して引き籠りました。昭和十二年（一九三七年）九月支那事変勃発後一カ月にして、石原は参謀本部第一部長から関東軍参謀副長に移り、翌年末には舞鶴要塞司令官へと追いやられます。どちらも第一次近衛内閣下です。日本を救い得る卓見の士は中央にいることが許されないのです。石原がいては近衛や共産主義者たちは計画を進めにくいですし、満洲での日本の成功を巡る憎しみは共産主義者に共通の感情です。風見は石原を執拗に攻撃し、かなり前から近衛と共に天皇の耳に巧みに讒言《ざんげん》を入れていました。石原には常識の枠から外れた野人的な性分があり、突っ込みどころはあったでしょう。これが陸軍内の人事に影響したのです。

さて、海軍大臣米内光政も近衛や風見の企図に協力します。昭和十二年（一九三七年）八月九日に第二次上海事変が起きると、米内は閣議で断固たる支那膺懲《ようちょう》を唱え、反対する閣僚を怒鳴りつけて上海への陸軍派兵を主張します。十四日に米内は「不拡大主義は消滅し、北支事変は支那事変になった」と言って全面戦争論を展開、政府声明の発表や首都南京攻略にまで言及します。米内は、台湾から杭州に向けて、更には長崎から南京に向けて、海軍航空隊による渡洋爆撃を敢行します。加えて八月三十日まで、上海・揚州・蘇州等を連日爆撃し戦火を拡大しました。九月二日の閣議でこの戦争を「支那事変」と呼ぶことが決まります。米内は再び「日支全面戦争となったからは、主義として南京を攻略するのが当然だ」と述べ、政府声明の発出まで求めます。驚いた杉山陸相は「対ソ戦も考慮せねばならぬから大兵力は使えない。だから主義としても認められない」とつっぱねます。外相も政府声明の発表に反対して不拡大論を唱え、蔵相は財政経費の点から不満の意を表明しました。

このような状況下、ソビエトは八月二十一日には蔣介石政権と不可侵条約を結び、新疆の利権の見返りに飛行機などの武器輸出を増大させます。

半年後、南京陥落による強気ムードを背景に、せっかく石原莞爾や多田駿参謀本部次長が仕掛けていた駐支ドイツ大使トラウトマン仲介による和平交渉が打ち切られます。しかも極めて異常な「国民政府を相手とせず」の声明を出すべく、風見と近衛が導いていきます。

「日本側の申し出の具体的な説明を求めたい」という国民政府からの返事を受けて、昭和十三年(一九三八年)一月十五日、政府大本営連絡会議が開かれました。出席者は、政府側は近衛首相、杉山陸相、米内海相、広田外相、末次内相、大本営側は参謀本部軍令部の両総長宮、多田参謀本部次長、古賀軍令部次長です。多田次長は、和平にもっていきたいという熱意から「日本の申し出が抽象的というならもっと具体的に示し、又条件を緩和しても、飽くまで交渉を継続すべきだ」と強硬に主張しました。これに対して杉山陸相は、「これ以上交渉を継続しようとすれば、彼の志気を昂揚し、宣伝を盛んにし、無暗に引き摺り廻されて此方の志気を挫折させられる。依ってこの際断然交渉を打ち切って、敵の抗戦意志を砕くよう更に圧迫を加えねばならぬ」と強調したといいます。閑院宮参謀総長は交渉打ち切りに対して慎重な態度をとり「箇条書きにしてはどうか。十一か条が伝わっているかということに疑問があるのだから、短時日の期限を区切って、もう一度確かめてみてはどうか」とまっとうな意見を述べます。

近衛を始め政府側は、杉山陸相の意見と同様でした。陸軍参謀本部が交渉継続を主張して交渉

海軍　米内光政

打ち切り論と鎬《しのぎ》を削り、朝九時半から夜八時半まで三度の休憩を入れて激烈に争ったのです。

近衛首相は「速やかに和平交渉を打ち切り、我が態度を明瞭ならしむるを要す」と述べ、更に政府側の意向を反映して米内海相が「参謀本部は政府を信用しないというのか。もし参謀本部が飽くまで交渉継続論を主張し政府不信任なら、近衛内閣は総辞職の他なし」と脅しました。

米内は一月十一日の御前会議で早々にトラウトマン和平交渉打切りを強く主張しています。米内はまた、多田次長の主張を支持した古賀軍令部次長を「外交の責任は外相が負うべきである」と押さえつけます。多田は「明治大帝は『朕に辞職無し』と宣《のたま》えり。国家重大の時期に政府の辞職云々は何ぞや」と声涙倶に下る訴えをしました。多田次長にとっては真の敵は国民党ではなく、日本と蒋介石の衝突を狙う中国共産党とその背後に控えるソビエトでした。参謀本部にとって、そのことは明確でした。満洲国の基礎固めもできていない状況下、一刻も早い和平が必要だったのです。正に国益に沿った正論です。しかし乍ら、結局、多田次長は政府側に折れざるを得ない状況に追い込まれ、打ち切りに決着してしまいます。閑院宮参謀本部総長は「もし『相手にせず』と声明した後に、蒋介石が和平をやると言ったら、どうするか」と言われました。これに対して近衛は、「絶対に相手に致しません」と言ったといいます。のちに多田次長は、「交渉打ち切りは嫌だ。長期戦は嫌だ。しかし近衛内閣の崩壊はなお嫌だ」と米内や近衛に追い込まれた苦衷を洩らします。政治（内閣）が統帥部を追い込んだのです。戦後、この連絡会議の模様を「陸軍同士が論争しているのだから政府はどうすることも出来なかった」とイメージ操作して伝える元閣僚がいましたが、「陸軍が一本になって強硬論を唱えるから政府はどうしようも仕方がなかった」と言うなら兎も角、陸軍の意見が割れていたのであれば近衛首相としてはどちらにも采配をふれる立場にあったのです。ましてや近衛は「扇の要」にいたのです。近衛が徐に少しばかり体重をかけたほうに時代が傾くのです。近衛自身が交渉打ち切りの意向だったから、多田次長に味方せず打ち切り論に味方したのです。ところで交渉打ち切り論に与した米内海相は謎の多い人物です。

米内光政は明治十三年（一八八〇年）に生まれました。最終階級は海軍大将。第二十三代連合艦隊司令長官、第三十九～四十一・四十九～五十二代海軍大臣、第三十七代内閣総理大臣を歴任しています。米内は第一次世界大戦開始後のロシアに少佐として二年間駐在、大戦終結の年に再びロシアに一年強出張、大佐としてドイツに約一年半駐在、引き続きポーランド駐在と、革命前後のロシア（ソビエト）やその周辺に長くいたことが目立つ経歴です。

彼の著しいドイツ嫌いは有名です。風見と米内とはとても親しい間柄で、盛んに行き来や文通をしていました。風見が米内のもとへ出向くといつも山本五十六次官がいて、三人で様々な策を練りました。風見は、米内や山本との機密事項の連絡には電話を用いずメモや手紙を使い、秘書に持たせず自分の長男に持たせています。尋常ではありません。

風見章の日本革命

昭和十三年（一九三八年）一月十六日、日本政府は遂に「爾後国民政府を相手とせず、同憂具眼の士と相携えて更正新支那の建設に協力せんとす」の声明（第一次近衛声明）を出しました。閑院宮参謀総長も参謀本部部員秩父宮中佐も沈痛悲嘆の極みとなります。一方、新聞は熱烈に声明を支持し「徹底的に支那を懲らしめ、国民政府を壊滅させなければならない」と社説で煽ります。風見や昭和研究会による工作は完璧です。この声明は一部では「風見声明」とも囁かれています。声明文は、風見のところに陸軍・海軍・外務の三省の主務者が集まって起草したものです。近衛と一心同体の風見が確実に絡んでいます。多田参謀次長は「風見の馬鹿があんなことをやってしまった、我々はびっくりしたのだ、陸軍ではないのだよ。あの声明の夜、蔣介石から、トラウトマン交渉の中の二、三の箇条について訊ねて来たのだ。脈はあったのです」とある記者に語っています。

近衛は念には念を入れて、数日後に「国民政府（蔣介石）を相手にせずと云うのは同政府の否認よりも強いものである」との補足声明まで出します。「相手にせず」ですので、日支共に大使を引き上げました。大本営はその後漢口、広東を攻略しましたが、やはり戦局を結ぶことはできません。後から考えれば、多田参謀次長は内閣を潰してでも所信を貫くべきでした。支那における交渉相手を捨て去って泥沼の長期戦に道を開いた上、アメリカ政府の対日感情を更に悪化させたのです。近衛も、そしてルーズベルトもこの状況を喜びました。一貫して近衛に批判的な衆議院議員鳩山一郎は、盛んに「支那と戦わず、ロシアと戦うべきだ」「支那事変拡大は不当」を説きます。

半年後の昭和十三年（一九三八年）六月、昭和天皇の心配を受けて、近衛は板垣征四郎を陸相として入閣させて支那事変の収束に努めるポーズをとります。板垣自身はこの時点で「撤兵が大事」と考えていたものの、軍政の素人であり、また戦争をもたらした元凶のイメージが支那側にあるため、客観的にはそもそも効果が余り期待できない人事でした。近衛の狙い通りです。

近衛は六月十日の閣議で、統帥事項を除く一切の最高国策を扱う機関としての「五相会議」の設置を正式決定しました。実際的には前年秋に設置された大本営政府連絡会議に取って替わるものです。トラウトマン工作を巡って参謀本部多田次長が連絡会議で政府と激しく対立して和平を主張しました。これに手こずったため、近衛は前年十二月から連絡会議の開催を減らし、二月以降は全く開催しなかったのです。参謀本部を排除して近衛が思い通りに事を運ぶ体制が「五相会議」です。

風見の下で支那事変処理に関わっていた犬養健が、「近衛首相が陸軍各派の将官ひとりひとりの性格に詳しいのに驚いた」と述べていることに注意しなければなりません。大駒・小駒の位置づけ、性格を十分把握し、動かし方に工夫を凝らすのが公家流です。犬養はまた、「同時に近衛首相が他人事のように批判的な態度で傍観しているのに私は失望した。私は、もうどうでもなれというような気持ちになって」と支那事変に対する近衛の姿勢を描写しています。犬養はまだ良心的であったようです。

昭和十三年（一九三八年）十一月の五相会議で、米内海相は海南島攻略を提案し合意事項としました。当時の海軍中央部では、「海南島作戦が将来の対英米戦に備えるもの」でした。海南島は仏領インドシナ（ベトナム）への進出につながる戦略拠点です。

だから、米内には「第二次上海事変で、出兵に反対する賀屋興宣《かやおきのり》を閣議で怒鳴りつけて、無理矢理、兵を出して、シナ事変を泥沼化させた」という批判と共に「海南島に出兵を強行して日米関係を決定的に悪化させた」という批判も付き纏います。

ところで第一次近衛内閣は、昭和十三年（一九三八年）三月に国家総動員法を成立させます。衆議院や貴族院では、この法案に憲法違反の疑義が多く出されました。ルーズベルト政権による全体主義的な横暴に対する共和党側の反応と似た状況です。国民の権利・自由を制限し広汎な委任立法を認める点での違憲論と、憲法の非常大権を犯すという違憲論が出ました。

これに対して近衛は、現代の総力戦の特質を説き「非常大権の発動は本法によっていささかも妨げられない」とし、「国家総動員の大綱だけでも予め議会の審議をし国民に知らせておくほうが、むしろ立憲の精神にかなう」と説明しました。

更に「日本の国体と国民性から見ればこのような法律は不要だ、この法案は唯物史観から出たもので法律で縛り上げなければ総動員ができないというのは大和民族の矜持を傷つけ、日本国民の尊い愛国心忠国心を害する」という反対論も出ました。

これに対して近衛は、「今日の時代におきましては、唯単に国民の自発的協力のみに依ることはできないのであります。今日の国民の経済生活、国民生活というものは、極めて複雑なものでありますす。これを自由に放任致します時は、戦時の如き場合におきましては色々齟齬を来しますと答弁します。「資本主義の弊害は是正しなければならぬ」とも言います。

この議会中の昭和十三年（一九三八年）二月、三多摩の防共護国団の壮士三百名が「政党の解消、挙国一致の一国一党樹立」を要求し、政党本部を占拠する事件がありました。政党が国家総動員法の審議を紛糾させていたことも理由の一つです。占拠を背後から踊らせたのは近衛と風見だという説もありました。実際、近衛も風見も防共護国団に「若干の」資金援助をしていたことを認めています。防共護国団の関係者は、昭和研究会の後藤隆之助たちと共に近衛の荻外荘《てきがいそう》に始終出入りしていました。


昭和十三年（一九三八年）七月には、五・一五事件で計画立案と指揮をし自らも牧野内大臣邸を襲撃したために服役していた海軍中尉古賀清志や、犬養首相を襲撃した海軍中尉の三上卓が特赦で出獄しました。古賀たちが海軍次官山本五十六にお礼の挨拶に行くと小遣いとして千円ずつをくれ、続いて内閣書記官長風見のところに行っても千円ずつをくれたとのちに証言しています。千円はいまの貨幣価値で五百万円位でしょうか。なぜ風見や山本は彼らを労《ねぎら》い資金支援をしたのでしょうか。これは彼らの意外な方面との結びつきを示唆するものです。

三上は、昭和十六年（一九四一年）の夏頃から、血盟団の井上日召たちと共に近衛の荻外荘に寄宿します。井上や三上たちは、広い屋敷で美食を供され居心地が良かったことでしょう。近衛は暗殺団という勢力を恐れていたため、逆に歓心を買って抱え込み、同時に彼らを警護隊としたのです。したたかです。

風見にとっての支那事変は日本での革命のためでした。「今度の事変を契機として世の中は大変革を予想せねばならぬ」「今度の変革では華族なんて無くなってしまうことになるだろう」「前大臣や華族の乞食ができるようにならなくては、どうしてもこの事変はおさまるまい」ということです。更に「選挙なんて、この事変下にやめられるならやめてしまわなくては嘘だ」と言い、「ひょっとしたらこの秋ごろは、米も切符制になるのでは無いかと思う。そうなれば当然土地も国家管理と云うことになってくる。統制経済はそこまで行かなくてはならぬ」と昭和十四年（一九三九年）七月時点で述べています。このような人物が第二次近衛内閣で法の元締めたる司法大臣なのです。

昭和十四年（一九三九年）九月には風見らが東亜新秩序建設の構想を練っています。そこでは、「十年間は大兵の支那駐屯を覚悟すること」「憲法停止」などが記され、政治綱領では「旧勢力は一種の革命的手段によるにあらざれば、日本に於いても亦これを払拭し得ざること明白となれり。随《したが》って晩《おそ》かれ早かれ、旧勢力払拭のために大衆の蜂起を見るに相違なし」「此の混乱季に在りては、満洲、朝鮮、台湾共に叛逆すべし」「この過程中にありて革新日本体現され、その力によりて東亜新秩序の建設は行わるべし」などの文案が際立っています。

中国共産党を巡る支那情勢については、いち早く昭和十四年（一九三九年）十月に「支那に於ける赤化勢力の抬頭は傾向としてこれを認識するの必要あり」と断じています。

更に社会主義政策や共産軍への思い入れを吐露し、「かくて日本の東亜新秩序建設にあたりては、支那に於いて大衆獲得のため一層徹底したる社会主義政策の実現の必要なるを認識するの要あり」「支那に於ける共産軍は反共の勢力と拮抗して、此処に支那大陸は共産反共産の決勝戦に於ける死闘場と化する」としています。

既に戦後の中国共産党と国民政府との内戦を予期しています。そして、支那における反共的抗争による「情勢の圧迫は自ずから日本の革新を急速に実現するの必要を生み、此の革新のために国内問題は益々重大化する」「早く事変を収拾せんとするも望む可からざる也。却って国民の潑剌たる奮発心を盛り上がらしむるに足る新しき政治を生み出すことこそ、事変処理のための先決要件たり」としています。

要するに支那事変は日本での革命の手段なのです。

昭和十五年（一九四〇年）春には風見は近衛と次のような話をしています。

「近衛氏も日華事変がのんべんだらりとひきのばされてゆけば、厭戦気分の爆発から、革命は必至のいきおいであることを認めていた。そして、そうなると、皇室の運命はどうなるだろうかと心配げにいいだしたので、わたしが（中略）国民の皇室に対する関心は、みかけほどのものではなかろうと指摘し、したがって、いざ革命ともなれば、皇室の運命はどうなるか、わかったものでないとこたえると、近衛氏は『ツァーの二の舞ではこまるなあ』と、顔をくもらした」

これまで支那事変は「中国共産党が、蔣介石の国民党と日本を戦わせた」と語られてきました。中国共産党を度重なる掃討戦で追いつめた蔣介石を、昭和十一年（一九三六年）十二月、西安事件で監禁して「抗日統一戦線」路線へと舵をきらせます。中国共産党の狙い通り、日本と国民党とは泥沼の戦いに嵌り込み双方が疲弊します。戦後、毛沢東は、国民党軍を疲弊させた日本軍への感謝の気持ちを訪中した日本の政治家たちに述べています。

しかし、風見が残した日記が物語るのは、日本側にも革命のために支那事変を利用する意図が政府中枢（近衛内閣）にあったということです。近衛や風見の周辺には、中国共産党と太く通じていた尾崎秀実たちがいました。更に風見と尾崎はとても強い絆で結ばれていました。支那事変は中国共産党が仕組んだ「国共合作」の成果だけではなく、「日本政府（近衛内閣）中枢と中国共産党の合作」の成果でもあったのです。

この頃近衛文麿は、京都の邸宅の敷地に立派な書庫を建造し、藤原（近衛）家累代の貴重史料を納めて財団法人陽明文庫を発足させています。昭和十五年（一九四〇年）までに事務所棟、第二書庫も完成させ、藤原鎌足から約千四百年間、近衛家に伝来してきた藤原氏十八代および近衛家二十九代の古文書や美術品など二十万点を収蔵しました。最も誇るべきは、藤原道長直筆の日記『御堂関白記』です。そのほか国宝や重要文化財が数多くあります。ここには三千点にのぼる近衛文麿関係の史料も収蔵されています。この陽明文庫の設立は文化事業として大きな意義があります。しかし、支那事変の戦乱で国民全体が苦しさを増していたこの時期、昭和十五年（一九四〇年）七月には贅沢禁止令が出され、翌月には「ぜいたくは敵だ」の看板が街の至るところに掲げられます。このような時期に近衛はわざわざ「藤原」の殿堂を京都に立ちあげたのです。近衛の本性は共産主義ではなく藤原主義だからです。

更に風見と近衛について興味深いのは、対ソ戦不拡大の徹底、そして風見によるソビエト賞賛およびソビエト参戦についての的確な見通しです。昭和十三年（一九三八年）七月に起きた張鼓峰事件という満洲国とソビエトとの国境紛争では、支那事変の場合とは打って変わって不拡大が厳密に徹底されます。事件発生の報に接し緊急閣議などは開かず、敵にむけて飛行機を飛ばすことを禁止するなど、政府と陸軍は連絡を密にして不拡大を貫徹しました。ソビエト軍の激しい攻撃に対して現地を含め陸軍全体にしっかりと我慢をさせ、一歩もソビエト領に侵入させません。一年前の支那事変への対応とはすべて真逆です。拡大も不拡大も、「扇の要」にいる近衛と風見たちには思うが儘であったのです。

しからばなぜ支那事変を拡大し、対ソ戦を不拡大としたのか。

この点、当時も多くの疑問が呈せられました。陸軍の真崎甚三郎はその日記に、盧溝橋では暗夜に銃声ということで直ちに拡大し、今回の張鼓峰の場合はわが領土を大爆撃されてもこれに応戦しないことに憤慨した旨を記しています。駐ソ公使であった重光葵でさえ、対ソ開戦を決意して「直に奪還すべき」であり「外交交渉はその後」と本国に打電した程です。正に対ソ融和の近衛・風見の姿勢が反映したのです。

風見はソビエト賞賛を惜しみませんでした。少し先の話ですが、戦争末期、ソビエトに関するある論文を読んで、彼は「なぜソ連は強いかを精神的方面よりとりあつかえるものにて、ソビエト民主主義の結晶というところにその原因をもとめたるもの也。よく書かれたり」と絶賛します。「ソビエト民主主義の結晶」など幻想ですが。風見は早くから中立条約に関係なくソビエト軍は来る（対日侵攻）と確信していました。「ソ連は日本にむけ、戦神をして羽ばたからしめつつある。戦神マルスは日本人の思惑などにはちっとも気にかけずに、何れは日ソ国境に中天高く舞い上がることであろう」。「戦神マルス」とは何たることでしょう。彼は心底ソビエトの僕《しもべ》であり対日侵攻を待ち望んでいたのです。

ところで戦争末期の日本政府は、藁にもすがる思いでソビエトを見つめていました。

昭和二十年（一九四五年）六月、昭和天皇は内大臣木戸たちからの提案「ソビエトを仲介とした和平交渉」を行うことを認め、七月七日に「思い切って特使を派遣したほうが良いのではないか」と鈴木貫太郎首相に述べ、七月十二日に正式に近衛が特使に任命されました。近衛は訪ソに松本重治を同行させるつもりでした。近衛の側近細川護貞は、「近衛さんは嫌がっていましたね。まあしかし、これはしようがないんだ。陛下がいわれたんだから、まあモスクワへ行くといったのだけどもと言って、すこぶる嫌がっていましたね」と戦後に述べています。昭和天皇は近衛が長男をソビエト国境近くに置いていたのをご存じでしたし、半年前の近衛上奏文で近衛のソビエトや共産主義への造詣の深さを認識していらっしゃいました。この近衛の特使任命は、天皇にとっては「近衛という駒」の使い方の妙であったでしょう。

しかし近衛のモスクワ派遣は、二月のヤルタ会談で対日参戦を決めていたスターリンに事実上拒否され、実施されませんでした。近衛が陸軍中将酒井鎬次の草案をベースに作成しソビエト大使館に伝えていた対ソ交渉案では、国体護持のみを最低の条件とし、すべての海外の領土と琉球諸島・小笠原諸島・北千島を放棄、「やむを得なければ」軍隊の一部を当分現地に残留させることとし、また賠償として労働力を提供（シベリア抑留）することに同意することになっていました。「賠償として労働力を提供」を日本側から言い出しているのです。満洲にいる近衛の長男文隆がどのように扱われると想定していたのでしょうか。

いずれにせよ、近衛にとっては国民も兵隊も、息子ですらすべて駒です。同時に米内海相の親ソと一脈通じています。

尾崎の足音

ここから、昭和研究会や朝飯会の枢要メンバーであり、内閣嘱託でもあった尾崎秀実《ほつみ》を詳しく見ていきます。彼は明治三十四年（一九〇一年）東京で生まれ台湾で育ちました。第一高等学校を経て東京帝国大学法学部を卒業、一高や東大法学部で牛場友彦そしてこの後詳述する松本重治が同級でした。牛場とは高校の三年間同じクラスで親友でした。尾崎は東大大学院時代に共産主義へ傾倒します。大正十五年（一九二六年）、東京朝日新聞社に入社、その後大阪朝日新聞社に転じて昭和二年（一九二七年）十一月、上海支局に赴任しました。上海では中国共産党関係者とのパイプを持ち、アメリカ人女性ジャーナリストで中国共産党と通じアメリカの反日世論を煽るアグネス・スメドレーと濃密な関係になり、国民党の暴露情報などを得ます。尾崎は、ドイツから来たソビエトのスパイ、リヒャト・ゾルゲと会い、スメドレー同様に上海ゾルゲグループの一員となります。尾崎は昭和七年（一九三二年）二月に帰国するまで、支那各地や満洲国で日本軍の動向などの諜報活動を行いました。尾崎が帰国した後の上海での諜報活動の後任は新聞聯合社の記者です。新聞聯合社の上海支局長には松本が就任します。

昭和六年（一九三一年）九月に満洲事変が起こり、昭和七年（一九三二年）四月には中国共産党がソビエト政府名で対日宣戦布告をします。尾崎は大阪本社に戻ります。同年五月末、アメリカ共産党員であった宮城与徳を介して、彼はゾルゲと再会し日本での諜報員になります。ゾルゲはソビエト共産党員であると同時に赤軍の諜報機関たる第四本部の指揮下にありました。赤軍の「中将」級です。

共産主義系列　尾崎秀実

昭和九年（一九三四年）十月、尾崎は東京朝日新聞社に新設された東亜問題調査会に支那専門家として招請されます。『朝日新聞』主筆の緒方竹虎が会長で、大陸経済専門家、政治研究家、外務省情報部員、陸海軍関係者、産業界・文化界代表者、更にソビエト専門家などがメンバーでした。尾崎はこの調査会の主要メンバーとなったことで声価を高め、各界の第一人者に会える立場になりました。翌十年（一九三五年）

夏、尾崎はコミンテルンに正式にメンバー登録されます。

昭和十一年（一九三六年）二月には、牛場の斡旋で、蠟山政道などが近衛を囲む会に加わります。同年八月、尾崎はカリフォルニアで開催されたＩＰＲ第六回ヨセミテ会議の日本代表団に、やはり牛場の斡旋で支那問題専門家として加わりました。オックスフォード大学に留学しＩＰＲの国際事務局員であった牛場は、アメリカに留学中で今回初めて会議に参加した近衛の長男文隆のサポート役でもありました。ヨセミテ会議で尾崎は、元老西園寺公望の孫で外務省の嘱託であった西園寺公一や文隆と互いに心許せる友となります。尾崎と西園寺は往復の船で同室となり、全幅の信頼をおく関係となりました。尾崎はこの会議の準備ペーパー（本書二七一、二七二頁参照）で「中国共産党が抗日戦線統一のため国民党との合作を展望している」ことを発表します。ＩＰＲ自体が、既にロックフェラー財団や国際共産主義勢力のコントロール下にありました。

尾崎は早くから梅津美治郎、武藤章などの陸軍中枢者に働きかけ、信頼関係を築いていました。ゾルゲの武藤との接触も濃かったのです。武藤は昭和十四年（一九三九年）九月に陸軍省の最重要ポストの軍務局長となってから、軍務局長名で陸軍内にゾルゲへの全面的な情報提供を命じています（このため武藤は、ゾルゲのスパイ行為発覚後、昭和十七年四月に近衛師団長に更迭されます）。

陸軍省軍務局や参謀本部は、ゾルゲに対する日本事情の指南役を尾崎に要請します。陸軍は『朝日新聞』経由でも尾崎に同じ要請を行いました。これにより尾崎は、ゾルゲと連れだって歩いても陸軍の意向を知っている人達からは何も不思議がられない立場となります。ゾルゲは、ドイツ大使館と関係が深いナチス系の有能な通信員とみられていました。

昭和十一年（一九三六年）十二月、尾崎は『中央公論』に西安事件に関する予測記事「張学良のクーデターの意義」を寄稿します。

西安事件とは、日本によって満洲を追われた張学良が、蔣介石の対日妥協姿勢に反発し、蔣が共産党掃討作戦の監督に西安へ来た好機に逮捕監禁したクーデター事件です。尾崎は、ＩＰＲのヨセミテ会議前後に入手した情報や「スターリンが蔣の暗殺を望んでいない」という情報をもとに、蔣の生存や抗日統一民族戦線の誕生など西安事件の顚末を正確に予測したのです。

日本として受け入れ難い内容でしたが、予測が的中したことで尾崎の評価は一気に高まりました。この頃、『中央公論』や『文藝春秋』などの座談会で風見は尾崎とよく顔を合わせ、近衛も尾崎の活躍に目を見張ります。

昭和十一年（一九三六年）暮れ、牛場の斡旋で尾崎は近衛と会い、翌年四月に昭和研究会に入ります。風見は昭和研究会内に立ちあげた支那問題研究会の委員に尾崎を就任させ、その後委員長にします。この研究会は三年以上に亘り尾崎の指導下に入り、彼は対支政策立案を指導しました。メンバーはみな共産主義系列です。尾崎は昭和研究会全体の中心的存在にもなっていきます。近衛や風見の尾崎への信任は厚く、日本の中枢情報がソビエトや中国共産党に筒抜けになります。尾崎は十一月から朝飯会にも参画します。

昭和十三年（一九三八年）七月、尾崎は東京朝日新聞を退社し風見や牛場の斡旋で第一次近衛内閣の嘱託となります。主な任務は支那事変に関する調査報告・意見具申と国民再組織への取組みです。尾崎は首相官邸に一室を持ち、隣の牛場秘書官室などへも自由に出入りでき機密情報に日常的に触れていました。尾崎の部屋には首相秘書官のひとりとなっていた近衛の長男文隆も出入りしました。尾崎と近衛や近衛周辺との深い関わりは第三次近衛内閣まで変わりません。尾崎は牛場や岸そして文隆と共に近衛の別荘にも招かれ親交を一層深めます。

昭和十三年（一九三八年）から十四年（一九三九年）にかけて、尾崎の推挙と朝日新聞論説委員の笠信太郎の紹介によって中西功という共産主義者が南満洲鉄道株式会社（満鉄）に在籍していました。中西は満鉄から日本陸軍の中支那方面軍特務部に派遣されます。昭和十三年八月、上海で開催された陸軍特務部の思想対策研究会に、昭和研究会の蠟山政道、昭和研究会の事務局員の酒井三郎、同盟通信上海支局長の松本重治、そして中西たちが参加しました。

ここで支那における日本の傀儡政権の強化が審議されました。このような審議に、蠟山、酒井そして松本が参加したのです。一方で中西は、中国共産党政治局や上海情報部に関係し、南京の日本軍総軍や尾崎から得た近衛の動向などの情報を中国共産党やモスクワに流していました。

昭和十四年（一九三九年）正月の第一次近衛内閣の総辞職直前、尾崎は風見の後援で犬養健と共に「支那研究室」を設立します。風見は設立資金として三、四千円を提供します。いまの貨幣価値で言えば二千万円位でしょうか。尾崎は「支那研究室」で西園寺公一とも連携します。文隆も出入りします。

同年四月、尾崎は、近衛や風見、西園寺、牛場たちと共に、茨城県下に南朝の遺臣北畠親房が神皇正統記を書いたという小田城址への見学旅行をしています。近衛のたっての希望です。近衛グループ一同で第二次近衛内閣に向けての再起を期したのです。

六月、尾崎は、近衛の秘書官であった岸に続いて、満鉄東京支社調査部の高級嘱託となります。以後、ゾルゲ事件で逮捕されるまで勤務します。調査部での尾崎の助手は、日本共産党再建準備委員会にいた伊藤律です。調査部は関東軍の「情報部」機能を担っていました。尾崎は、満鉄を通じて政治・外交・経済に関する多量の情報を入手し、かつ関東軍や支那の日本軍の動静を察知することができました。彼は見識豊かな嘱託として、全ての重要情報を吟味する立場となったのです。

更に約千名に及ぶ調査部職員の内、約三百名が公然または非公然の共産主義者でした。満鉄は調査要員の大増強のため、左翼運動の前歴者も多数採用したのです。彼らは調査部内に自前の組織をつくり尾崎と連携します。ルーズベルト政権下のアメリカ政府機関と似たような状況です。尾崎は近衛グループの汪兆銘工作にも大いに関わり、支那との間を頻繁に往復します。

昭和十四年（一九三九年）初秋、軽井沢の別荘「草亭」で、近衛、尾崎、西園寺、牛場、岸、佐々、松本重治、蠟山政道、笠信太郎の九人が会合をもちました。テーマは「日本の政治は一体どういう形でなされるべきか」です。尾崎は、近衛が再び国民の輿望を担って第二次近衛内閣を成立させるという予測をしていました。

「結局最後の切り札はやはり近衛だよ。……いわゆる東亜新秩序の理念をそのまま社会主義理念に切り換えてゆくつもりなんだ。

むろんソビエトや中国の共産党と緊密な提携の上に立ってだよ、しかし、近衛の力でそれを最後まで仕遂げられるとは、もちろん僕だって思っていない。近衛はね、結局はケレンスキー政権だよ、次の権力のための橋渡しさ。僕は近衛の五人のブレーンの一人になっているんだが、一応はこのケレンスキー政権を支持して、やがて来る真の革命政権のために道を開く」

尾崎は近衛の巨大な野望を読めていません。昭和十五年（一九四〇年）七月、尾崎の見立て通り、近衛に再び大命が降下し第二次近衛内閣が始まります。

昭和十五年（一九四〇年）頃のソビエトは、汪兆銘を中心とする傀儡政権の樹立の動向に高い関心を抱いていました。汪側に対する日本側の交渉委員に犬養健がいました。尾崎は西園寺経由で日華基本条約等の原案を入手し、ゾルゲに渡します。

昭和十六年（一九四一年）二月、荻外荘において、近衛、尾崎、牛場、岸、松本、高木八尺で会合をもちました。テーマは対米問題です。尾崎は、対米問題に絡め、支那問題は「世界史的な規模の上からでなければ」解決できないと述べます。三月には近衛の鎌倉の別邸で、近衛、尾崎、牛場、岸、松本そして加藤外松駐仏大使で会合をもちます。

同年八月、尾崎は満洲で対ソ動員（関東軍特種演習後の状況）の実情調査を行いました。風見はこの時、「目的を遂げるように」と尾崎を励まし、帰朝報告も受けます。風見が内閣書記官長となってからは尾崎は風見から多くの支援を受けます。

尾崎の主な情報源は、風見を筆頭に、朝飯会や昭和研究会のメンバー、近衛の秘書牛場と岸、第二次近衛内閣秘書官長富田健治、犬養健、松本重治、満鉄調査部、朝日新聞社、松本重治の同盟通信社、三井物産情報部門、武藤章を筆頭とする陸軍将校、陸軍記者倶楽部、企画院の新官僚、そしてその他の共産主義者に及んでいました。松岡外相訪欧時の状況や日米交渉などの情報は、外務省や第三次近衛内閣の嘱託であった西園寺から入手できました。

北進・南進の議論たけなわの頃は、陸軍の佐藤賢了軍務課長や石原莞爾中将から見解や貴重な情報を聴取しています。

朝飯会では、尾崎は白洲次郎と波長が合いました。一つ面白いエピソードがあります。尾崎は昭和四年（一九二九年）頃から「白川次郎」というペンネームを使っています。彼の父親が岐阜県白川村出身であり、秀実はその次男なので「白川次郎」としたといいます。「白洲次郎」にこれほど似た名前は他にはないでしょう。

ちなみに尾崎の上司ゾルゲも、自身の情報網を有していました。ゾルゲは有能なナチス系の通信員として、ドイツ大使を始めとするドイツ大使館関係者や、武藤章を始めとする将校、松岡洋右、東郷茂徳、白鳥敏夫を始めとする外交官、中野正剛らの政治家、近衛の側近達から厚く信頼され極秘情報を得ていました。

尾崎秀実が果たした〝歴史的な役割〟は、実は「諜報者」よりも「煽動者」としての役割のほうが重要です。彼は昭和九年（一九三四年）頃から『改造』『中央公論』などの雑誌で、支那問題について数多くの論文を発表しています。盧溝橋事件後は、蔣介石政権を激しく罵倒し、日本人の国民党政府への侮蔑感を形成することに全力を注ぎました。

そして、日本国民と軍そして政府を支那事変「完遂」のために煽ったのです。同時に、支那側には日本に対する巨大な敵愾心を燃やさせました。近衛内閣嘱託という肩書きが付いて以降、影響力は数倍になります。論壇の第一人者として支那事変の全面的拡大と永続化を説いたのです。尾崎の狙いは、中国の共産化、日本の共産化への環境整備、そしてソビエト防衛でした。支那事変を利用して、蔣介石と日本を疲弊させ、更に日本を敗戦必至の対米戦に追いこみ、共産中国および共産日本を建設しようとしました。革命戦士として、尾崎と風見の心は一つです。近衛は尾崎の純真と才能に着目し、さんざん利用します。

『改造』昭和十三年（一九三八年）五月号に掲載された尾崎の論文「長期抗戦の行方」の抜粋を見てみます。

「戦いに感傷は禁物である。目前日本国民が与えられている唯一の道は戦に勝つということだけである。（中略）『前進！前進！』その声は絶えず叫び続けなければなるまい」

「日本が支那と始めたこの民族戦の結末を附けるためには、軍事的能力をあく迄発揮して敵の指導部の中枢を殲滅する以外にない」

「支那を征服した二つの民族戦の場合、元が南宋を亡ぼすのに四十五年、清が明を亡ぼすのに四十六年かかっている」

支那事変は「民族戦争」であり、「敵の王を殺すまで四十年以上を覚悟して聖戦を完遂せよ」というとんでもない煽動です。同じ年、『中央公論』六月号に尾崎が寄稿した「長期戦下の諸問題」と題する論文では、和平への動きを激しく批判します。尾崎は昭和研究会の「支那問題研究会」を「民族部会」と改称した上で風見から責任者の地位を引き継いでいました。この「民族部会」で尾崎は日支和平論を排して漢口攻撃を強硬に主張します。そして漢口は攻撃されたのです。

昭和十四年（一九三九年）六月、有田外務大臣によると、この頃オット駐日ドイツ大使は本国宛電報で「ドイツ大使館が日本の新聞界や政界の主要人物を、適当な方法で動かし、日本の対米悪感情を激化することに努力している」と報告したそうです。「適当な方法」の中にゾルゲや尾崎がいます。

尾崎は昭和十六年（一九四一年）十月十五日にスパイとして検挙されますが、数日後に雑誌『改造』十一月号に「大戦を戦い抜くために」と題する彼の論文が掲載されます。検挙前に寄稿していたのです。結論部分だけを紹介します。

「当局は日本国民を率いて第二次世界大戦を戦い切る、勝ち抜けるという大きな目標に沿うて動揺することなからんことである。日米外交折衝もまたかかる目的のための一経過として役立たしめた場合にのみ意味があるものといひ得る。又今日日本には依然として支那問題を局部的にのみ取扱わんとする見解が存在している。これは世界戦争の最終的解決の日まで片付き得ない性質のものであると観念すべきものであろう。私見では第二次世界大戦は『世界最終戦』であろうとひそかに信じている。この最終戦を戦いぬくために国民を領導することこそ今日以後の戦国政治家の任務であらねばならない」

日本を対米開戦に向けて煽動する強い叫びです。尾崎は九月六日の御前会議の内容も把握していました。近衛は「尾崎は最後に実にいい論文を書いた」とほくそ笑んだことでしょう。

尾崎の考え方や思想を更に知るために検挙後の警察や検察による訊問録を見てみます。訊問は昭和十六年（一九四一年）十月中旬、対米開戦前から行われています。彼は「東亜新秩序社会」の内容および実現シナリオを述べています。

「第二次世界大戦は其の戦争に敗れ或いは疲弊した側から初めて多くの社会主義国家を生み、世界革命を成就するに至るものと思って居ります」「日本は（中略）一時的には軍事的に成功の可能性ありとするも、やがて国内の疲弊行詰りを生じて、遂に内部に社会革命の起る可能性が最も多く其の時期も早ければ昭和十七年上半期か下半期から斯る社会革命への第一歩である日本の転換が現れて来る」――しかし「日本国内の革命的勢力が非常に弱いと云う現実」を踏まえて、「ソ連及資本主義機構を離脱したる日本並に中国共産党が完全にそのヘゲモニーを握った形の支那、此の三民族の緊密な結合を中核として先ず東亜諸民族の民族共同体の確立を目指す」ことが必要。「ソ連との提携援助に付いては幸いにして私が十余年来ゾルゲとの諜報活動を通じてコミンテルン及びソ連邦の有力なる部門と密接に結び付いて居ると云う事実に依って容易であると思って居りましたし、其の場合に於ける支那との提携に付いても充分な自信を持って居った」「アメリカ側は日本が既に支那事変のために疲弊して居るから此の上英米と戦争すると云うことは出来得ないと云う見方あり、然も日本が現に目に見えて必要物資が欠乏して支那事変の解決を焦って居るとすることから日本の政治の上層部が対米協調を希望して幾何その交渉を進めても、日本がその国内外の体面を維持しながらアメリカとの交渉を妥協せしむると云うことの可能性が存在しないとの見透を最初から持って居り、其の私の見解は既に昭和十六年六、七月頃に於いてゾルゲに述べ」た。「時に或いは妥協を見るかも知れないと思う様に動揺したことも無いでもありませんでしたが、結局日米交渉妥結の可能性無しとするのが私の一貫した見解」

このような供述を彼はしていたのです。日米交渉妥結の可能性に心が動揺したとも述べています。日米が戦ってくれないと困るのです。完全に「戦争」を企む側に洗脳された人間です。各国で共産革命を達成し、世界完全計画経済で平和な人類社会を目指す考えです。嗚呼、幻想！

尾崎は昭和十六年（一九四一年）十月十五日、第三次近衛内閣総辞職の前日に、治安維持法違反、軍機保護法違反などの容疑で特別高等警察によって検挙されます。十八日にはゾルゲが検挙されます。尾崎は、近衛のブレーンとして政権中枢に入り、諜報活動を行いつつオピニオンリーダーとして支那事変を煽って拡大させた張本人です。

しかし彼らの役割は日米開戦が既定路線となったところで終わったのです。実際、ゾルゲは、検挙直前に日本での任務は完了したとして、数日後には上海経由でベルリンへ向かうつもりでした。もはや近衛にとって尾崎は不要です。自由に飛びはねられて目立たれても邪魔なだけでした。

なぜなら、近衛のこれから数年間の活動方針は、戦争責任回避と戦争責任転嫁であったからです。尾崎という「戦争しがらみ男」はもはや娑婆にいないほうがよかったのです。尾崎は自宅で検挙されました。このとき尾崎夫人はとり乱しながらもすぐに近衛の秘書官岸道三に電話をして「どうなっているのですか⁉」と問い糺します。

更に昭和十七年（一九四二年）三月から四月にかけて、関係者の参考人取り調べと検挙が行われました。尾崎の親友でやはり近衛内閣嘱託であった西園寺公一、尾崎の親友で衆議院議員にして汪兆銘政府の財政顧問の犬養健のほか、尾崎と同期入社の『朝日新聞』政治経済部長田中慎次郎や陸軍省詰め記者も、尾崎の情報源として検挙されます。田中も共産主義者でした。戦後の朝日新聞の路線に影響を与える人物です。元内大臣の牧野伸顕は、近衛に「明治始まって以来今日まで、赤が内閣の門内にまで入っていたということは絶対にない。これでは外国も日本を馬鹿にする。陛下のご親任ある近衛としては反省すべきだ」と伝えています。

これに対して近衛は彼一流のおとぼけで逃げます。けれども「ゾルゲ事件」の捜査が進むにつれ、「近衛」の名がしばしば現れるようになってきました。近衛は内務省に顔がきく平沼騏一郎に「近衛」の名が表にでる前に消すように働きかけます。出廷の必要がないと決まった時、近衛は珍しいほど喜びました。社会的な影響の大きさから、ゾルゲ事件が公表されたのは検挙が終息した後、昭和十七年（一九四二年）五月になってからです。昭和十九年（一九四四年）十一月七日、尾崎はゾルゲと共に巣鴨拘置所で絞首刑となりました。この日は二人の「祖国ソビエト」の革命記念日です。この日スターリンは「日本は侵略者」と演説します。ソビエトが対日侵攻に向けての意思を「示唆」したのです。

松本と白洲の影

近衛を語るとき、松本重治ははずせません。

彼は明治三十二年（一八九九年）大阪市に生まれました。阪堺電鉄（現在の南海電鉄）の創業者で関西財界の重鎮であった松本重太郎を父方の祖父に、元老松方正義を母方の祖父に持つ名家の出身です。母方の関係から西園寺公一、木戸幸一、原田熊雄などと縁続きです。西園寺とは子供の頃からの付き合いがあります。牛場友彦とも親類関係にあります。

松本はキリスト教徒で、内大臣牧野伸顕と同じクエーカー教徒です。神戸一中を卒業していす。一中では白洲次郎が後輩です。第一高等学校に入学し、ボート部仲間に親類の牛場友彦、同

国際金融資本系列　松本重治

じ寮に尾崎秀実がいました。高校卒業後、彼は、牛場、尾崎と共に東京帝国大学法学部に進みます。

　彼はその後大学院に進み、そこで蠟山政道と知り合いになりました。大正十三年（一九二四年）からはエール大学に二年間留学し、ニューヨークの日本総領事宅で鶴見祐輔と出会います。鶴見祐輔は太平洋問題調査会（ＩＰＲ）の日本側の中心人物です。松本は鶴見の縁で、歴史家のチャールズ・ビーアドと対面し「日米間の中心問題は中国（支那）」と気づかされます。ビーアドは日本とも馴染みが深い存在で、東京市政に関する顧問になっていました。松本はこの時期にロックフェラー邸にも訪問しています。ニューヨーク郊外ポカンティコ・ヒルズにある邸宅は、四百万坪を超える広大なものです。近衛邸どころではありません。ロックフェラー家の日本への関心は高く、松本は日本における見どころのある人材として歓迎されたことでしょう。次代を担う若きジョン・Ｄ・ロックフェラー三世と年齢が近く「パートナー」としてもうってつけです。松本のほうはロックフェラー家の富の大きさ、国際的な影響力に驚嘆していたはずです。ロックフェラー家は彼をＩＰＲを通じて支援し、日本におけるキーマンとして育てていくことにしたと考えても不思議ではありません。

　なぜなら、松本の帰国後、いきなり日本ＩＰＲ（太平洋問題調査会）の幹部たちが彼の後見人役として待ち構えていたのです。

帰国後に斡旋された仕事も、ロックフェラー財団関係者による寄附講座の助手でした。ロックフェラー邸への訪問で、彼はジョン・D・ロックフェラー三世本人と面識を持った可能性もあります。ニューヨークの燦々と輝く太陽の光は松本にとって輝かしい将来を約束しているかのようだったでしょう。彼はロックフェラー家の手足となったのです。

ジョン・D・ロックフェラー三世は、一九〇六年（明治三十九年）ニューヨークに生まれました。ジョン・D・ロックフェラー二世の長男で、一九七八年にニューヨーク郊外の自宅近くで交通事故死するまで、ロックフェラー家第三代当主でした。ちなみに彼の死後は末弟で五男のデイヴィッドが当主を名乗ります。三世の後を襲ったデイヴィッドは、二〇一七年（平成二十九年）三月に百一歳の天寿を全うしました。

ジョン・D・ロックフェラー三世

ジョン・D・ロックフェラー三世は、プリンストン大学を卒業後、ジェイムズ・マクドナルド外交政策協会会長とエドワード・カーターIPR国際事務局長（事務総長）を従えて、ヨーロッパとアジアへ四カ月に亘る視察旅行に出ました。出発前にはワシントンで訪問予定国の駐米大使らに会い、各国で会うべきキーマンの紹介を受けます。この視察旅行は彼の世界舞台へのデビューでした。仕上げはIPR京都会議への出席です。マクドナルドは太平洋会議アメリカ代表団のメンバーでもありました。ロックフェラー家は日本に着目していました。ジョン・D・ロックフェラー三世は「ミスター・ジャパン」とも呼ばれる程の知日家になります。彼はこの会議で松本重治と意気投合し、生涯の付き合いが始まったと言います。彼が蠟山政道、前田多門、鶴見祐輔、高木八尺たちと知り合ったのもこの会議です。樺山愛輔とは旧知でした。

この会議の前後、彼は日本各地を広く旅行し友好的なもてなしを受けました。天皇の園遊会にも招待されています。のちに白洲次郎の妻となる樺山愛輔の娘正子も園遊会で一緒でした。

ジョン・D・ロックフェラー三世は帰国の翌日、ファミリー・オフィスへのデビューを宣する記者会見を行いました。彼は、外交問題評議会やIPRなどを通じて東アジアに大きく関与していきます。終戦後の昭和二十二年（一九四七年）には、内戦中の中国を始めアジア各国を訪問し、東京ではダグラス・マッカーサーと懇談します。

昭和二十六年（一九五一年）、彼はロックフェラー財団の理事を長く務め理事長にもなった対日講和使節団長ジョン・フォスター・ダレス国務長官と共に来日、日本の各界指導者たちに助言をします。松本たちには財団法人国際文化会館（インターナショナル・ハウス・オブ・ジャパン）の設立に取り組ませます。彼は昭和二十七年（一九五二年）から昭和四十六年（一九七一年）までの十九年間に亘りロックフェラー財団の理事長を務めます。昭和三十年（一九五五年）には彼は松本の計らいで出光興産創業者出光佐三の軽井沢の別荘にひと夏滞在し、白洲、蠟山たちと共に過ごします。

ちなみに、彼の長男ジョン・D・ロックフェラー四世は、設立後まもない日本の国際基督教大学に留学します。彼らは日本との関わりが極めて深いのです。

さて、松本はロックフェラー邸を訪問した後、イギリスを始めヨーロッパの大学を巡り、昭和二年（一九二七年）に帰国しました。イギリスでは牛場と出会ったようです。帰国すると、鶴見祐輔、アメリカ研究の泰斗で東大法学部教授の高木八尺、そして国際労働機関日本政府代表で後の『朝日新聞』論説委員前田多門たちの錚々たる顔ぶれが松本の後見人役となっていました。全員がIPRの日本IPRの幹部です。ロックフェラーの計らいでしょう。松本は生涯の師と仰ぐ高木教授が担当する東京帝国大学「米国憲法・歴史及び外交講座」（通称ヘボン講座）の研究助手になります。この講座はチェース・ナショナル銀行会長でロックフェラー財団創設時の理事であったバートン・ヘップバーンによる寄附講座でした。何から何までロックフェラーです。

松本は「ジャーナリスト」を志望していました。関心領域は日米関係と支那問題です。昭和四年（一九二九年）、彼は京都の都ホテルで開かれたIPRの第三回京都会議に事務局書記として参加します。京都会議では「満洲は支那の固有領土である」と主張する中国（支那）代表団の燕京大学教授と、日本代表団の松岡洋右たちの間で激しい応酬がありました。既述のように、この京都会議にはジョン・D・ロックフェラー三世が二十三歳の時に参加していましたが、その時三十一歳の松本とは「ジョン」「シゲ」と呼び合う、自他共に認める非常に親しい間柄になったと言います。京都会議には白洲もいて、イギリス代表団を応対します。都ホテルで会議とは別に、松本は白洲と貴族院議員樺山愛輔の娘正子を引き合わせ、仲人役を演じました。二人は程なく結婚します。

昭和五年（一九三〇年）、松本は蠟山や牛場たちと共に共産主義の「東京政治経済研究所」を虎ノ門に設立しました。松本、蠟山そして牛場を結び付け、彼らの生涯の闘争の出発点となった研究所です。松本たちは満洲問題に関して支那の主張を重視し、「日本の承認による独立国家としての『満洲国』は認めず、支那に満洲の宗主権を与え、満洲を高度の自治国家にする」等の日本の国益を損なう提案「秘　満洲問題解決案」をリットン調査団などに提出します。

昭和六年（一九三一年）、ＩＰＲ第四回上海・杭州会議に、松本はいよいよ代表団のひとりとして参加します。上海・杭州会議は、満洲事変勃発直後の緊張の中で行われた会議です。彼は会議の最終日に会議を自己批判して米英代表たちから高い評価を受けました。松本たちは一貫して満洲国建国や石原莞爾の事跡を否定します。また松本は、この会議で反日的な中国（支那）代表たちとの人脈を築くことに成功します。更に彼は、イギリス代表団のライオネル・カーティスからロイター通信極東総支配人クリストファー・チャンセラーを紹介され、生涯の友となります。カーティスは王立国際問題研究所の創設者で、王立国際問題研究所内にＩＰＲ委員会を設置し、ＩＰＲの活動に影響力を行使しました。

のちにロイター社長となるチャンセラーは、この後登場するジャーディン・マセソン商会のケズウィック兄弟とも親しいのです。チャンセラーの父親は王立国際問題研究所ＩＰＲ委員会に所属し、イギリスＩＰＲ議長も務めています。松本はイギリスの国際主義者人脈にも確実に組み込まれます。

昭和七年（一九三二年）、松本は太平洋会議で懇意になった岩永裕吉に誘われて、岩永が専務理事の新聞聯合社に入社します。新聞聯合社は当時、電通と並ぶ日本の国際通信会社でした。松本はロイター上海オフィスを間借りした新聞聯合社上海支局の支局長として赴任します。同時に、日本政府や軍の対外広報機関「プレス・ユニオン」の専務理事も兼任します。政府や軍筋にも食い込んでの、松本の六年間の「上海時代」が始まります。松本は上海で、チャンセラーの紹介により超大物イギリス人ジャーディン・マセソン商会のケズウィック兄弟と親しくなります。

ジャーディン・マセソン商会とは、インドのカルカッタを起点に、香港、厦門《アモイ》、上海、横浜にまたがる極東貿易、特に清へのアヘンの密輸入とイギリスへの茶の輸出に長年覇を唱えた会社で、ケズウィック一家が支配していました（その背後にはロスチャイルドがいます）。ケズウィック兄弟の祖父ウィリアムは、幕末に横浜居留地に支店「英一番館」を開き、伊藤博文・井上馨たち、いわゆる「長州ファイブ」のイギリス留学を世話したり、配下のトーマス・グラバーが坂本竜馬を通じて薩長に武器を供給したりと、明治維新の立役者でした。松本はケズウィック兄弟たちの力添えにより、イギリス人を主体にＶＩＰが集う「上海クラブ」に入会します。松本は、イギリス政府への情報提供やイギリスの支那事業家への利益供与で活躍します。スパイ活動ぎりぎりの線です。

松本は戦後、ジャーディン・マセソン商会の顧問弁護士に就任します。彼はロックフェラー系でもありロスチャイルド系でもあるのです。松本は上海でイギリス大使やこの後南京事件を喧伝することになる『マンチェスター・ガーディアン』紙のティムパーレーなどとも親しくなりました。松本は早くから多くのイギリス人仲間と「日本軍が長城を越えて北支（支那）へ進出するだろう」と予想しています。

松本が樺山正子との結婚を仲介した白洲次郎は、ケズウィック兄弟の三男ジョンととりわけ親しい間柄でした。近衛を語るときに白洲も欠かせません。

白洲次郎の祖父退蔵は、横浜正金銀行の創設に関わり頭取となっています。クリスチャンです。ケズウィック家と親しい香港上海銀行の協力を得た経緯から、彼とケズウィック家との付き合いが始まりました。彼は神戸周辺の不動産投資で莫大な財を成します。退蔵の長男、すなわち白洲の父文平もクリスチャンであり、ハーバード大学とボン大学に留学しています。

文平は留学中にのちに次郎の義父となる樺山愛輔とも会っています。樺山愛輔は海軍大将樺山資紀の長男で、アマースト大学に留学後、ロイターと提携して国際通信社を起こすなど実業家として活躍し、貴族院議員でもありました。文平は帰国後、ジャーディン・マセソン商会の支援で投資会社白洲商店を起こします。次郎は神戸生まれで、牛場友彦とは幼馴染み、「トモ」「ジロー」と呼び合う仲です。次郎は大正八年（一九一九年）に神戸一中を卒業後、高校や大学を経ずにケンブリッジ大学に聴講生として留学したといいます。九年以上のイギリス生活で自動車に耽溺し、ジブラルタル海峡まで運転旅行をしたという話はよく知られています。

昭和三年（一九二八年）、次郎は父の経営する白洲商店が昭和恐慌の煽りで倒産したために留学を中止し帰国します。昭和四年（一九二九年）、英字新聞『ジャパン・アドバタイザー』の記者となり、忘れていた日本語の勉強をしたようです。この年、彼はＩＰＲ第三回京都会議に参加しました。先述の如くその際、都ホテルで松本によって樺山愛輔の娘正子と引き合わされ、結婚することになります。彼は『ジャパン・アドバタイザー』在籍後、破格の待遇でセール・フレイザー商会に勤務した上で、昭和十二年（一九三七年）に日本食糧工業（のちの日本水産）の取締役となります。セール・フレイザー商会のオーナーのセール一族は、ロンドンが拠点の国際金融資本家です。当主のチャールズ・セールはロンドンのジャパン・ソサエティの副会長でした。会長は吉田茂駐英大使です。セール・フレイザー商会のバックにはジャーディン・マセソン商会がいると言われ、ジャーディン・マセソン商会の背後には、前述しましたがロスチャイルドがいました。昭和十二年（一九三七年）から十四年（一九三九年）頃、白洲は日本水産に取締役として籍を置きつつ近衛のブレーンとなります。かつ海外出張が多く、ロンドンでは吉田茂大使がいる日本大使館を定宿としました。吉田が許可していたのです。

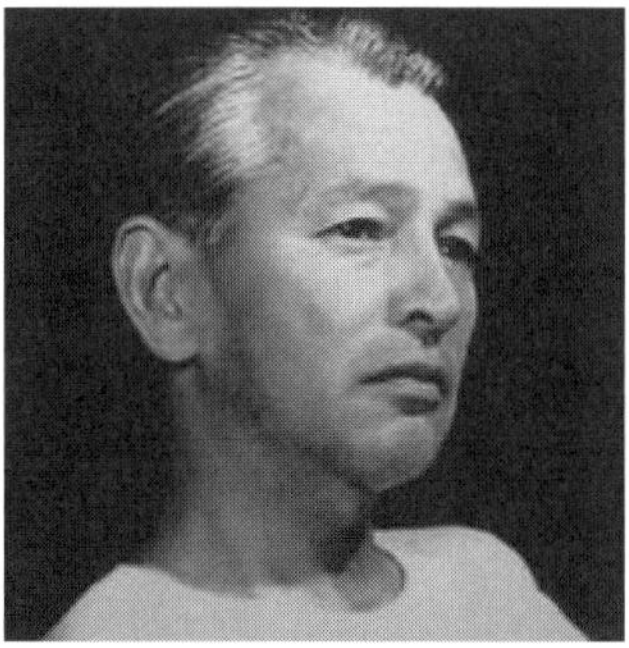

国際金融資本系列　白洲次郎

吉田茂についても触れます。

吉田の養父健三が鍵です。健三は幕末にイギリス軍艦で密航して、二年間イギリスで西洋の新知識を習得し、明治元年に帰国しました。ウィリアム・ケズウィックが率いるジャーディン・マセソン商会横浜支店（「英一番館」）の支店長に就任し、日本政府相手の取引でめざましい業績をあげました。その後実業家として独立して成功を収め、横浜有数の富豪となります。健三は自由民権運動と国会開設運動の牙城、東京日日新聞への経営参画を通じて、板垣退助、後藤象二郎、竹内綱たち自由党メンバーとの関係を深め、同党を経済的に支援しました。特に竹内とは昵《じっ》懇《こん》になり、明治十四年（一八八一年）に竹内の五男「茂」を養嗣子《ようしし》としました。これが吉田茂です。

しかし健三は四十歳の若さで亡くなります。十一歳の茂は莫大な遺産を相続しました。

このように、吉田も松本や白洲と同様にケズウィック家と深い関係でした。ケズウィックを中心に吉田、松本、白洲という繋がりができていたのです。

だから白洲は、イギリスで吉田茂がいる日本大使館を自分の定宿にすることができたのです。白洲は吉田と近かっただけでなく、幼馴染の牛場の紹介で近衛のブレーンにもなりました。更に白洲は朝飯会などを通じて、尾崎秀実、西園寺公一などと気心知れた仲となります。白洲ととりわけ親しかったケズウィック兄弟の三男ジョンは、ロンドンに拠点を置くハンブローズ銀行の会長であり、かつイギリスが支那に送った情報省極東局のトップにして大物工作員でした。

話を松本重治に戻します。昭和十年（一九三五年）に、彼はケズウィックの紹介で支那の幣制改革のためイギリスから上海に来たリース・ロスと面談し、密な情報提供を行います。ケズウィックはこの時リース・ロスに「日本側の意向を知りたければ松本に会うべき」と伝えています。松本はリース・ロスに日本陸軍武官などとの会見の便宜をはかります。松本は日本大使館に毎日顔を出して大使や情報部長と昵懇になり、外務省本省との極秘電報まで把握させて貰っていました。

昭和十一年（一九三六年）一月、新聞聯合社と日本放送協会とで世界に伍するために同盟通信社が設立され、半年後に日本電報通信社（電通）を吸収合併しました。

松本は、この年十二月十二日に起こった西安事件を独占スクープして世界に発信します。「抗日統一戦線」の結成を要求する張学良が蔣介石を監禁したクーデター事件です。彼のスクープは、支那の要人・ジャーナリストたちとの深い交流の賜物でした。彼の名声は一気に世界で高まりました。

しかし不思議なことに、彼はこの事件が起きる五日前に「蔣介石は中国共産党の提言を受け入れ抗日統一戦線の結成を応諾するだろう」との観測電報を本社に送っていたのです。尾崎からの情報かも知れません。毛沢東を世界に喧伝したエドガー・スノーと松本は、西安事件の性格と中国共産党の将来について意気投合していました。周知の通り、日支関係はこの西安事件によって大きく変わります。尾崎の予測記事が大反響を呼んだことは前述しました。

イギリスの本格的な蔣介石支援の契機も西安事件でした。それまでの中英関係は、基本的には敵対関係でした。昭和二年（一九二七年）に蔣介石政権が、漢口、九江のイギリス租界を実力によって回収して以来の英貨排斥が続いていたのです。

ところが西安事件に際して、イギリスが蔣介石の生命を保障する国際的な動きのイニシアチブをとったことから、中英関係は劇的に好転しました。中国はアヘン戦争以来ほとんど初めて親英的となったのです。親英的となった中国は、昭和十三年(一九三八年)一月には日本が参加していた四国借款団を無視する形で、イギリスに対して借款を申し入れて対英関係をどんどん改善したのです。

一方、昭和十三年(一九三八年)秋の日本軍による漢口攻略後、イギリスは対日関係に見切りをつけます。昭和十四年(一九三九年)一月にはワシントンのイギリス大使館において英米首脳が会談し、「中国の通貨システムが日本軍によって崩壊の危機に晒されている」との認識で一致しました。その認識に立ってイギリスは、三月以降に法幣安定基金設置法案を成立させて中国通貨安定のために六千万ポンドを拠出、昭和十五年(一九四〇年)にはアメリカも二千五百万ドルを拠出しました。このように、英米両国は蔣介石政権への金融支援を行い、武器援助も本格化させていくのです。英米中による対日包囲網です。

さて、昭和十二年(一九三七年)八月の第二次上海事変勃発後、松本は岩永社長に命じられて一時帰国し、近衛首相に支那事情を説明する機会を与えられました。以後、松本は近衛と四十回近くも会い、近衛が「自分が心を許せる人間のひとりは松本だ」と言う程の信頼を得ます。松本の内外の人脈、特に「外」の人脈のなせる業でもあったでしょう。彼は八年後、近衛の死に隣室で臨みます。

ところで、支那事変中の日支間の和平工作では複数のルートが錯綜します。

本書では、紙幅の都合でその中で最も本格的な和平工作であったと言われる宇垣・孔工作を取り上げ、近衛グループによる汪兆銘工作がそれをはじき飛ばしていく過程を見ていきます。宇垣一成は昭和十三年（一九三八年）五月に、日支和平に並々ならぬ熱意を持って外相に就任しました。支那情勢が一向に好転しないため、近衛首相は昭和天皇の御心配を付度して、事態打開をめざすと称して内閣を改造したのです。宇垣は「国民政府（蔣介石政権）を相手にせず云々に深く拘泥せず」という入閣条件を近衛に提示して、その了解を得て就任したのです。少なくとも宇垣はそう理解しました。

なお、近衛は六月には陸相の更迭も進め、杉山元を板垣征四郎に替えます。かつて宇垣の組閣を妨害した陸軍が宇垣の入閣を認めた上、前例のない首相の意向による陸相の更迭を許すほどに「扇の要」の近衛の威力は大きかったのです。陸軍のルールとして陸相人事の決定には陸軍三長官（陸相・参謀総長・教育総監）の意見の一致が必要なはずですが、この杉山陸相の更迭は、近衛が希望し、昭和天皇がそれを閑院宮参謀総長に伝え、同じく皇族軍人の梨本宮が杉山に圧力をかけることで実現しています。フーバーは公家政治（政府）が軍を圧倒していたことを知りませんでした。板垣は和平に前向きな姿勢を示していたものの政治経験に乏しく、支那にとっても満洲事変の推進者のイメージが強烈であり、事態打開の切り札とならないことは始めから見えていました。だから良かったのです。陸相更迭も天皇を忖度しての近衛のポーズですから。

ここで茅野長知《かやのながとも》翁という人物が登場します。茅野（「萱野」とも表記）は孫文の革命に協力し、蔣介石以下国民党首脳部と親しい間柄でした。彼は昭和十二年（一九三七年）十月、支那派遣軍司令官松井石根大将の要請により和平工作を始めます。

一方、時を同じくして松本重治たちは別の工作を始め、昭和十三年（一九三八年）二月に国民政府外交部日本科長の董道寧《とうどうねい》を訪日させます。董を陸軍参謀本部多田次長や影佐禎昭第八課長（謀略課）と会わせ、参謀本部の和平の意向を確認させます。三月、茅野のほうは国民政府の孔行政院長側と上海で会見し、茅野側は満洲国の独立承認と内蒙における日本の立場の承認を和平条件としました。国民政府側の条件は日本軍の全面撤兵です。この日本軍撤兵については、日本側が原則的に承認するならば、実際の撤退の時期・方法等の処置は日本側の希望もいれて協議する用意があるというものです。日本の現地軍はこの交渉に賛成でした。そこで茅野は東京で、板垣陸相、近衛首相、そして宇垣外相と会談します。孔行政院長ルートの和平工作に進展の兆がみえました。六月十七日上海へ戻った茅野は松本重治にこの和平工作の経緯を話します。松本が近衛首相と近しいと聞いていたからでした。

一方の松本は、自らの工作の動きは茅野には話しません。茅野はのちに松本と会談したことを後悔します。茅野の工作は日支の和平への流れの上で欠かすことが出来ないものですが、松本は茅野との会談について、その詳細を極める回顧録の中でも触れていません。不自然です。茅野の働きにより、六月二十三日、孔の使者と中村香港総領事との間で折衝が始まります。蔣介石の下野については受け入れられませんが、宇垣や茅野を始めとする日本側は基本的に「国民政府を『対手とする』」ことを前提としていたので、日支和平への可能性は開けていました。参謀本部の意向にも沿っています。

七月五日、先に参謀本部を訪問した董道寧の上司、国民政府外交部亜州司長の高宗武《こうそうぶ》を、松本が秘かに訪日させることに成功します。高は、日本の撤兵声明に呼応して汪兆銘を日支和平のために国民政府から離れた第三勢力として立ち上がらせるという構想を持っていました。高構想は、基本的に「国民政府を相手とする」宇垣・孔工作と違って、蔣政権を否認した近衛にとっては政策思想を大きく変更しないで済むものでした。高は、板垣陸相、米内海相、多田参謀次長、犬養健、西園寺公一、岩永裕吉と会談します。宇垣外相とは会いません。この時点から茅野による孔ルート工作は中断し、松本たち近衛グループの工作が前面に出ます。近衛の意を受けた松本が、茅野を裏切る形で密かに画策した成果です。松本は「日本軍が漢口、長沙を取り西安もやるそうだから、十二回重慶の空襲を試み、恐怖のドン底に陥れた後なら相当の見込みがあるだろう。自分は近く日本に帰り、このラインに添った運動を試みるつもりである」と工作に協力していた『朝日新聞』関係者に語っています。しかし九月に松本は腸チフスにかかり入院、工作は一時中断します。

茅野の孔工作は再開され、九月二十日、遂に孔・宇垣外相会談の打診が支那側から来ます。宇垣は会談の件を五相会議に諮った上で天皇に上奏し承認を賜ったのでした。日支和平へのドアが開きました。

ところが、九月二十九日、宇垣は突如辞表を出します。外務省の対支外交を権限縮小に導く性急な興亜院問題で躓かされたのです。宇垣は四カ月間の短命外相に終わります。このとき「宇垣の首相を狙う野心」なるものが各所に喧伝され、宇垣に不利に形勢が動いたのです。世上の評判をうまく使うやり方は公家流です。宇垣は随所で嵌められ、天皇の心証も最悪のものにされました。宇垣は近衛に請われて外相に就任したのですが、近衛に約束を反故にされた上に梯子をはずされ裏切られたと述べています。

こうして、「蔣介石政権相手にせず」のいわゆる第一次近衛声明後に試みられた最も本格的な和平工作、宇垣・孔工作は幕を閉じたのです。

松本の工作は、尾崎、西園寺、犬養、影佐たちに支援され、汪兆銘引き出し工作として展開します。松本、尾崎、西園寺、犬養たちは近衛を中心とする仲間であり、国際金融資本系列あるいは共産主義者である者たちで構成された近衛グループと言えます。汪兆銘工作たけなわの頃、松本と西園寺が上海・香港間の船中で「キンちゃん、シゲちゃん」と親しく呼び合う様子が目撃されています。

十月二十七日、漢口が陥落、国民政府は重慶に移り長期戦態勢に入ります。十一月三日の近衛による東亜新秩序宣言（第二次近衛声明）は、国民政府といえども「従来の政策と人的構成とをあらためため、まったく生まれ変わりたる一政権として、支那再建に来たり投ずるにおいては、日本はもとよりこれを拒むものでない」とし、暗に新政権工作を仄《ほの》めかします。「東亜新秩序」という言葉も特徴的です。「新秩序」（New Order）という言葉は、ヒトラーの「ヨーロッパ新秩序」に倣《なら》ったと言われますが、New World Orderという言葉は第一次世界大戦後から英米の政治家によって多用されていました。国際連盟設立とベルサイユ体制構築などによる新世界秩序を指して、アメリカのウィルソン大統領が使っています。New World Orderは、国際金融資本家の世界戦略を表しているとも言われます。

汪兆銘引き出し工作は進展し、十二月十八日、汪たちは遂に重慶を脱出、二十日にハノイに着きました。しかし汪の期待に反して、西南地域の軍実力者たちは同調しませんでした。十二月二十二日、汪の脱出に応える形で発表したのが、善隣友好、共同防共、経済提携の近衛三原則声明（第三次近衛声明）です。

要点は「国民政府の徹底武力掃蕩を期すると共に、支那における同憂具眼の士と携えて、東亜新秩序の建設に向って邁進」「日満支三国は東亜新秩序の建設を協同の目的として結合し、相互に善隣友好、共同防共、経済提携の実を挙げん」「日本の支那に求めるものが、区々たる領土にあらず、又戦費の賠償に非ざることは明らかである。日本は実に支那が新秩序建設の分担者としての職能を実行するに必要なる最小限度の保証を要求する」です。

この声明は汪にとって打撃でした。汪と日本側の事前密約の柱であった「日本軍の撤兵」に触れていなかったのです。それでも汪はコメントを発表し、内外に広く「和平反共救国」を訴えます。蔣政権は直ちに汪を国民党から永久除名し逮捕命令を発しました。工作の中心であった近衛は、昭和十四年（一九三九年）正月にいち早く首相を辞任してしまいます。支那問題をこじらせ最早引き返せないようにして逃げたのです。真の和平運動を潰すことを企図した近衛、そして国際金融資本系列や国際共産主義系列の者達が集った近衛グループの勝利です。

さて、汪グループの一員の高が、汪政権の「傀儡性」を懸念してと称して、昭和十五年（一九四〇年）三月の汪兆銘南京政権樹立の直前に逃亡しました。そして逃亡の際、汪政権構想に関わる日本側の内約原案を国民党系新聞で暴露し、汪側にショックを与えました。高は汪との訣別後、蔣介石政権の駐米大使胡適を頼ってアメリカに渡り、「株式投資に成功」して悠々自適となったそうです。松本は戦後、高をワシントンに何度も訪ね旧交を暖めます。

昭和十三年（一九三八年）暮、松本は六年間の上海時代を終えて東京に戻り、翌年編集局長に就任します。その後、彼はアメリカ向け謀略放送に携わります。ちなみに終戦後、松本は同盟通信社を退職し、近衛の憲法改正作業を助け、また言論雑誌の「民報」社を設立します。この頃、ジョン・ケズウィックが終戦連絡中央事務局次長となっていた白洲を通して、松本を手厚く資金援助します。

また松本は白洲から吉田茂外相を紹介され、以後吉田を助けます。松本は公職追放処分解除後にアメリカ学会を創設して会長となり、更にジョン・D・ロックフェラー三世の意を受けて財団法人国際文化会館（麻布鳥居坂）の設立に奔走し、その専務理事、のちに理事長となります。世界的な知識人を招待し、文化交流を行う民間機関です。松本は家族共々、会館に住みます。松本の戦争中の働きは評価され、三世の彼に寄せる信頼感はより強くなっていました。彼には、吉田茂、鳩山一郎、池田勇人から外務大臣、駐米大使、駐英大使、国連大使への就任要請がありましたがすべて断ります。表立つことができなかったのでしょう。

牛場友彦の牙城

ここで牛場友彦の出身母体であり、松本、尾崎、白洲、西園寺、蠟山そして近衛の長男文隆などが関わるＩＰＲを改めて取り上げます。ＩＰＲがロックフェラー財団の下で国際共産主義者の牙城となっていたことは既に述べました。カーター国際事務局長（事務総長）は組織をあげてスターリンの粛清を弁護し、訪ソ時にはアメリカの駐ソ大使を遥かに上回る歓待をされます。彼の下で国際事務局にいたのが牛場友彦で、とても高い評価を受けていました。再び第三回京都会議から太平洋会議を詳しく見ていきます。

太平洋問題調査会資料　大連・満洲と「日本がロシアから奪った大連・満洲」の記載

第三回京都会議（昭和四年［一九二九年］秋・日本）：ソビエト・フランス・オランダ・メキシコの四カ国がオブザーバーとして新たに参加しました。二十三歳のジョン・Ｄ・ロックフェラー三世が出席しました。彼はＩＰＲの京都会議に参加することで、生涯に亘る国際関係へのコミットメントを開始し東アジア情勢にも大きく関わり始めます。外務省は、アメリカ政府への影響力が大きい彼に特別な宿泊先を手配するなどの厚遇を試みます。アメリカ代表団団長は、ロックフェラー財団の設立に深く関わったアメリカIPR理事長ジェローム・グリーンです。彼は日本生まれで、父は宣教師として来日し、同志社で聖書を教えていました。この会議への日本の参加者は四十八名、アメリカからも四十五名とほぼ同数でした。アメリカ代表団には一年前に締結された不戦条約の専門家や国際連盟の満洲事変に関するリットン報告書の実質的な執筆者が含まれていました。ちなみに参加者の職業は大学教授が最多で次が実業家でした。日本代表団は、新渡戸稲造団長のほか、松岡洋右（南満洲鉄道副総裁）、前田多門（東京朝日新聞論説委員）、高木八尺（東京帝国大学法学部教授）、岩永裕吉（新聞聯合社専務理事）そして蠟山政道などでした。日本側は国内初の大規模国際会議開催に張り切り、外務省も支援して様々な日本紹介イベントを催しました。会議の主要テーマは満洲問題でした。アメリカ系の燕京大学教授徐たちを中心とする中国（支那）代表団が「満洲は支那の固有領土である」と満洲権益の回収を主張したため、条約の根拠やソビエトの脅威を主張した松岡洋右たちを中心とする日本代表団との間で激しい応酬となりました。結局、松岡が過去のロシアによる満洲支配の経緯を詳述することで徐を論破し「日本の満洲統治には相応の根拠がある」ことを印象付けます。

事前に各国参加者に、満洲の治安の良さと経済発展ぶりを一等列車乗り放題で視察させたことも効を奏しました。IPRの公式資料にも、「日本がロシアから奪った大連・満洲」という記述があることが確認できます。

中国代表団が日本の征服主義を謳う「田中上奏文」なる文書を京都会議に出そうとしているとの情報を日本政府は掴んでいました。外務省はこの文書に誤りを見出していて、会議で「偽書である」と暴露する予定でした。

結局、日本ＩＰＲ委員のひとりがこの情報を中国ＩＰＲ側に伝えたため、中国代表団は提出を見合わせます。更に京都会議の日本の代表ステートメントにおいて事件が起きました。日本代表団の主張と全く異なる反日的ステートメントが印刷され各国代表団に配られたのです。「日本は高圧的で残酷で大陸を侵略するという過ちを犯している」「内地でも自由主義人が攻撃され、マルクス主義が禁制となり、進歩・自由に悖《もと》っている」と日本の外交内政を糾弾するものでした。ジョン・Ｄ・ロックフェラー三世たち国際主義者達は大いに満足します。この事件には蠟山政道と松本重治たちが加担していたと思われます。蠟山は日本ＩＰＲ理事にして満洲問題特別研究委員会主査でしたが、会議前に満洲問題に関する情報を中国側の研究者に供与していたことが発覚し報道されました。外務省は彼を呼んで注意指導し、京都会議の成り行きに神経を尖らせていたのです。松本は事務局（書記）として参加していました。松本はこの会議でジョン・Ｄ・ロックフェラー三世と感動的な再会を果たし、カーターとも親交を深めます。会議には白洲次郎もいました。会議後に松本、蠟山、白洲などが加わり、非公式の日支懇談会が行われています。

第四回杭州・上海会議（昭和六年［一九三一年］秋・支那）：満洲事変勃発から一カ月後、日本への抗議の意味で中国側が開催に反対しましたが何とか開かれました。

但し安全上、会場は杭州から上海の国際共同租界内に変更されました。満洲問題では火花が散ります。日本代表団団長の新渡戸は、「一国の利己心から離れて科学的な態度で普遍的な真理を導き出す」べきとの会議の理想を掲げました。

しかし会議は国益と国益のぶつかり合いとなります。中国IPRのキリスト教青年会主事が、日本の満洲での行動を虚言を弄して攻撃し、謝罪文を出す一幕もありました。日本代表団は、満鉄調査部などによる万全の準備を基に、満洲事変に至った責任は支那側にあり「日本の行為は止むを得ない自衛上の措置であった」と冷静に主張しました。

けれども米英の代表団は日本を批判、日本代表団のひとり、松本重治は会議を自己批判し、米英の代表達から高い評価を得ます。なお、杭州で開かれた中央理事会では、まだ正式には太平洋会議に参加したことが無く「非政府性」にも問題があるのに、ソビエトを正式メンバーと見做すと決定をしています。ソビエト偏重です。

第五回バンフ会議（昭和八年［一九三三年］夏・カナダ）：この会議中にカーターが国際事務局長（総長）に選出されます。自らの植民地に対する日本の圧力に脅威を覚え、アメリカの後ろ盾を求めてフランス・オランダ・蘭領東インドが新たに参加しました。オーストラリアやニュージーランドさえ、この頃にはイギリスよりもアメリカを後ろ盾と考えるようになっていました。

テーマは「太平洋地域に於ける経済上の利害の衝突とその調整」です。日本代表団団長の新渡戸は開会晩餐会の演説で、欧米経済ブロック化による日本の窮状と満洲進出の必然性を訴えました。更に日本が、満洲国を承認しない国際連盟からの脱退の意向を表明していた状況を受けて、「太平洋の平和機構再建設に関する若干の考察」を発表しました。アメリカ、ソビエト、日本が加盟しない国際連盟を補強する太平洋の安全保障機構で、単に「現状」の維持を図るのではなく国際秩序を公平なものへと変革していく機構の提案です。

しかし他の参加国から好意的反応は得られず、日本の国際的孤立が浮き彫りになります。また、日本側は満洲国承認を狙って満洲国代表の太平洋会議への派遣を企てましたが、これも実現しませんでした。中国代表団団長はコミンテルンで活動中の陳翰生です。彼は一九三三年、ゾルゲや尾崎と連携して対日工作のために来日します。この年、ルーズベルト政権はついにソビエト連邦を国家承認します。

バンフ会議では、次回の太平洋会議までの二年間で「日中の政策」「ソビエトの五ヶ年計画」「ニューディール政策」などの研究を行うことが決まりました。カーター国際事務局長は、次回の太平洋会議にソビエトを参加させることを最重要課題とします。中国ＩＰＲとフランスＩＰＲは、次の太平洋会議開催地としてモスクワを提案します。ソビエト最重視の姿勢です。

なお、ソビエト研究家の松方三郎は南満洲鉄道株式会社に籍を置いたままＩＰＲ本部に出向していましたが、バンフ会議に出席した後、カーター国際事務局長に招かれてアメリカＩＰＲなどで約四カ月勉強し、カーターから高い評価を得ます。彼はその後同盟通信社に入って松本重治の部下となり、支那で活躍してから近衛のブレーンとして「朝飯会」のメンバーとなります。この辺りも国際主義者系列と近衛とのつながりを改めて示すものです。

一方、新渡戸団長はバンフ会議での日本の孤立に疲労困憊し、一カ月後にカナダのヴィクトリア市で客死します。彼が日本を救おうとすがってきた藁が、実は悪魔の杖であったことに気づき力尽きたのです。

昭和九年（一九三四年）夏、先述の通り、日米のＩＰＲが近衛の訪米を支援します。

昭和十年（一九三五年）に入ると、日支政府間の満洲事変以来の確執が雪解けに転じます。国民政府外交部機関紙には、蒋介石の「日本人は究極的にわれわれの敵ではない」「究極的に日本と手をつなぐ必要がある」との論文が掲載されます。日本も広田外相が国会で和平善隣主義を強調します。二月には蒋介石と汪兆銘との連名の排日運動厳禁訓令が出されます。五月には日支双方が公使館を大使館へと昇格させます。

ところが六月、日本の天津軍の強硬姿勢に支那側が押された形で梅津－何応欽協定が締結され、抗日テロも起こります。更に土肥原少将を中心とする華北分離（自治）工作、即ち満洲国に接する北支五省（河北省・察哈爾省・綏遠省・山西省・山東省）の親日的緩衝地帯化を目指す動きは落ちつくことなく、冀東防共自治政府および冀察政務委員会が成立しました。

それでも蒋介石は、なお日支提携を目指した態勢をとり、日本政府もそれに応えようとしていました。ちなみに日本の外務省の暗号電報は支那側に解読されています。その後も抗日テロが続き、日本側、特に陸海軍をその都度刺激して日支交渉を阻害します。

けれども日本陸軍全体は対ソを意識し、対支戦には否定的でした。国民政府は中国共産党の陰謀による抗日テロに非常な警戒を持っていましたが、親日支那要人の暗殺は続きます。そのような情勢のなか、蒋介石は冀東防共自治政府などを否定し始めます。日本では昭和十一年（一九三六年）二・二六事件後に参謀本部で作戦課長石原莞爾が主導権を握ると、ソビエト軍との対決に備えるために日支が協力関係を維持する必要があると考え、華北分離工作の中止を目指しました。これらが昭和十一年（一九三六年）夏までの状況です。それではその夏のヨセミテ会議を見てみます。

第六回ヨセミテ会議（昭和十一年［一九三六年］夏・アメリカ）：ジョン・D・ロックフェラー二世が広大な土地を寄贈したヨセミテ国立公園にて開催されました。IPRソビエト支部を設立したソビエト連邦が初めて正式に参加しました。ソビエトは、IPRをアメリカのプロパガンダ機関かつアメリカからの支援を取り付ける窓口と捉えていました。カーター、グリーン、そしてロックフェラーは、ソビエトの太平洋会議への正式参加を大喜びします。カーター国際事務局長はその実現のために、何度もモスクワを訪問したり、ソビエトの駐米全権代表と親交を深めるなど、準備に努めてきました。ヨセミテ会議のテーマは「太平洋地域に於ける経済政策、並びに社会政策の目的と結果」です。日本代表団は十五名で、団長は元外務大臣の芳澤謙吉、幹事は国

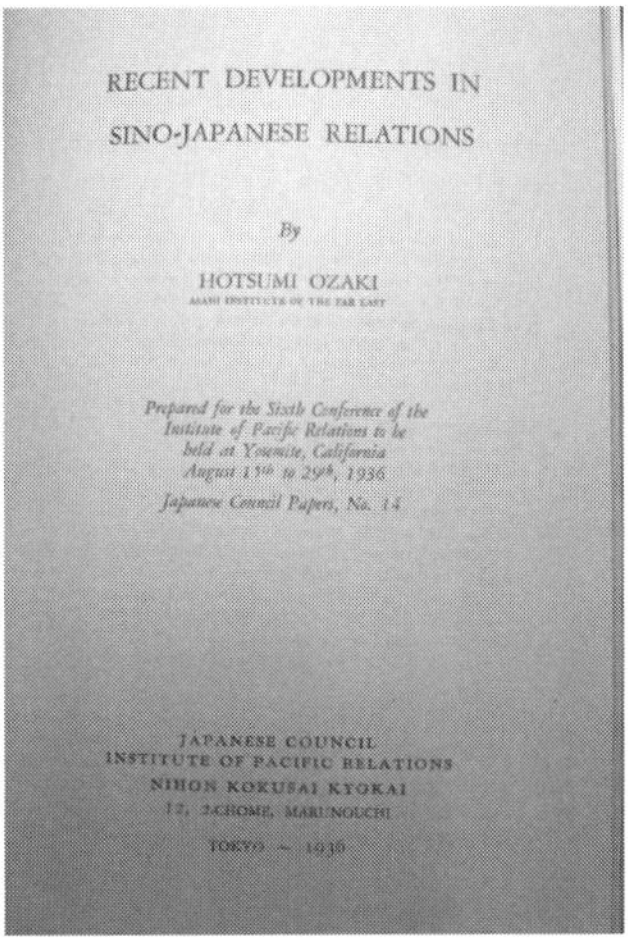
RECENT DEVELOPMENTS IN
SINO-JAPANESE RELATIONS

By

HOTSUMI OZAKI

Prepared for the Sixth Conference of the
Institute of Pacific Relations to be
held at Yosemite, California
August 15th to 29th, 1936
Japanese Council Papers, No. 14

JAPANESE COUNCIL
INSTITUTE OF PACIFIC RELATIONS
NIHON KOKUSAI KYOKAI
12, 2-CHOME, MARUNOUCHI
TOKYO ~ 1936

尾崎秀実著『ヨセミテ会議の準備ペーパー』表紙写真

際事務局員でもある牛場友彦、書記は西園寺公一です。

前年にコミンテルンに正式登録された、東京朝日新聞社東亜問題調査会の尾崎秀実も正式な団員であり、この会議で「中国共産党が抗日戦線統一のため国民党との合作を展望している」ことを盛り込んだ準備ペーパーを発表します。まるで三カ月後に起こる西安事件を知っていたかのようです。

会議では中国の胡適やアメリカのビッソンが厳しく日本の支那政策を批判し、各国代表も「日本膨張論」を叫びました。胡適もビッソンも尾崎たちの仲間です。英米仏が日本を非難するのを見てソビエト代表団は大喜びします。日本代表団は再び国際秩序の「公平化」に向けての「平和的変更」を提案しましたが受け入れられず、「日本の運命は、ヨセミテの絶壁の上から降る火の瀧の下にある」かの如く完全に孤立します。日本の太平洋会議への参加は、第二次世界大戦以前ではこれが最後となりました。

ところが、牛場、西園寺、尾崎は、会議期間中にオーエン・ラティモアなどと積極的に交流を深めます。ラティモアたちは中国共産党に好意的なＩＰＲの中核です。尾崎は一高・東大を通じて同級生で近衛を紹介してくれた牛場の斡旋で参加しました。牛場は、近衛の秘書であると同時にＩＰＲの国際事務局員でした。牛場はこの会議の準備に二年間忙殺されました。尾崎は、これも牛場から誘われた外務省嘱託であった西園寺、そして近衛の長男文隆にこの会議で出会い信頼関係を築きます。西園寺と尾崎とはヨセミテ会議への往復の船で同室となり夜通し語り合い、帰国後はほぼ毎日行き来する仲となりました。幹事の牛場が同室に手配したのです。文隆の参加は父文麿の意向です。尾崎や西園寺たちは文隆を共産主義に誘います。牛場と西園寺とはオックスフォード大学時代からの仲間です。オックスフォード大学の正式な日本人学生はこの二人だけでした。牛場はこの後、総理大臣秘書官に就任している間、ＩＰＲでのポストを西園寺に引き継がせます。

西園寺公一は明治三十九年（一九〇六年）に生まれました。外務省嘱託職員、ＩＰＲ理事、内閣嘱託などを歴任しています。祖父は元老の西園寺公望、父は公望の養子西園寺八郎です。公一はオックスフォード大学に留学して牛場友彦と共にマルクス主義の洗礼を受け、昭和六年（一九三一年）に帰国しました。宮内省入りを勧められましたが「（自分は）マルクス主義者である」として頑として拒絶。その後、近衛のコネで外務省嘱託職員を務めましたが、重要な案件に関係できないことを不服に思い辞職します。昭和十一年（一九三六年）にグラフ雑誌社の社長になります。彼は尾崎と同様に完全なる共産主義者で、のちには尾崎に機密情報を流したとして、ゾルゲ事件に連座して有罪となります。戦後も彼は国際共産主義運動に従事し、一家で北京で十二年間暮らした際は、中国共産党から大臣クラスの給与で厚遇されて悠々自適の生活を送ります。彼は文化大革命を礼賛します。

共産主義系列　西園寺公一

これらのメンバー同士の出会いは、激しい対日批判の舞台の裏で仕組まれたのです。ＩＰＲは早くから対日包囲の機関であると同時に、若手日本人共産主義者の国際的なデビューの場、出会いの場でもあったのです。

ちなみに、翌年の昭和十二年（一九三七年）には、ＩＰＲに松本重治と尾崎の紹介で入会していた人物が日本の左翼事件で検挙されています。ヨセミテ会議に日本代表団の一員として出席した東大某教授は、会議後にニューヨークのロックフェラー財団を訪ね、インターナショナル・ハウス（留学生向け施設）を東京に建てるための支援要請をしています。これも激しい表舞台とは全く別の動きです。同年七月の盧溝橋事件を契機として、カーター国際事務局長は持論の対日経済制裁への支持を取り付けるため、イギリスＩＰＲ議長と連携してチェンバレン首相が対日宥和に傾かないよう牽制します。更に彼は対日強硬の国際世論形成を目指し、昭和十三年（一九三八年）二月に「支那事変の原因は日本にある」とする「インクワイアリー・プロジェクト」を立ち上げます。国際事務局の研究員ハーバート・ノーマンが主軸です。カーターからの「インクワイアリー・プロジェクト」への協力要請に対して、日本ＩＰＲでは岩永と松本の主導で松本の部下であった同盟通信社社員を国際事務局に派遣します。カーターは牛場、西園寺、松本、松方三郎の派遣を望みましたが、彼らは既に近衛のブレーンとなっていて忙しかったのです。

一方でカーターはアメリカの議員に対する反日教育の必要性を訴え、また対日石油禁輸の実現を目指すパンフレット作製を検討します。更に彼は、アメリカの中立法を修正し中国へ公的借款を供与すべきと提議します。カーター国際事務局長は日本包囲陣の中心人物でした。

さて、日本が参加しなくなってからの主な太平洋会議は以下の如くです。

第八回モン・トランブラン会議（昭和十七年［一九四二年］冬・カナダ）：新たにインド・タイ（自由タイ）・朝鮮（在米朝鮮人）が参加しました。テーマは「太平洋及び極東に於ける連合国の戦時・戦後協力」です。国際事務局研究員のハーバート・ノーマンは「日本といえばノーマン、ノーマンといえば日本」との評価を得ます。

臨時ニューヨーク会議（昭和十九年［一九四四年］十二月・アメリカ）：対日戦や占領政策のために「日本人の性格構造」を分析した臨時会議でした。「アメリカ国内では日本人を猿人間とみなすプロパガンダが行なわれているため、いまさら親しい関係となるのは難しい」との意見も出されました。ＩＰＲは戦時中、反日宣伝映画の製作やアメリカ軍将校への反日教育を担いました。

第九回ホット・スプリングス会議（昭和二十年［一九四五年］一月・アメリカ）：テーマは「太平洋に於ける安全保障」でした。大戦終結を前にして、軍事占領・軍備撤廃・領土割譲など、日本処理について意見の一致をみました。天皇の取り扱いについては意見が分かれたままです。ノーマンはカナダ代表団員として「日本政治の封建的背景」を報告し、オーエン・ラティモアと共に天皇制を攻撃しました。ＩＰＲは正に日本包囲陣でした。日本を叩き、更に敗戦後の日本統治のあり方を研究していたのです。昭和九年（一九三四年）の近衛の訪米に蠟山と共に随伴し、その後近衛が死ぬまで秘書として近衛を身近に冷静に見ていた牛場は、このようなＩＰＲの国際事務局における有能な局員でした。国際金融資本家あるいは国際共産主義者たちが牛場をスパイとして近衛の懐に潜り込ませたのでしょう。

――終戦後、日本IPRは活動を再開し、昭和二十九年（一九五四年）には第十二回太平洋会議の京都開催にこぎつけます。その際、日本IPR理事長は「満洲事変から太平洋戦争開戦まで日本をめぐる複雑な国際情勢の中で、IPR各国メンバーの良心だけが人々の和をつなぎ止めていた」「日本が不参加であった一九四二年と一九四五年の二度の戦争中のIPR国際会議や調査分析が、戦後の平和構想と米国の対日政策や対アジア政策に寄与した」と述べて感謝の意を表明します……。

ところで、第六回ヨセミテ会議に参加した近衛の長男文隆について、その後のことも含めて述べておきます。近衛はかつて自分の子供たちを前にして「将来世界は、アメリカとソビエトの世界になる。その勢力が世界を二分する。そして男の子をアメリカとソビエトにやる。自分は日本にいる。それで子供たちからいろんな情報をもらって、日本の政治をやっていく」と語っています。かつてロスチャイルドが、子供たちをヨーロッパ各国に配置して情報をとらせたやり方を連想させます。

昭和七年（一九三二年）四月、学習院中等科を卒業した文隆は、ニュージャージー州にある名門高校へ入学します。文隆はまず「アメリカ」です。文隆は進学したプリンストン大学でゴルフ部のキャプテンとなり、結局卒業できずに昭和十三年（一九三八年）七月に帰国します。滞米中の文隆にも、共産主義者たちがアプローチしてきました。白洲次郎がアメリカまで行って、文隆をIPRやゾルゲ諜報団に属するギュンター・シュタイン、コミンテルンの工作員などと引き合わせます。昭和十一年（一九三六年）八月には、文隆はIPRの第六回ヨセミテ会議に秘書兼連絡係として参加します。文隆は尾崎の助手役でもあり、尾崎そして西園寺とこの会議を通じて親しくなり彼らの輪の中に入ります。文隆は当然に父文麿に詳細を報告していたでしょう。文麿にとっては狙い通りでした。文隆は、東京で牛場に誘われ、再び尾崎、ギュンター・シュタインそしてゾルゲとも会っています。文隆は彼らに信頼を置いていました。

文隆はアメリカからの帰国後、近衛の首相秘書官になります。その後昭和十五年（一九四〇年）一月、枢密院議長であった近衛は、陸軍に根回しして文隆を召集してもらい、満洲国のソビエト国境近くの連隊に入隊させます。のちのちの布石のため、文隆をソビエトとのパイプ役にすることを考えたのでしょうか。文隆を直接ソビエトに送るよりは、この時点ではまだソビエトとの接点、すなわち満洲に狙いを定めたほうがいいと考えたのでしょうか。文隆は、ＩＰＲのヨセミテ会議でしっかりと国際共産主義者の手の内に入ったのですから、何かあった場合にソビエトの近くにいたとしても安心との計算もあったでしょう。

近衛としては、文隆には培《つちか》った人脈と立場を利用してソビエトの枢要に繋がって貰いたいとの狙いがあったのではないでしょうか。

近衛は最良の見合い結婚を文隆に用意しました。絶対国防圏の要サイパンにアメリカ軍が上陸した昭和十九年（一九四四年）六月、日本屈指の名家同士、近衛家の長男文隆と大正天皇の皇后貞明皇后の姪にして真宗本願寺派大谷光明の令嬢正子との婚約がなされました。媒酌人は内大臣木戸幸一でした。同年十月、華燭の典は満洲のハルビン一の大和ホテルで催され、新婦側は両親、新郎側は母千代子、牛場友彦、そしてハルビン総領事や軍隊関係者などが多数出席しました。結婚式は正に「文隆、満洲にあり」とその存在をソビエト側にアピールするものでした。翌月七日、ソビエト革命記念日にスターリンは「日本は侵略者」とする演説を行い、実質上、満洲侵攻に向けての意思を表明しました。結婚後、文隆も正子も満洲に居つづけます。

終戦直前、文隆は応戦するまもなくソビエト軍の捕虜となりました。以後、文隆は十一年間にわたる抑留生活を「犯罪者」として送ります。昭和二十七年（一九五二年）十月以降は家族と文通ができるようになり、文隆からの俘虜郵便は昭和二十八年（一九五三年）から荻外荘にいる家族に届き始めました。昭和三十年（一九五五年）に出された俘虜郵便には「岸、牛場、白洲、広兼諸氏ニソロソロ歓迎準備ヲ計画スル様に頼ンデクレ。ソレニハ夢顔サント相談スルノガヨカロウ。尚、岸、牛場、白洲サンニ、西園寺ノ公チャンニ宜シク伝言ノ程頼ンデクレ……」とあります。郵便はソビエト側に検閲されることが前提ですから、文隆には牛場、白洲、西園寺の名前を出すことは文隆自身に対するソビエト側の心証を良くするとの判断があったでしょう。尾崎の名がないので、彼が処刑されたことは知っていたのでしょう。西園寺がこの頃、国際共産主義者としてあちこち飛び回っていたことも知っていたと思われます。だからこそ、「宜シク」の伝言です。検閲を前提に、一番強調したい名前です。「夢顔サン」は皇弟の高松宮を指すのではないかと言われています。

一方、牛場、白洲、西園寺たちが文隆をソビエト収容所から救出しようと努力した形跡はありません。彼らは文隆を見捨てたのでしょう。彼が帰ってきて話されては困ることも山ほどあります。昭和三十一年（一九五六年）十月十九日、日ソ共同宣言がモスクワで調印され国交が回復しました。ところが、文隆はこの年十月二十九日イワノヴォ州の収容所で急死します。薬物投与で消されたものと容易に推察できます。父親同様に知りすぎた貴種だったのです。

「英米本位の平和主義を排す」！

近衛内閣総辞職以降、次々に替わった後継内閣と陸軍が支那事変と悪化する日米関係にもがきます。米内内閣が成立してから半年も経つと、閉塞状況の打破を求めて近衛の再登板を期待する声が世上に湧き起こります。

「内閣の支柱としての力は、どこまでも陸軍だけが担当するが、首班は近衛がよい。要するに、近衛およびその周囲のブレーン・トラストと陸軍との合作で行くのだ。純然たる陸軍内閣では、国民の前にコブシを突き出すようで、荒っぽい感じを与える。近衛を頭に頂き、そのブレーンの協力によって、知的にして強力な印象を国民に与えなければならない」と陸軍参謀本部の将校は既に第二次近衛内閣成立の半年前に昭和研究会の幹部に語っています。近衛は満洲事変を日本の生存権の立場から肯定していました。その彼が昭和十五年（一九四〇年）四月以降、ドイツが破竹の勢いでヨーロッパを席巻していた時、これに倣って新しい世界秩序の一翼を担おうと唱えたとしても不思議はありません。彼は昭和十四年（一九三九年）には既に、英米牽制を目的とする日独ソビエト連合論にも前向きでした。

昭和十五年（一九四〇年）七月十六日、遂に畑陸相は辞表を提出し後任を送らず、米内内閣は倒れます。警察による世論調査では、国民は既成政党に何も期待せず「近衛待望論」が圧倒していました。七月十七日、国民や軍などの期待が極大化する中で大命降下し、近衛は再び首相に就任します。

実は、西園寺公望は近衛の首相就任に同意しませんでした。彼の資質に疑念を抱いたのです。皇道派真崎甚三郎の弟真崎勝次海軍少将も、近衛に「あなたが、何べん内閣を作られても、現在、陸軍軍務局に蟠踞《ばんきょ》している『ファッショ』連中を、追い出さなければ、内閣は結局彼等の玩弄物《がんろうぶつ》となるのみである」と勧告します。

しかし近衛はこれを無視します。彼の野望の実現のためには「共産主義者たちに躍らされる」陸軍が必要なのです。近衛は組閣前にまず吉田海相、松岡（外相候補）、そして東條（陸相候補）と、荻外荘で「荻窪会談」を開き四つの事項を確認します。東亜新秩序建設のための日独伊枢軸の強化、日ソ不可侵協定の締結、英・仏・蘭・葡の植民地を東亜新秩序に包含するための積極的処理、そして米国の実力干渉を排除する固い決意です。「荻窪会談」は「日本の転機」でした。

近衛は、第二次近衛内閣成立後すぐに確認事項を基に「基本国策要綱」を決定します。内政に重点を置き、政党に代わる新国民組織を創設して国内体制を刷新し、国防国家体制を確立して日満支三国にわたる自給自足の計画経済を確立するのです。従来の自由主義的、民主主義的政治経済体制から、国家主義的全体主義的方向への転換です。「基本国策要綱」案は、陸軍省軍務局長武藤章の下で原案作成され、内閣直属の企画院から提出されたものです。

七月二十七日には大本営政府連絡会議で「世界情勢の推移に伴う時局処理要綱」が決定します。国策を独伊との提携に向け、ドイツに席巻されたフランス、オランダなど宗主国群の植民地、南方地域（東南アジア）に武力行使することがあるという方針です。「南方武力行使」がケース分けしつつも出てきたのです。近衛によって日本は一直線に三国同盟締結に向かい、その後「南方武力行使」に進むのです。昭和十五年（一九四〇年）九月、松岡とスターマー特使は日独伊の軍事同盟を決定しました。重臣で元首相の岡田啓介は、「三国同盟が日本のわかれ道だった」と言います。近衛首相や松岡外相は、三国同盟を対米和平と支那事変解決のためと説明していました。

しかし、日本がこの軍事同盟によって英米陣営に対する一大闘争の渦中に身を投じたのは動かし難い事実です。三国同盟と大東亜新秩序により「英米本位の平和主義を排す」という図式です。鳩山一郎は「近衛は国を亡ぼす者」と見ました。

近衛は早くから一国一党（独裁体制）を主張し、自身を党首とする新党や国民再組織への野心を抱きました。尾崎秀実は昭和十三年（一九三八年）七月以来内閣嘱託として国民再組織に取り組みます。近衛と尾崎が望んだのは既成政党の寄り合いではなく「新しい政治中心組織の結成」です。第一次近衛内閣では閣内からの反対にあい、程なく昭和十四年（一九三九年）正月には総辞職となりました。暫くして近衛は風見に「『新党』では一般から、また例の政権亡者の離合集散かと思われる、何かよい表現はあるまいか」と問い、風見は「政治新体制の確立」と称することを思いつきます。「新体制」という言葉は、メディアを通じて国民に「世直し」の幻想を振り撒き出します。従来政治に無関心な人たちが「新体制」という言葉に高揚していきます。陸軍皇道派の真崎甚三郎は、近衛の「新体制」運動が共産主義勢力の影響下にあると聞き及び警鐘を鳴らします。

しかし、近衛はむしろ共産主義者風見を中心に「新体制」運動を進めさせます。ここに近衛の正体がはっきりと見てとれます。

昭和十五年（一九四〇年）三月、近衛は風見と共に政党人を交えて新体制づくりに向けた積極的な活動を展開し始めます。綱領は、高度国防国家の建設、外交の刷新伸張、政治新体制の樹立です。風見は、既成政党側の近衛への期待と「バスに乗り遅れるな」的心理を巧みに捉え、暗に自発的政党解消を求めます。剛腕です。

六月、木戸内大臣から近衛に新体制運動の動向を探る電話が度々ありました。昭和天皇が近衛の動きを警戒していたのです。米内内閣総辞職の一カ月前から、風見は尾崎に新体制運動の立案をさせていました。尾崎は「中産階級あるいは中小のブルジョアジーを組織して運動体化（国民再組織化）する。この運動体（国民再組織）と支那の民族解放革命のエネルギー、そしてソビエトの三つを合わせてアジアにおける社会主義革命を図る」という絵を描きます。風見や尾崎らが考えていた新体制（新党）の結成方略案・運動案（抜粋）は次の如くです。

「諸種の経済社会及び労働団体等に対し新党の支持団体として密接なる連携を保つよう働きかけ、この働きかけに応ぜざるものに対しては断乎解散を命ずる」

「ひとたび総選挙を告示せば速時に新党絶対支持の気運を渦まき起こし、反対するものの立候補はその余地無きよう諸般の準備を進めおく」

「百名の有能なる新人候補者を公認して当選せしむるためには、百名の現議員をして立候補を断念せしめざるべからず」


更に「一種の革命的組織方法」を標榜し「地方新聞を機関紙たらしむ」「一種の戦闘突撃部隊を中央地方を通じ組織するの必要有り」「選挙法改正に当たりては（中略）既存政治勢力の地盤破壊に役立たしむること」――正に独裁であり全体主義です。

「若し全権委任法不成立の危険有る場合には、次の選挙に当選せしむるに足る同志議員を辞職せしめ、議会を自然消滅せしめて緊急勅令により選挙法の改正を行う」「新候補百名については、一道府県二名標準にて速やかに内務省をして当選可能なるものを物色せしめ」等の施策案には言葉を失います。

全体主義であり社会主義志向が加わるのですから、「スターリニズム」と言っていいでしょう。

近衛は昭和十五年（一九四〇年）六月二十四日に枢密院議長を辞任し「新体制運動」の開始を声

明しました。声明は政界全体を激震させ「新体制運動」がほかのすべてを圧倒する雰囲気が醸成されました。近衛は具体的な新体制の構想を提示せずイメージに止めています。昭和研究会も朝飯会も、風見と有馬を中心に「新体制運動」の推進に向けフル稼働します。

そして六月下旬頃より小政党から「自発的」解党が始まるのです。七月十七日には近衛に大命が降下しました。近衛は再び首相に就任し、第二次近衛内閣を発足させ早々に閣議で新体制運動を「全員協力してやる」と決まります。新体制運動は、昭和天皇の危惧を無視して司法大臣に就任した風見が中心となります。司法大臣が旗を振るのです。大命降下の前に近衛は心構えを次のように語っています。

「後継の大命に際し、天皇は通常憲法の条章を守ること、財界に動揺を与えないこと、米英と協調すること、という三ヶ条のご注意を与えられる。自分がもし大命を受ければ、恐らく同じ御言葉があると思う。ところが陛下の憲法の条章と仰せられるのは、多くは西園寺、湯浅流の旧い自由主義的解釈であり、又財界の動揺を御心念で、株の上下まで御心配になるし、対外的には深く親英米的な御感情がある。ところがそれをそのまま遵奉するのでは、今日の日本の政治はとても行えない。西園寺公が立憲的な君主に仕立てるために、なるべく現実政治に御関与にならぬように御教育をし、政治学や史学よりも、生物学の研究をお奨めしたのは、大きな意味があったが、率直にいうとそのために陛下は、複雑な政治問題と、とりわけ事態の動態的な発展につき、御理解が薄いように見受けられる。だから時勢の進展と関係なく、いつでも同じ様に右の三ヶ条を持ち出される。そこで自分としては、又右の様な御言葉があったとき、そのままでは大命を拝受するわけにはいかない。その場合には、憲法の解釈が時代とともに発展しなければならないこと、経済もこの準戦時においては、どうしても統制と計画を欠くことはできず、一々株の動揺まで心配してはいられないこと、そして又現下の国際情勢では、英米の態度に鑑み、その英米との交渉をやるためにも、或程度独伊との関係を強化する必要もあることにつき、率直に申上げて御許しを得たい」と。

このような今回の近衛への大命に際して、天皇は「内外時局重大につき外務・大蔵両大臣の人選には特に慎重にすべき」旨を仰せられたのです。

昭和十五年（一九四〇年）八月十五日、最後に残っていた民政党が解党し、憲政史上初めて未曽有の無政党時代に突入します。近衛は八月二十七日に「新体制声明」を閣議了承後に昭和天皇に内奏します。

翌日、「新体制声明」はいわゆる軽井沢声明として世に出されます。「新体制」を高度国防国家の基礎として位置づけ、経済・文化の各領域において各部門を縦に各組織を横に結ぶ全国的な統合をもって下意上達・上意下達を図る官民協同の国家事業、万民翼賛の国民組織としました。広く朝野有名無名の人材を登用して運動の中核体を組織しそこに強力な実践力を結集させることとし、「一国一党」ではないものの「高度の政治性を帯びる」ことを明らかにします。「新体制声明」が発表された日、首相官邸で新体制準備会が開催されました。そこでは「レールは出来上がっても、汽車に乗っている間に、知らぬ間にソビエトへ行ったのでは大変である」との懸念の声も出ました。

昭和天皇は歴史を紐解きながら近衛の議会軽視のやり方に疑問を呈します。これに対して、近衛は現実的な国内情勢の面からも権力の一元化は必要と考えました。「昭和に入って天皇を輔弼《ほひつ》してきた各権力は次第にまとまりを失い、政府が国家の主体として国家権力を行使できない状態に陥った」「陸軍を抑えるには権力の一元化が必要だ」という理屈です。

鳩山一郎は昭和十五年（一九四〇年）十月、『鳩山一郎日記』で「新体制の正体不明」「近衛に日本を引き廻されては堪えきれない」と述べています。また「巷に溢れだしたスローガン〝贅沢は敵だ〟は『かつてレーニンが使用していたスローガンだ』と聞いた」とも述べています。

更に「企画院、内務省、商工省の中に共産主義的の官吏ありて困ってる」との訴えや警告に対して、「近衛が全く他人事のように無責任な態度をとり、総理大臣としての法的責任はもとより、道徳的、社会的責任を少しも考えていない」としています。フーバーが指摘したルーズベルト大統領の態度と同じです。鳩山は「嗚呼憐れむべし、悲しむべし、憎むべし」と記し、「陛下御一人に御心配をおかけして近衛の政府は『人類の福祉と万邦の協和』の逆を行く」とさえ述べています。近衛にしてみれば「企画院、内務省、商工省の中に共産主義的の官吏ありて」はうまく事が進んでいる証左です。スターリンは昭和八年（一九三三年）頃「日本の命令系統を乱し得べきにより、その後に日本を討つべし」とソビエトの極東軍司令官に話していますが、近衛の下での日本の状況をスターリンもさぞ喜んだことでしょう。

幾多の議論を経て、九月二十七日の閣議で「運動の名称を『大政翼賛運動』とし、推進機関として『大政翼賛会』を置く」ことが決します。この日、日独伊三国同盟の調印も行われました。十月三日、内大臣木戸は参内した近衛に「近衛新体制運動の裏に共産主義者あり等との心配を頻々聞く」と異例の注意をします。これは天皇からの注意です。

十月十二日、近衛が数えで丁度五十歳となった年の誕生日、首相官邸大ホールで大政翼賛会の発会式が挙行されました。誤解を受けやすい日どりです。

しかしこの発会式で近衛は準備されていた綱領の発表をせず、「本運動の綱領は大政翼賛、臣道実践ということに尽きる。これ以外に綱領も宣言もない」とだけ宣したのです。綱領を準備していた共産主義者たちは失望しました。近衛にとって大切なのは主導権です。「扇の要」にいるということです。性急に突っ込み過ぎて、天皇の不興を買ったり、来る日米戦争の責任をかぶっては元も子もありません。天皇は新体制運動についての情報を随時おとりになり、非常に警戒されていました。やはり共産主義者の件、そして「近衛幕府」あるいは「近衛党」の誕生を懸念されていたのです。

近衛のヒトラー仮装も忘れられません。天皇はまわりにも次第に強い不快感を示されていきました。だから近衛は、大政翼賛会の発会式で準備されていた綱領を表明しなかったのです。今、天皇と正面から衝突すれば近衛は負けます。ここで逆鱗にふれたら、これまで進めてきた計画はすべて無に帰します。近衛は情勢を敏感に察知し、新体制運動の性格をコントロールして、新党づくりを大政翼賛会へと方向転換し、更に大政翼賛会の性格も政治結社から単なる公事結社に変質させていくのです。

十一月十二日、大政翼賛会での経済新体制案の検討では、企画院案と連動して昭和研究会グループが資本と経営の分離、経営者への公的資格付与、利潤追求から国家奉仕・生産拡充への転換、国民経済の指導者原理による計画・統制化を唱えました。案の定、「昭和研究会の経済政策は反資本主義だ」として財界から強烈な反発が出ます。平沼騏一郎などを中心とする政治家、右翼のグループも昭和研究会を「赤」だといって激しく攻撃しました。「昭和研究会は大政翼賛会運動においてもなおソビエトのような一国一党を実現させようとしている」と見たのです。

近衛は経済新体制案を換骨奪胎して穏和なものにトーンダウンさせます。財閥が戦争体制の生産力増強を担うことになったのでトーンダウンしても一向に構わないのです。昭和十五年（一九四〇年）十一月十九日、遂に昭和研究会は大政翼賛会に吸収されて解散します。

これも近衛の判断です。

昭和研究会は日米開戦に向かう総力戦体制づくり、環境づくりに充分に貢献したのです。目的は達し、そろそろ解散すればいいタイミングだったのです。主要メンバー達は日米開戦にむけて物陰に隠れているのが一番良かったのです。

昭和十五年（一九四〇年）十一月二十四日、最後の元老西園寺公望が衰弱のため死去しました。享年九十一歳でした。数万人が参列しての国葬が日比谷公園で行われました。最晩年、西園寺が反対し続けた日独伊三国軍事同盟を成立させた近衛を「どうしてこんなことだろうと思うほど馬鹿げている」と嘆きました。最後の言葉は「いったいこの国をどこへもってゆくのや」です。西園寺公望こそ、フーバーが期待した日本のリベラル派の実力者でした。

十二月二十一日、近衛は内閣改造を行い、司法大臣を風見から皇道派と言われていた柳川平助に替え、内務大臣も安井から反左翼の平沼騏一郎に替えます。平沼は近衛から入閣を要請された際次のように答えました。

「自分は、翼賛体制は憲法の精神を無視するのみか条項に背反するものと思う。自分は枢密院議長として憲法の番人を勤めてきたが、いやしくも憲法を冒瀆することは、断じて許しえないところである。しかるに、貴下は大政翼賛会の総裁であって欽定憲法を冒瀆した首領である。大政翼賛会の制定者たる貴下が総理大臣たる内閣に、どうして自分が入閣することができるか」

平沼の批判に対して、近衛はけろりとして他人事のように「翼賛会も困ったものですね。ついては、私が直接では従来の行きがかりからなんともできないので、貴方が内務大臣となって、お考え通りに翼賛会を始末してくれまいか。改組のことは挙げて一任する」と応じます。なんと素早い変わり身でしょう。この後、近衛は平沼の意向を反映させていきます。

大政翼賛会は、昭和十六年（一九四一年）に入ってからも対米戦を煽るプロパガンダなどの政治行動をとり続けます。これに対して、財閥が遂に大政翼賛会を倒す計画を練り始めたのです。

十六年（一九四一年）三月、大政翼賛会総裁の近衛は有馬大政翼賛会事務総長たちに辞任を要請し、同時に組織も改組することとしました。「高度の政治性」を放棄して、内務官僚化を志向するものです。

けれども、この辞任は、実は彼らにとっては敗北ではないのです。むしろこれも「ほど良いタイミング」でした。このとき対米英戦へと向かう国内世論、国民心理は近衛の思惑通り十分に整えられていました。風見も有馬も後藤も、後はもう舞台を降りて、日本が対米英開戦に突っ込み敗戦となるのを安全なところにいて眺めていればいいのです。昭和研究会は店仕舞い、大政翼賛会からも名誉ある撤退をします。近衛自身も、対米戦が確実となった頃を見計らって舞台から降りる算段でした。既にレールは敷かれ、最後の詰めが残っているばかりでした。この大政翼賛会自体は、東條首相の登場とそれに続く大東亜戦争への突入により、近衛が予想した如く、総力戦体制を支える行政補完組織として機能します。近衛が用意した東條にとっての「軍国主義」の道具であり、かつ東條を戦犯へと導くとてもわかりやすい証拠の一つとなるのです。

「平和への努力」のふり

日本が対米開戦する前に日米和平交渉という過程がありました。昭和十五年（一九四〇年）十一月、クーン・レーブ商会重役の使者として来日した二人のアメリカ人神父が、大蔵省出身で昭和研究会発起人の井川忠雄と帝国ホテルで会見し日米の和解を唱えました。二人は個人の資格での来日です。クーン・レーブ商会はロックフェラーのメインバンクかつ財政アドバイザーとして有名です。国内の主要産業への投資のみならず、日本や中華民国の公債引き受けなどにも参画していました。日本は日露戦争の際、ロスチャイルドの紹介で、ジェイコブ・ヘンリー・シフが営むクーン・レーブ商会に公債を引き受けてもらい戦費を調達した経緯があります。うってつけの舞台設定です。

この二人の来日が、後述する「日米諒解案」なるものが生まれるそもそもの始まりです。背景にあるアメリカ側の狙いは、正式ルートとは別の交渉ルートをつくることにより、日米和平交渉を混乱・攪乱することにあったと考えられます。ルーズベルト大統領は、これを民間ベースの話し合いとして適当に泳がせながら交渉を長びかせ、交渉が纏まることを巧みに回避していたのです。

近衛は昭和十三年（一九三八年）七月の若杉要ニューヨーク総領事からの報告以来、ルーズベルト政権の反日政策が、アメリカ共産党やコミンテルンの工作により形成された世論に影響されていると聞かされていました。近衛はルーズベルト政権は対日戦を志向するものと確信していたと思われます。

その上で近衛の思惑もルーズベルトと同様、和平交渉が纏まり日米戦争が回避されることを阻止することでした。そのために松岡外相が主導するであろう正式交渉ルートを牽制・攪乱するのです。この辺りのことに関してもフーバーは近衛を完全に読み誤っています。

近衛の了解の下、井川と陸軍省の岩畔豪雄《いわくろひでお》が二人に応答し、渡米して野村吉三郎大使を巻きこみます。野村は海軍出身で外交の素人です。時に通訳として近衛の秘書官牛場友彦も立ち合います。近衛は、既に昭和十五年（一九四〇年）十一月時点で皇道派の真崎甚三郎に対してははっきりと「今や米国に対しては差し当たり融和の途無し」との認識と決意を述べています。

けれども、近衛は「日米諒解案」交渉の延長線上に見えてくるであろう「日米首脳会談」に関しては熱心に働きかける腹づもりでした。敗戦後の戦争責任を回避する有力なアリバイにする計算です。

ここで『有馬頼寧』日記を採り上げます。有馬頼寧《よりやす》はその名を競馬の有馬記念に冠された人物で、衆議院議員をへて貴族院議員となり、近衛の有力ブレーンにして新体制運動の中心的存在となり大政翼賛会初代事務局長に就任しています。

『有馬頼寧日記』では、昭和十六年（一九四一年）一月九日、首相官邸での近衛の発言として「米国との関係悪化し、四月頃危険」と記しています。

昭和十六年（一九四一年）一月といえば日米和平交渉をこれから本番に向かわしめていこうという大事な時期ですが、明らかに「悪化」のほうへ誘導しています。

一月十一日、「（衆議院任期満了に伴う四月の）選挙を一年延期し、対米決意を明らかにし、国防国家建設に全力を挙げる態勢をとるべし」との線で有馬と近衛の右腕である風見章との意見が一致したと述べられています。実際に、四月の任期満了の衆議院選挙は一年延期されました。今の感覚では信じられないことです。近衛たちはこの時期から国会議員を対米戦に向けて意識づけていこうとしていたのです。選挙など無視です。

昭和十六年（一九四一年）四月十七日、「日米諒解案」の電文がアメリカから入り、近衛首相は翌日、政府大本営連絡会議を招集します。政府からは近衛首相（松岡外相が訪欧中につき兼摂《けんせつ》外相）、平沼内相、東條陸相、及川海相、大橋外務次官、統帥部からは杉山参謀総長、永野軍令部総長が出席し、武藤、岡の陸海軍務局長と富田書記官長も加わり協議しました。結果は「支那事変解決や日米戦回避の絶好の機会。一日も速かに事変を解決して、国力の恢復培養を図らねばならぬ。一部に主張されている南進論の如き、今は統帥部でも準備も自信もないから、一時米国と握手し、物資などの充実を招来のため図る必要がある」とみんな賛成でした。陸海軍共に飛びつき東條陸相も武藤軍務局長も大喜びでした。すぐに「主義上賛成」の返電をしろという話になりました。さあ、近衛にとってまずいことになりました。「主義上賛成」の返電をしたなら、日本政府・軍部の平和志向をはっきり世界に宣明してしまいます。同時に日米諒解案なるものが「やらせ」交渉的性格を帯びていることが早期に暴露します。近衛としては「主義上賛成」の返電を絶対に阻止しなければなりません。すると、大橋外務次官が「もう二、三日でソビエトから中立条約締結の成果をみやげに帰国する松岡外相の意見を聞いてからにすべき」と言い出しました。渡りに船と、近衛はすかさず同意してとりあえず返電を止めることに成功するのです。

この松岡の訪独・訪ソには近衛のブレーンで共産主義者の西園寺公一が外務省嘱託として随員

になっていました。西園寺は松岡の様子を含めて得られた情報を近衛と尾崎に報告しています。近衛の持つ千四百年の「藤原」の手練手管をもってすれば松岡の心理を操ることなど朝飯前です。松岡は側近に「日米交渉のことは、自分がモスクワで米国大使スタインハートに話したことが結実したのであろう」と語っていました。松岡はヒトラー、ムッソリーニと会談し、スターリンとは急転直下日ソ中立条約の締結を実現しました。松岡は自身とルーズベルトとの会談で一挙に日支和平、日米和平を実現し、欧州大戦の収拾にまで乗り出すという構想を持っていました。近衛は心理戦に出ます。

まず立川飛行場における松岡外相の出迎えを内閣からは書記官長ひとりにします。そうしておいて、近衛は後で富田書記官長を呼んで「松岡君は感情の強い人だから、『日米諒解案』に政府も大本営も応諾に一致したということを、初め言い出す人物によっては、その時の松岡君の気分でどう出るか判らない。そこで私が出向いて、帰途の自動車の中でも話をすれば、案外すらすらと行くかも知れない。だから私が出迎えに行ったほうが良いと思うのだが」と言いました。近衛自身のアリバイづくりのためです。

四月二十二日午後、このような準備の上で近衛と富田は立川飛行場へ向かったのでした。松岡外相が立川飛行場に到着すると、まず迎えに来ているべき閣僚たちがいない異様さを目にしました。それから松岡は迎えの自動車に乗るとき「二重橋で皇居を遥拝したい」と言い出したとされています。近衛は、皇居遥拝などに悪感を覚えます。

だから、とりあえず松岡の車に同乗して重大事項を伝えた上で後続車に乗り替えれば良かっただけなのですが、不思議なことに近衛は松岡の車に同乗しません。替わって大橋次官が同乗して日米交渉の件を伝えました。案の定、外務大臣の自分を差し置いて進められた「日米諒解案」の話を次官から聞かされて、松岡のへそは大きく曲がったというのです。近衛は、このことがきっかけで「日米諒解案」の交渉を松岡が頓挫させていったとします。

しかしこの『近衛手記』によったエピソードは眉唾です。松岡洋右伝記刊行会篇『松岡洋右―その人と生涯』はこの逸話は近衛の創作であると書いています。大橋次官も「私の記憶では、近衛公が外相との同乗を希望した話を聞いたこともなければ、日米交渉の話を外相にするよう仰せつかった覚えもない。二重橋参拝は自動車が進行を始めてから外相が命令したように思っている」と回想していて、全面的に『近衛手記』の話を否定しています。松岡が「感情で」日米交渉を頓挫させるという図式は、近衛にとってはこの上ない格好の図式です。フーバーもすっかりこの図式を信じてしまいました。

帰国後の松岡外相が部下の加瀬俊一に命じて「日米諒解案」英語原文を吟味させると、日本語の翻訳に相当手が入っていて、日本に都合よく改竄されていることがまず判明しました。「やらせ」たるゆえんです。

「日米諒解案」の骨子は次の通り――①支那の満洲国承認、②アメリカの日支和解調停、③日本の南方資源獲得へのアメリカの協力、④近衛首相とルーズベルト大統領との直接会談開催。

骨子も日本側にとって都合のいいものです。

しかし、ハル国務長官は同時にハル四原則なるものを野村大使に提示していました――①いっさいの国家の領土保全および主権の尊重、②他国の国内問題への不干渉、③通商上の機会均等、④平和的手段による以外、太平洋の現状を変えない。

ハルは周到に諒解案と四原則との二本立てとしたのです。この二つは全く正反対の内容です。アメリカが四原則をそのまま日本の前面に出せば、諒解案とは相容れません。にも拘わらず、野村大使は諒解案に飛びつき、四原則のほうを日本に報告しなかったのです。もともとアメリカは日本と妥協する気はないのです。

昭和十五年（一九四〇年）九月から九カ月続けてきた石油買入れのための日蘭会商は、アメリカからの働きかけもありデッドロックに乗り上げ、十六年（一九四一年）六月七日、打ちきる他なくなりました。駐独大使から独ソ戦が避けられないことを急報してきた日でもあります。その四日後、六月十一日の政府大本営連絡懇談会で、独ソ戦が近いとの内報をうけて慎重な態度となった杉山参謀総長は言いました。

「（仏印に）すぐ武力行使（南部仏印進駐）するなどのことは、この際よく考えねばならぬ。それよりも、前から繰り返してきたように、蘭印と仏印に兵力を平和進駐させるよう、外務大臣のほうで手を打ってもらいたい」

これを聞いた海軍の永野軍令部総長は猛然と反発しました。

「仏印、タイに兵力行使のために基地を造ることは必要である。これを妨害するものは、断乎として討ってよろしい。叩く必要のある場合には叩く」

英米なにするものぞ、即武力行使と永野が叫んだのです。永野の発言は余りにも唐突で強硬です。杉山は永野の真意を量りかね、出席者一同も呆気にとられました。彼の真意は何なのか？

近衛にとっては有り難い永野の発言です。

ソビエトは討つな！

「支那事変から対米開戦へそして日本の全面的敗北、併せて天皇退位と米軍進駐、近衛による親米政権の樹立と覇権獲得」が近衛の野望のメジャーシナリオです。可能性は低いが念のためのマイナーシナリオが風見や尾崎たちが主導している「ソビエトをバックとした敗戦革命」です。北進論すなわち対ソ戦はこのメジャーシナリオの進行を妨げるものであり、同時にソビエトの力を弱めるという観点からマイナーシナリオにも悪影響を与えます。近衛にとっては皇軍が壊滅しなければ困るのです。風見を始め共産主義者達はマイナーシナリオに没頭していましたし、そもそも祖国ソビエト防衛は彼らの使命でした。

近衛にとってやっかいな問題が起きます。昭和十六年（一九四一年）六月二十二日の独ソ開戦です。独ソ不可侵条約締結後も、ソビエトは、ドイツ近隣諸国やドイツ占領下で、武器供与を含む対独破壊工作を続けていました。ブルガリアなどのバルカン半島での策動、フィンランドへの食指、トルコへの援助そしてソ独国境の軍事力増強などです。ドイツはソビエトに対し対抗手段をとったとも言えます。独ソ戦開戦後、ルーズベルトとチャーチルは直ちにソビエト援助の声明を出します。世紀の暴走です。フーバーは二人を猛烈に非難します。

独ソ開戦の報を聞くや否や、松岡外相は「即刻北進してソビエトを討ち、ドイツと共にソビエトを東西から挟み撃ちにすべし」と天皇に上奏します。日独伊ソの四国同盟を背景にアメリカと対峙する構想が崩れた今、日本が生き残る一つの道は本来の不倶戴天の敵ソビエトを討つことです。北進は陸軍の建軍の精神でもあります。ソビエトは、支那事変勃発後、二十四個師団分の経費約一億元や大量の軍事物資と爆撃機四百機を国民党政府に提供しています。昭和十二年（一九三七年）八月には国民党政府と中ソ不可侵条約を締結しています。その後もソビエトは国民党政府を精力的に援助しています。支那事変解決のためにも、ドイツがソビエトに攻めこんだことは日本にとって千載一遇のチャンスだったのです。日本が日ソ中立条約を破ってでもソビエトに向かえば、本来は反共である蔣介石にも影響を及ぼして新たな大きな展開を見せたはずです。日本が共産ソビエトと戦っている限り、アメリカも「正面きって」は介入できません。「日本は強大なアメリカとは戦えない」――これが松岡の本心です。日本が対ソ戦に打って出れば、沿海州・北樺太などのソビエト領は短期間に占領できたでしょう。北樺太には屈指の埋蔵量の油田がありますます。日本が北進すればソビエトは東西に兵力が分散されたままで、東西からの同時攻勢に抗しきれず、レニングラード、モスクワ、スターリングラードは恐らく陥落したでしょう。ドイツはコーカサスを進んでカスピ海の油田を手にいれ、更に南下してペルシャ湾の油田も獲得した公算が大きいです。ゾルゲから見ても「独ソ戦は日本にとって絶好のチャンス」「ソビエトにとって最大の危機」でした。

そもそもスターリンは、ヒトラーが昭和十一年（一九三六年）に日本と結んだ防共協定に神経を尖らせていました――「ドイツと日本のファシスト勢力は対ソ戦を準備している。ソビエトを分割してウクライナをドイツの、沿海州を日本の領土にしようと目論んでいる」

ソビエトがウラジオストクに築いた航空基地は日本にとって脅威でした。日本は中国への侵攻に伴いシベリアに千マイルに及ぶ前線を築いていて、日ソの衝突は頻繁でした。日本による対ソ開戦論は世界的にみても妥当なもので、チャーチルやアメリカのウデマイヤー将軍が共にのちに次の如く回顧しています。

「日本が第二次世界大戦で勝者となれる唯一最大のチャンスは、独ソ戦勃発時に北進してソビエトを攻撃し、ドイツと組んでソビエトを東西から挟み撃ちにすることだった。この絶好の機会を日本はみすみす逃した。日本が北進せず南進して、アメリカとの戦争に突入してくれたことは、我々にとっては最大の幸福であった」

しかし、独ソ戦勃発直後の松岡の北進・ソビエト攻撃論は、天皇が疑問を持たれたために撤回せざるを得なかったのです。これもやはり近衛が妨害したのです。近衛は木戸を通じて、あくまでも「外相単独の行動」としっかり事前に天皇に注進していました。加えて近衛は、天皇に拝謁して松岡の主張を次のように位置づけます。

「言うところは判然としなかったが、要するに外相は彼個人の最悪の事態に対する見透しを申し上げたものらしい」

独ソ戦でのドイツ軍の優勢をみて、陸軍に俄然ソビエトを討つべしとの空気が湧き起こります。そこで近衛は念を入れて「外相の『強硬論』は、果たして彼の見透に過ぎないものか、又は主張なのかはっきりせず、紛糾を恐れた余は宮中から書記官長に電話を以て其日午後開催の手筈になっていた独ソ問題のための大本営政府連絡会議を取り敢えず中止させた」のです。連絡会議潰しです。松岡の対ソ攻撃にむけた果敢な行動と陸軍の「ソビエト討つべし！」の空気に慌てた近衛の防戦ぶりが目に見えます。

近衛も必死です。近衛は政府としての態度を決定するとして慎重に陸海相と懇談した後、六月二十五日から七月一日まで連続的に連絡会議を開きました。この時も松岡は断固として北進を主張し南進に反対します。「南進すれば必ずアメリカと衝突し戦争になるから、少なくともあと半年待て」と主張したのです。正論です。及川海相もこれに同意するような発言をしました。

しかし近衛首相は、北進中止の「一種の代償として仏印進駐」を決定せざるを得ないとして「統帥部がおやりになるというなら、やりましょう」とまったく抵抗を示さずに南進のほうに同意したのです。「扇の要」にいる近衛が、北進への代償として南進への道を開いたのです。実に無責任で身勝手です。これによりスターリンはモスクワ防衛のために極東ソビエト軍の二十個師団を振り向けることができ、独ソ戦の勝利に繋がります。一方、日本は米英と衝突する道を突き進みます。

七月二日の御前会議で波乱が起きました。原枢密院議長が国策要綱案に「対米戦を辞せず」とあるのを採りあげ「南部仏印への進駐はアメリカとの戦いになる恐れがあるのか」と繰り返し尋ねました。平和的に慎重にやりたいという参謀総長の答えを引き出した原は、アメリカとの戦いは避けるようにと念を押します。そして彼は独ソ戦に関して「暫く之に介入することなく」の文言を取り上げ、「一日も早くソビエトを討つよう軍部と政府に希望する」と言ったのです。結局、御前会議では海軍軍令部が主張する南進と、陸軍が主張する北進・対ソ戦の準備という二正面での作戦展開方針が決まり、「南北統一作戦」と呼ばれました。

しかしこれは要するに、差し当りソビエトに対して行動を起こさないという決定をしたことを意味します。近衛・風見のぎりぎりの勝利です。

けれども原議長の熱い訴えは陸軍の強い味方となり、陸軍の対ソ戦準備に拍車がかかります。七月五日には陸軍省と参謀本部との間で五十一万人を新たに動員する協議がまとまり、天皇の裁可もおりました。稀にみる全国的規模の大動員です。七月七日関東軍特種演習（関特演）が発動され、演習の名目で兵力を動員しつつ、独ソ戦の推移次第ではソビエトに攻め込むことになります。

当然のことながら、尾崎は独ソ戦が始まるとソビエトに対する日独挟撃を阻止しようと必死でした。「東部シベリアで獲得できる政治上及び経済上の利益は何一つない」「南方こそは進出の価値ある地域である。南方には日本の戦時経済になくてはならない緊急物資がある」と訴えたのです。このような中で七月十六日、近衛内閣が総辞職。対ソ開戦の完全阻止が目的です。「日米諒解案」交渉を巡る混乱を口実に松岡を追放し、七月十八日、第三次近衛内閣が成立します。早速七月二十八日南部仏印への進駐が実行され、アメリカは資産凍結と石油輸出全面禁止に打って出てきました。アメリカから石油が入ってこなければ日本は蘭印（インドネシア）で石油を得るべく必然的に英米蘭と戦うしかない。日本が南進に踏みだした途端に対米戦争は決定的となったのです。永野の思惑通り、近衛の望み通りです。

広田・第一次近衛・平沼・米内の各内閣で外務大臣を歴任した有田八郎は、近衛と永野の対米戦へ向かおうとする姿勢に憤慨し、八月一日、近衛に次のような書簡を送付します。

「最近の仏印との共同防衛取り決めや、これに関して仏印の南部への我軍の進駐が英米側に与えた反響から考えますと、日米国交調整は恐らく絶望に近い状態に置かれているのではなかろうか。（中略）日米国交調整を非常な決意をもって企図していたと信じまする第三次近衛内閣としては、仏印との共同防衛協定や南部仏印への進駐は矛盾政策であったのではないでしょうか」「（仏印南部への進駐は）結局日米話合に本気になっておらぬということを表示するに等しい」（『木戸幸一関係文書』）

日米開戦までの日米交渉は、アメリカにとっても日本を手玉にして時間を稼ぎ戦争準備をする期間でした。尚、日本の外交情報はアメリカのマジック（暗号解読システム）ですべて把握されていました。

昭和十六年（一九四一年）八月二十六日、近衛は海軍の高木惣吉に日米和平交渉について次のように語っています。

「国交調整に対する見通しは『五〇・五〇』と思う。……しかし他方漫然として時日を遷延し『ジリ貧』に陥りたる暁に戦いを強いられることも亦最も警戒すべきことであるから其の点は予め覚悟している」

このような情勢の中、近衛は今後暫く続く日米和平交渉を後の戦争責任回避のためのアリバイとして「大切」にしていったのです。近衛は「自らのスタッフ」である外交担当秘書官の牛場、内閣嘱託で日米交渉に関する連絡役であった西園寺、そして松本重治や井川忠雄に日米交渉案の起草をさせます。近衛は、ルーズベルトとの首脳会談実現で一気に局面打開することを狙っている姿勢を執拗に見せます。

しかし事前の実務レベルでの調整を米国側が必須としていましたので、交渉は明らかに初めから頓挫していました。「結局、近衛の『平和への努力』にも拘らず、残念ながら日米首脳会談は開かれなかった」というストーリーが近衛の思惑通りに完成します。

陛下の避戦を覆せ！

昭和十六年（一九四一年）九月五日、近衛から「明日六日に御前会議を開きたい」と言われて、準備されていた「国策遂行要領」を見せられた木戸内大臣は怒りに震えました。勝てる見込みのない対米英開戦が持ち出されていたからです。

この時点では「対米英蘭戦争指導要綱」はまだ陸海軍内で討議中であり、国家的な対米英戦争戦略も姿を現しておらず、「米英に必敗」が常識でした。昭和天皇自身も両統帥部長による戦局の見通しに不安を抱いていました。

けれども近衛は、翌日の御前会議で戦争決意が（条件付きで）予定されることを黙過するのです。近衛は日米交渉重視というポーズをとりつつ対米開戦への道をつけるのです。近衛の手記『平和への努力』（日本電報通信社　昭和二十一年［一九四六年］四月発行）では、昭和十六年九月六日の御前会議を次のように描いています。

「翌九月六日午前十時、御前会議が開かれた。席上枢密院議長より『此案を見るに、外交より寧ろ戦争に重点がおかるる感あり。政府統帥部の趣旨を明瞭に承りたし』との質問あり。政府を代表して海軍大臣が答弁したが、統帥部からは誰も発言しなかった。然るに、陛下は突如御発言あらせられ、『只今の原枢相の質問は誠に尤《もつと》もと思う。之に対して統帥部が何ら答えないのは甚だ遺憾である』とて御懐中より御製「四方《よも》の海みな同胞《はらから》と思ふ世に　などあだ波の立ち騒ぐらむ」を記したる紙片を御取り出しになって之を御読み上げになり、『余は常にこの御製を拝誦して、故大帝の平和愛好の御精神を紹述せむと努めて居るのである』と仰せられた。万座粛然、暫くは一言も発する者なし。（中略）かくて御前会議は未曽有の緊張裡に散会した」

さて、ともかくもこの重大な御前会議では「あくまでも外交優先であり、万已《や》む無き場合のみ戦争」という確認がなされました。ところで昭和天皇が読みあげた御製中の「あだ波」は、明治天皇が「波風」と詠んだ歌を「あだ（敵）波」と替えられたものです。昭和天皇は単なる行き違いによる「波風」ではない、米国の意図的な経済封鎖を示す「あだ（敵）波」という語を使って、苦衷を表現されたのでしょう。近衛とルーズベルトでたてた「あだ波」です。

いずれにせよ、九月六日の御前会議で天皇は異例の御発言をなされました。立憲君主としての最大限の処置と拝さなければなりません。だから、近衛首相は聖意を自分の輔弼の責に採りいれて、「ただ今平和への大御心を拝して臣等一同恐懼に堪えません。議案を練り直して更に御前会議を奏請いたします」と申し上げこの日の決議を避けるべきだったのです。

それを近衛はしなかった。近衛の野望にとっては、戦争へのシナリオの進行は止めてはならなかったのです。近衛はこの御前会議があった夜、グルー駐日米国大使と秘かに会談します。三時間に及ぶ会談で近衛はグルーとの関係を一層親密にし、グルーは日米首脳会談に向けた近衛の抱負を直接ルーズベルト大統領へ手紙で知らせると約束しました。近衛の念を入れた「平和への努力」です。もちろんその後も米国からは色よい返事は届きません。

しかし近衛の思惑は、国務省の有力者グルーの近衛に対するいい心証が敗戦後にアリバイとしての効果を発揮し近衛を守ってくれるはず、というものでした。グルーも、そしてフーバーも近衛が平和主義者であると思わされました。

昭和天皇は、早くから「対米英戦ともなれば長期戦を覚悟しなければならない。この長期戦に目途がないならば対米英開戦などもってのほかである」との強い考えをお持ちでした。

従って、対米英「長期戦」の視界が開けない限りは外交交渉一本です。ところが、陸軍が設けた一機関において、対米英打開策として長期戦への視界を開く研究成果を得たのです。近衛にとっても、日米開戦の最大の障害である天皇の躊躇を取り除く願ってもないものでした。この機関は「陸軍省戦争経済研究班」と言います。

日本は、石油は九割、他の戦略物資も多くをアメリカからの輸入に頼る脆弱な経済構造でした。その上に共産主義者たちに仕組まれ踊らされた支那事変の重荷で経済的窮状に陥り、破綻は時間の問題でした。他方、アメリカは世界最大の経済大国で、当時既に世界物資の四割を消費していました。そのような状況下、アメリカ主導での資産凍結と全面禁輸措置が日本にとどめを刺します。ロックフェラーのスタンダード石油会社系などから石油を手に入れることは、完全に絶望となったのです。座して死を待つか、それとも石油を獲りに行くか。前述の通り、国家、民族、そして家族が生き残るため、開戦決断は「合理的」な判断の下に行われなければなりません。そうでなければ国民は納得せず、国家は運営できず、陛下もご裁可なさらなかったでしょう。

この「合理的」な判断の主役は陸軍でした。フーバーが『裏切られた自由』で言及したところの、後先を考えない「腹切り」ではありません。

しかしながら、陸軍の開戦決断が「合理的」であったと同時に、開戦決断が合理性をもった形で必然的となるようなお膳立てを、近衛や共産主義者達が数年がかりで組み立てていたのです。「戦争」を企む側は、日本の決断が合理性に基づくものであることを知っていました。だから「合理的」な「開戦決断」の舞台を用意したのです。

第一次大戦以降、世界は「総力戦」の時代に突入し、戦争は経済上の戦争遂行能力（経済抗戦力）抜きでは語れない時代になりました。陸軍は、日本に経済国力がないことを前提に対英米総力戦に向けての打開策を研究する機関として、昭和十四年（一九三九年）秋に「陸軍省戦争経済研究班」を立ちあげました。リーダーを秋丸次朗中佐にしたので、通称は「秋丸機関」です。彼は陸軍経理学校を卒業後、総力戦に備えた派遣制度により東京大学経済学部で三年間学びます。当時の東大はかなり左派的な土壌があり、多くの陸軍軍人がマルクス主義を勉強しています。彼もかなりの影響を受けたと考えられます。

その後、彼は満洲国建設主任を経て、昭和十四年（一九三九年）九月に「陸軍省戦争経済研究班」

に赴任しました。彼は孫子の兵法「敵を知り己を知れば百戦殆《あやう》からず」に立ち「仮想敵国の経済戦力を詳細に分析・総合して最弱点を把握すると共に、わが方の経済戦力の持久度を見極め攻防の策を講ずる」ことを誓います。

陸軍省戦争経済研究班（秋丸機関）の中で最も重要な班は英米班です。

秋丸中佐は英米班の主査に、マルクス経済学者で東京大学経済学部助教授の有沢広巳をあてました。このとき有沢は、左翼活動容疑で師の大内兵衛たちと共に検挙され、保釈中であり休職中でした。秋丸は東大経済学部で有沢の講義を聴講しその学識に感動していました。有沢は第一次大戦後のドイツに留学してドイツの日本人左派グループに属し、ドイツ社会民主党大会に招待されています。帰国後、総力戦と統制経済の大家となり、支那事変勃発後は『戦争と経済』を出版し大増刷となりました。ドイツの第一次大戦下の統制経済や原料・食糧の自給体制を確立した、ナチス国防経済の成功についての分析も行っています。有沢は近衛の昭和研究会のメンバーでした。昭和十五年（一九四〇年）八月には彼の草稿を基とした「日本経済再編成試案」が、朝日新聞論説委員にして朝飯会メンバーである笠信太郎の名で『日本経済の再編成』として発行されベストセラーになり、財界に大きな衝撃を与えます。有沢や笠は、わが国の軍事行動は「抗日勢力の徹底的破砕を目指して進められねばならぬ」と主張すると共に、企業の利潤や経営にまで統制の範囲を拡大させる必要性を説き、国家総動員を徹底することを求めたのです。尾崎と同じ主張です。『中央公論』昭和十四年（一九三九年）十一月号に掲載された「事変処理と欧州大戦」というテーマでの座談会では、笠信太郎、牛場友彦、西園寺公一たちが公然と、自由経済の復活、複数政党政治、言論の自由の全てを否定します。

なお有沢は親中派の代表的人物であり、戦後、「中国侵略の贖罪」として蔵書二万冊を中国社会科学院日本研究所に寄贈し、「有沢広巳文庫」が設立されます。「日本は中国に謝り続け、アメリカに感謝し続けなければならない」が持論です。東京大学名誉教授、法政大学総長、日本学士院院長を歴任します。

この有沢が英米班の主査であり、かつ秋丸機関全体の研究リーダーです。秋丸中佐は、ナチスの戦争経済の大家で慶応大学教授にして召集主計中尉の武村忠雄を主査に招いて独伊班を、東京商科大学教授の中山伊知郎を主査に日本班を、立教大学教授の宮川実を主査にソビエト班を、横浜正金行員を主査に南方班を、そして東大教授の蠟山政道を主査に国際政治班をつくりました。昭和研究会の中心人物で共産主義者の蠟山が秋丸機関に参画していることは重要です。蠟山は近衛の訪米にも密着しており、朝飯会の有力メンバーでもあります。蠟山は松本重治と共にＩＰＲで暴れ、松本や牛場と共産主義者の東京政治経済研究所を立ち上げています。

共産主義系列　有沢広巳

ルーズベルト政権、なかでも財務省には、ハリー・ホワイトの下、多くの共産主義者スパイがいたことが判明しています。ホワイトは議会で、

「当時の財務省は組織が急速に膨らんでいました。（中略）

我々には優秀なエコノミストが必要でした。私は知り合いにコンタクトしてそうしたエコノミストを紹介して貰いました。『頼むから最高レベルのエコノミストをこちらによこしてくれないか』と依頼しました」

と証言しています。日本も同じような状況でした。秋丸機関でも企画院でも満鉄調査部でも昭和研究会でも、共産主義者を吸収したのです。特に陸軍は、治安維持法違反検挙者であっても有能なら、今の貨幣価値で二百数十万円から三百万円の月給で雇っていました。

さて、陸軍省戦争経済研究班（秋丸機関）は、「持つ国」アメリカとの「長期戦」を想定します。そして、占領地を含む「広域経済圏の生産力が対長期戦の経済抗戦力として利用され得る」と主張します。日本にとっての広域経済圏は大東亜共栄圏です。実際、日本は蘭印（蘭領東印度、インドネシア）を占領しロイヤル・ダッチ・シェルやスタンダード系の油井設備を獲得したので、それまでイギリスなどに供給されていた石油を奪取して、当初の計画を遥かに上回る量を数年に亘り確保しました。だから連合艦隊も大海原を大いに動けたのです。

英米の経済抗戦力の主体は米国です。

しかし戦力は距離の二乗に反比例するので、東アジアを戦場とした場合、日本に比べ米国は圧倒的に不利です。加えて米国は大西洋を挟んでドイツと対峙し、太平洋を挟んで日本と対峙する二正面作戦を余儀なくされます。

更に米国は自由経済なので、経済抗戦力を最大限発揮するには時間がかかります。フーバーたちの活躍も貢献し、米国の世論は圧倒的に戦争反対です。統制経済で短期間に最大限の力を発揮し得る日本は、暫くの間は東アジアで対米優位です。この間に日本とドイツが英米の「弱点」を突いて一旦の講和に持ち込み、更なる長期戦に備えることが日本の戦争戦略です。広域経済圏を確立して長期的に米国に対するという方針です。一定の合理性があります。

秋丸機関は、英米の「弱点」を探るために「第一次世界大戦の倍の規模の世界大戦」を想定した戦争シミュレーションを実施しました。その結果、英国経済が戦費を賄うことは不可能というこ とがわかります。不足額は円換算で年二百三十億円、当時の日本の国家予算（一般会計）の八倍でした。それでも英国は、この不足を米国からの完成品輸入で補うことができます。ルーズベルトが成立させた武器貸与法による無制限援助を受けられるからです。

一方、米国は、自らの「第一次世界大戦の倍の規模の世界大戦」を失業者動員と遊休設備活用等で充分に賄い、かつ「英国にその不足額の援助を行った上に、更に英国以外へ厖大な軍需資材供給」が可能です。

但し、そのためには開戦後一年から一年半の準備期間を要します。日本の勝機はこの米国の準備期間にあります。更に英国は、ドイツの潜水艦Uボートの攻撃により多くの船を失いました。米国には船腹に余力がないので、問題の核心は英米の造船能力と撃沈速度の競争です。英米の造船能力は一九四三年において月五十万総トンの見込みなので、枢軸国側が月平均五十万総トン以上の撃沈をすれば米国の対英援助を無効にできます。

そして、月平均五十万総トン以上の撃沈は現実的な数字でした。実際Uボートは威力を発揮、一九四一年から四二年にかけて月平均で三十六万総トンから六十五万総トン、多い月で七十万総トンから八十万総トンを撃沈しています。陸軍省戦争経済研究班（秋丸機関）は、戦争シミュレーションの結果を踏まえ、日本が最大抗戦力を発揮すべき対象を構造的な「弱点」を有する英国と決します。「一年から一年半」の米国の準備期間の間に、海上輸送力や「船」への攻撃を梃子に英国をまず屈服させるのです。

最終調査報告書である『英米合作経済抗戦力調査』の結論部分から次の戦略が導かれます。

1　日本はインドやインド洋地域の英国領に対する戦線を最大限に拡大し、彼らの物資を消耗させる。

2　これらの地域への物資輸送の「船」需要を増大させ、英国の船腹需給をますます逼迫させる。

3　その上で、インド洋でより多くの「船」を撃沈して英国の海上輸送上のダメージを最大化する。

インド洋は、東アフリカや中東も含む大英帝国圏の内海にして米英にとっての経済・軍事の大動脈でした。即ち、インドや豪州などから英本国への綿花・羊毛・鉛等鉱物資源などの原材料、小麦・茶・牛肉・乳製品・林檎などの食糧の輸送、ペルシャ湾岸からの石油の輸送、エジプトやインドへの兵員・武器の輸送、ソビエト（イラン経由）や蔣政権（インド経由）への援助物資輸送の大ルートであったのです。このインド洋を戦場とするのです。

実はこのシミュレーションでは、「船」は無条件に米国から英国への大西洋海上輸送に転用できると仮定しています。実際には、ソビエトや支那への援助、大英帝国圏内の各地間輸送、更には中東・北アフリカ・インドなどの軍事作戦に対する輸送にも厖大な「船」が供されるのです。日本がドイツと共にこれらの海上輸送船を叩けば、英国は経済的に封鎖され経済抗戦力を失います。インドが日本の支援で独立したり、日独が中東で合流すれば、チャーチル政権はもたないでしょう。「船」がなければ、「反枢軸国家群への経済的援助により交戦諸国を疲弊に陥れ其世界政策を達成する戦略」をもつ米国の意思も喪失します。「英米合作を突き崩せる」という結論がみえてきます。「太平洋」は出てきません。真珠湾、ミッドウェー、ガダルカナルは的はずれです。インド洋および大西洋が戦場です。

昭和十六年（一九四一年）七月、杉山参謀総長たちへの秋丸機関の最終報告は、「英米合作の本格的な戦争準備には一年余かかり、一方、日本は開戦後二ヶ年は貯備戦力と総動員にて国力を高め抗戦可能。この間、輸入依存率が高く経済的に脆弱な英国を、インド洋（および大西洋──独逸が担当）における制海権の獲得、海上輸送遮断やアジア植民地攻撃によりまず屈服させ、それにより米国の継戦意思を失わせしめて戦争終結を図る。同時に、生産力確保のため、現在英、蘭等の植民地になっている南方圏（東南アジア）を自給自足圏として取りこみ維持すべし」というものでした。正に時間との戦いであり、日本は南方圏を押さえ、脇目をふらずに西へ行き、インド洋やインドなどを押さえるのです。杉山参謀総長は、「調査・推論方法は概ね完璧」と総評します。

ここに日本軍のインド洋作戦を含む西進思想が導き出されました。「米英合作」対「日独枢軸」の地球規模の戦争戦略の図式を描いたのです。

但し、この研究成果が、結果として、ソビエトを攻める北進論よりも南進論に大きなバイアスをかけたことは見逃してはならない点です。尾崎が喜ぶ結論です。有沢や蠟山の意図が込められていたでしょう。

陸軍の戦争戦略案は、昭和十六年（一九四一年）八月一日、米英蘭による対日全面禁輸発表という最終局面に至り、陸軍と海軍が合同しての戦争指導関係課長らの正式討議に付され、

①戦争目的（自存自衛）
（中略）
④総力戦における攻略範囲の限定（不拡大）
⑤占領地の処理
⑥思想戦指導の眼目（米国の非戦の世論を生かす。米海軍主力を極東へ誘致）
⑦経済戦指導上の着想
⑧外交戦指導の準則
⑨戦争終末促進の方略

という内容の「対米英蘭戦争指導要綱」が策定されました。

特に重要なのは、①戦争目的（自存自衛）、④総力戦における攻略範囲の限定（不拡大）、および

⑥思想戦指導の眼目（米国の非戦や不干渉の世論をいかす。米海軍主力を極東へ誘致）です。

「①戦争目的」は、あくまでも自存自衛。戦いの推移と共に必然的にアジア植民地独立を支援する動きと一体になるが、アジア各植民地の独立を目的として日本の存亡をかけることはできない、ということで議論は決着を見ています。

「④総力戦における攻略範囲の限定」は、自存自衛のための南方での石油を中心とする資源獲得と大東亜共栄圏確立、およびイギリスの封鎖による屈服と講和に戦略を限定することが眼目です。戦争は一旦始まると戦線が拡大しがちであることを経験則として踏まえ、厳に戒める議論が展開されています。特に太平洋方面での戦線拡大は、限界を超えて総力戦を崩壊せしめるものとなるとの認識です。

「⑥思想戦指導の眼目」は、対米戦略を思想戦としていることで極めて重要です。共和党（フーバー）対民主党（ルーズベルト）による「平和」対「戦争」の図式や圧倒的な非戦のアメリカ世論を、マスコミや政府筋・民間筋・諜報員などからしっかり把握し、アメリカの非戦的傾向を壊さないことを日本の戦争戦略の第一命題としました。当然の戦略です。従って、ハワイ奇襲など、アメリカを激昂させる作戦はそもそも論外です。

「対米英蘭戦争指導要綱」は九月二十九日に大本営陸海軍部で正式決定します。十月十八日の東條内閣発足後、「⑨戦争終末促進の方略」を中心に編集したのが「対米英蘭蔣戦争終末促進に関する腹案」です。「腹案」は当時天皇が正にご要望された研究内容でした。「対米英蘭蔣戦争終末促進に関する腹案」は十一月十五日、大本営政府連絡会議で国家戦争戦略として正式決定します。

「対米英蘭蔣戦争終末促進に関する腹案」の中味を説明します。「方針」と「要領」があります。「方針」では、まず速やかに米英蘭の極東拠点を叩き、南方資源地帯を獲得し自存自衛の体制を確立することを第一段作戦とします。大東亜共栄圏の構築です。更に、比較的脆弱な西正面、蔣政権の屈服と独伊と連携してのイギリスの封鎖・屈服を第二段作戦とします。アメリカについては、合作相手イギリスの屈服により、戦争継続の意思を喪失せしめます。「方針」の背景には、そもそものアメリカ国民の戦争不参加の圧倒的な世論があります。参戦の必然性がなかった第一次世界大戦で十二万人もの戦死者を出した記憶がまだアメリカ国民に生々しかったのです。しかもルーズベルト大統領は、「有権者の子息を決して戦場に送らない」――すなわち戦争不参加を公約し当選しています。だから、アメリカを極端に刺激するハワイ攻撃などはアメリカ世論を急変させるので企図しませんでした。これが対米思想戦指導の眼目であり、対米宣伝謀略のベースとなります。「方針」は、秋丸機関の最終報告で出された判決(結論)に基づいています。「要領」では、より具体的に各戦略を述べています。第一段作戦での長期自給自足態勢の確立を掲げ、アメリカ海軍主力に対しては日本から攻勢に出ず、逆に極東へ誘い込んで撃破する伝統的守勢作戦思想で対処します。

次に第二段作戦の核心、イギリスの屈服を図る西向きの方策、すなわち西進について述べています。日本は、インドや豪州などに対する攻略および通商破壊などによって、イギリス本国と遮断し離反をはかります。特にビルマの独立を促進しインドの独立を刺激します。

更に独伊が近東・北アフリカ・スエズに侵攻し、西アジアへ向かう作戦を展開します。イギリスの支配地を切り崩し、封鎖を強化し、「情勢が許せば」イギリス本土に上陸します。日独伊三国はインド洋作戦を強化し、イギリスへの物資輸送を遮断します。イギリスを屈服させるには日本のインド洋やインドでの作戦遂行が極めて重要となります。アメリカについては戦意喪失に努めるとして、通商・資源輸送の遮断、宣伝謀略などに言及しています。アメリカ海軍主力に対しては、本土に近いマリアナ諸島に防衛拠点を築けば、堅固な守勢体制となります。日本からの攻撃を極東の植民地フィリピン程度に止め、太平洋の大拠点であり準州たるハワイなどを奇襲しなければ、もともと参戦反対の世論で固まっているアメリカが、国家総力を挙げて日本に襲い掛かってくることは想定できません。米国内ではこの時、国民に日米戦の意義を説きにくいのです。日本は真珠湾を絶対に攻撃してはならないのです。

なお、対ソビエトについては、九月六日の御前会議決定の「帝国国策遂行要領」にある「特に米『ソ』の対日連合戦線を結成せしめざるに勉む」の方針が考慮され、宥和的になっています。戦争目的は日本の「自存自衛」であることが徹底されていたのです。もちろん、今日の我々の目から見れば、ソビエトについては情報不足が招いた方針になっています。米英があれほどソビエトに肩入れするとは予想外であったのです。もちろんフーバーにとっても驚きの、ルーズベルトとチャーチルの暴走でした。

戦争終結の方策としての、日本の法王庁への外交・宣伝は相当に進みます。日本がアメリカからフィリピンを独立させた時、法王庁はいち早くこれを承認します。

昭和十七年（一九四二年）一月には、日独伊軍事協定が統帥部で結ばれ、日本はほぼ今の全インドを担当地域とし、「腹案」の推進に伴いインド洋を制圧し中東まで進み得ることとなります。戦争戦略を支える軍備は、支那事変以降の巨額な臨時軍事費を振り替えて相当程度調えられていました。大蔵省審査は大雑把で、議会審議も予算の細目を示さず原案がそのまま秘密会で可決されました。軍部は支那事変を口実に、年々巨額の軍備拡張予算を獲得しました。国家予算の全体的な政治責任は専ら内閣にあります。現在の相場に換算して百兆円ほどの臨時軍事費の政治責任が近衛内閣にあるのです。近衛は早くから軍拡を全面的に肯定していました。支那事変の拡大と共に、臨時軍事費膨張を促したのです。

以上を端的に言えば、秋丸機関での有沢や蠟山たちの研究により、対米英開戦しても何とかいけそうとの理屈だてが整い、近衛によって軍備も揃いました。昭和天皇が止むを得ざる対米開戦に納得できる「合理的」な状況がつくられたのです。

昭和十六年（一九四一年）十一月五日の御前会議では、対米交渉期限を十二月一日と決定します。交渉妥結の見込みは小さく「開戦已むなし」の覚悟でした。この間、海軍は西太平洋の制海権持久は保証なしとしつつ、避戦を選択しない無責任な態度でした。陸軍は責任をもってリスクを認識しつつ、少しでも可能性のある「合理的」戦争戦略を採用したのです。東條首相もリスクを理解しつつ、この「腹案」の戦略で戦い得ること、否、それ以外に進む道はないことを認識しました。このことはのちに、東京裁判のために書かれた東條英機「宣誓供述書」で確認できます。

十一月五日御前会議決定「国策遂行要領」に基づき、十一月中旬には開戦準備を本格化し軍動員・増税・軍事予算・対独提携強化などを進めます。最後に十一月二十六日の大本営政府連絡会議、十二月一日の御前会議で開戦を正式決定します。対米英戦争は十二月八日に始まります。十二日には閣議で、支那事変と対米英戦を一つのものとして東アジア解放の意も込め「大東亜戦争」と命名します。

裏切りの真珠湾攻撃

話を少し戻します。

昭和十六年（一九四一年）十月中旬近衛は内閣を投げ出しました。東條陸相との見解の不一致が辞任理由でしたが、実情は違うようです。『木戸幸一関係文書』中の「第三次近衛内閣更迭の顚末」によりますと、東條陸相は木戸内大臣と同様に「九月六日の御前会議の決定は癌であり、海軍の自信ある決意無くしてこの戦争は出来ない」と述べていて、事態をしっかり把握していました。従って木戸内大臣は、東條陸相と近衛首相で話の仕様があると認識していたのです。

要するに、海軍に正式な責任ある態度表明をさせなければならない事態なのです。

しかし近衛はこれを無視して、先手を打って勝手に閣僚達の辞表を取り纏めて陛下に奉呈してしまうのです。開戦決定前に東條にバトンを渡して、近衛はさっさと逃げなければならなかったのです。だから「後継首相は東條」というアイディアも、近衛から木戸に呈せられたのです。東條の天皇への忠誠心と陸軍内の統率力を評価して、という理屈です。近衛は辞表を出した後、木戸に言いました。

「東條陸軍大臣が陸軍の統制と云う点から見て一番いいと思う。数日来東條陸相と話して見ると、東條陸相といえども、直ぐに米国と開戦しようと云うのではない。殊に海軍が自信がない様なら之はやることは出来ないとも云っているのだから、陛下から御言葉でもあれば東條陸相は考え直すだろう」

ずるいのです。近衛のシナリオでは、対米開戦は専ら東條という駒が行い、その身で戦争責任を引き受けるのです。東條自身はまさか自分に大命降下があるとは夢にも思っていませんでした。十月十八日の『鳩山一郎日記』は「東條に大命降下せりと。近衛は逆賊と歴史は断ずるや。（中略）近衛、木戸の所謂ブロックは遂に日本を何処迄引きずるであろう」と記しています。鳩山には近衛の企図が見えていたのです。

「白紙還元の御諚」により、即時開戦決定要求というプレッシャーは一旦消えました。国策を避戦の方向に進めるために、東條は慣例を破って陸軍現役のまま首相となり陸相を兼務します。陸軍内の主戦勢力を抑えるためです。東條内閣は連日閣議や大本営政府連絡会議を開きました。作戦開始可能の時期は限定されている。陸海軍統帥部は焦慮します。統帥部は、戦争戦略「対米英蘭蔣戦争終末促進に関する腹案」の原案を手にしていました。東條内閣は日米交渉妥結に全力を尽くしますが、今更纏めることは無理な話でした。

この状況を近衛は冷やかな眼で見ていたのです。

「対米英開戦は避けられる訳がない。敷かれたレールを走る東條内閣は開戦内閣なのよ」と。

政府は十一月十五日に臨時議会を召集します。日米交渉の中味は日米共に秘されていましたが、事態が切迫していると国民に伝えるためです。衆議院でベテラン議員が全会派を代表して熱弁を揮《ふる》いました。

「支那事変の解決しないのは米国等の妨害によること、シンガポール、グァム、フィリピン、ハワイ等に対日包囲陣を強化しつつあって太平洋に一触即発の危機をかもしている」

「大東亜共栄圏を確立して世界平和に貢献しようとする皇国の主張のどこに侵略的意図があるか」

「侮辱や威嚇に屈服して自滅を待つが如きは吾々の正義観、愛国心が絶対に許さぬ」

「もはや、やる外はない」

議場の緊張は一気にピークに達します。経済封鎖による苦境は日常生活を襲い、『朝日新聞』などがアメリカ主導の包囲を絶叫し、議員も国民もアメリカの横車に嫌悪を感じていました。尾崎たちが煽った成果です。十一月二十九日に、鳩山一郎は真崎甚三郎を訪問して「日米開戦は避けられるか否か」の見解を求めます。

これに対して真崎は、「避け得ず」と答えます。

すると鳩山は、「日米開戦せば日本は共産主義に陥るべしと観測しあり」とし、真崎も「その通りだ」と答えます。日米戦争による国内の混乱に乗じての共産主義革命を、二人はやはり危惧します。けれども、日米双方が燃えたつ本格的な日米総力戦に突入するには状況はまだ不十分でした。アメリカのほうでも「日本討つべし」の世論が轟然と沸き起こらなければなりません。戦争は一国ではできないのです。この時、近衛もルーズベルトも、虎視眈々とアメリカ国内に「日本討つべし」の世論が轟然と沸き起こるのを待っていました。

昭和十六年（一九四一年）十二月八日未明、太平洋で幕はあがりました。真珠湾攻撃です。山本五十六連合艦隊司令長官が、真珠湾攻撃によって大東亜戦争の「対米英蘭蒋戦争終末促進に関する腹案」における「米国をあまり刺激せず米国艦隊はその来襲を待つ」という対米戦略、そして西進戦略を破壊します。真珠湾攻撃は「腹案」と根本的に矛盾する裏切りの作戦です。

山本長官は、昭和十六年（一九四一年）一月七日付の及川海相宛書簡「戦備に関する意見」において、「日米戦争に於て我の第一に遂行せざるべからざる要項は開戦劈頭《へきとう》敵主力艦隊を猛撃撃破して米国海軍及米国民をして救う可からざる程度に其の志気を沮喪せしむること是なり……」と述べています。

ご存知の通り、真珠湾攻撃（奇襲）は第一次世界大戦の戦禍の記憶も生々しいアメリカ国民の反戦感情を零にして全アメリカ国民を一挙に戦争へと結束させ、「日本討つべし」「枢軸討つべし」の大合唱を沸き起こしたのです。ルーズベルト大統領の三選時の非戦の公約は吹っ飛びました。

真珠湾攻撃は山本が述べていた幻想的な狙いと真逆の結果を招いたのです。当然です。確かに空母を討ち漏らしたり地上攻撃を中止したりしましたが「志気を沮喪せしむる」どころかアメリカ国民の戦意を猛烈に昂揚させたのです。アメリカ側の事情通は、真珠湾攻撃を「相手の横面を張って激昂させただけの作戦」と評します。真珠湾攻撃はアメリカが猛烈な勢いで供給力（経済抗戦力）を最大化することを可能とし、アメリカの本格的戦争準備を劇的にスピードアップさせました。アメリカの造船能力は一気に倍増します。「腹案」が狙った「日米戦意義指摘に置き、米国輿論の厭戦誘発に導く」とは全く逆方向です。

このため日本が一旦講和に持ち込まなければならないリミットは前倒しになり、一年を切るくらいになってしまったのです。日本は一層速やかに脇目をふらずに西進すべき状況に置かれたのです。なぜ山本は国益を損なう暴挙に出たのでしょうか。

山本五十六は明治十七年（一八八四年）に生まれました。第二十六・二十七代の連合艦隊司令長官を務めました。最終階級は元帥海軍大将です。彼は若い頃のアメリカ駐在、ハーバード大学留学時代や、駐米大使館付武官の頃から真珠湾攻撃を思い描いていたという説があります。アメリカで真珠湾を攻撃すれば日本に勝機があるとでも誰かに示唆されたことがあるのでしょうか。

海軍　山本五十六

いずれにせよ真珠湾攻撃が山本の信念になっていたのです。山本は派手好きで博打好きでした。そんな彼をなぜ連合艦隊司令長官に任命し、しかも、まるで日米開戦を待つかのように、昭和十六年（一九四一年）八月の通常の任期を超えて、比類なく長期間在任させたのでしょうか。真珠湾攻撃前提のトップ人事です。彼を連合艦隊司令長官に任命したのは米内光政海軍大臣です。連合艦隊の中で多くの反対を押し切って昭和十五年（一九四〇年）末頃に山本の一存で真珠湾攻撃が決定されます。しかしながら海軍省軍務局や作戦部の大反対が続きました。

これらの反対論は、攻撃自体の危険性の指摘と共にアメリカの非戦の世論が激変することを危惧した合理的なもので、「腹案」の戦略思想と軌を一にするものです。

けれども昭和十六年（一九四一年）十月下旬から十一月初めにかけて、永野修身軍令部総長は真珠湾攻撃を裁可してしまいます。彼はこの裁可をした理由を、戦後、東京裁判の検察尋問に答えて証言しています。

「海軍省軍務局はアメリカ艦隊を待ち受けるとする伝統的な手段を好んだのです」

しかし「山本大将は真珠湾攻撃計画が正しいという強固な考えがあり、その計画が実行できなければ部下と共に辞職するとおどしたのです」

「私はもともと海軍軍令部案（「腹案」）に賛成していたのです。海軍作戦部の南太平洋でアメリカ軍を何年も待つことに計画を使うことに賛同していました」

「私は海軍省軍務局の方が理にかなっていると思ったのでこちらの計画（「腹案」）に賛成だったのです。しかし、艦隊の指揮者が辞任するのは反対でした。……一番良いのは承認だと思ったのです」

即ち山本の辞任を防ぐためだけに、永野は亡国の真珠湾攻撃を裁可したとの証言を残したのです。国益に適う合理的な理由はなかったと言うのです。暗に「口にできない理由があった」と述べていることにもなります。真珠湾攻撃を裁可した永野の背後には闇があります。

永野修身は明治十三年（一八八〇年）に生まれました。最終階級は元帥海軍大将です。第二十四代連合艦隊司令長官、第三十八代海軍大臣、第十六代軍令部総長を歴任しています。海軍三長官すべてを経験した唯一の軍人です。アメリカ駐在、ハーバード大学留学、駐米大使館付武官などアメリカ絡みの経歴が特徴的で、軍縮会議の全権を務めるなど国際派です。

この検察への証言の後、永野は冬の寒い巣鴨プリズン（拘置所）で窓を破られたままにされ、裁判途中の昭和二十二年（一九四七年）一月二日急性肺炎にかかります。彼は巣鴨プリズンから両国《りょうごく》のアメリカ陸軍野戦病院に移され、三日後に亡くなりました。まるで殺されたようだと言われています。

海軍　永野修身

彼の死後、拘置所の部屋に残された裁判関係資料、手紙、諸記録などは妻に引きとられました。しかしそれらがぎっしりと詰まった大きなトランクは、妻と娘が高知の自宅へ持ち帰る途中の列車で盗まれてしまうのです。妻は新聞広告を出してまでトランクを必死に探しましたが無駄でした。可哀そうに妻はこれを苦に間もなく亡くなります。

なお、日本は真珠湾を「奇襲」したつもりでしたが、ルーズベルト大統領は先刻承知で、大事な空母は避難させ、旧式戦艦等を無防備で真珠湾に停泊させて「生贄」として用意し、「奇襲」を待っていたとする説が有力です。彼は大統領選挙時に戦争不参加を公約していました。戦争不参加によって世論の圧倒的な支持を得ていました。ルーズベルト大統領は、この公約を一八〇度翻して日本やドイツと開戦するための口実を求めていたのです。ルーズベルトの思惑を知っていたヒトラー率いるドイツ軍は、実質上大西洋でアメリカ海軍から攻撃を受けていましたが、耐え難きを耐え、アメリカのどんな挑発にもすべて自重していたのです。このことはルーズベルトやフーバーに関する章で述べました。

真珠湾攻撃が亡国の道であることを、豊富な情報を持つ近衛は熟知していました。近衛と山本はしばしば密に情報交換をしています。昭和十六年（一九四一年）九月十二日にも、近衛は山本と秘密裏に会っています。

「真珠湾をやった場合、超大国アメリカを本気で立ち上がらせてしまうのだから、結局は日本に勝ち目がない」と山本も認識していました。「最初の一年や一年半はともかくそれ以降は見こみがない」ことを山本は近衛に正確に伝えています。彼が「対米英蘭蔣戦争終末促進に関する腹案」を徹底的に壊すのですから、見込みゼロです。現に緒戦の勝利で人々が喜びに沸いていた時、近衛や風見は冷静でした。

十二月八日、風見は息子に「第一撃は立派だが、いずれ日本は負ける運命にある」と話しています。風見と山本も親密な仲でした。風見は山本への手紙を新聞記者に感づかれないようにとの理由で、秘書ではなく長男の博太郎に持って行かせていました。山本から風見への手紙は、風見自身が終戦後すぐにすべてを焼却します。長男はのちに次のように回想しています。

「親父は終戦後三日か四日、一週間もしないうちに手紙を全部焼いてしまった。それは徹底していて、それまでのものを全部。他人に迷惑をかけるのが一番いかんというのが、親父の考えだった。僕が見たら近衛さんの手紙、山本さんの手紙、米内さんの手紙だとか、いろいろな人の手紙がある。僕は焼くのはもったいないと思ったから、『こういう手紙は焼かずにしまっておいた方が、いいんではないか』と親父にいったらね、『そんなことを言うな。もし万が一それがもとで迷惑をかけたらどうするんだ。米軍なんて何をやるかわからんのだから。間違いがないようにこういうふうにやるんだ』」

まず長男の目についたのは、近衛、山本、米内からの手紙だったのです。特に数が多かったということです。「迷惑をかけたらどうするんだ」と言っていますが、山本は二年以上前に亡くなっています。近衛、山本、米内からの手紙を終戦後すぐさま焼いたのは、絶対に残してはいけない真実が彼らとの手紙のやりとりに書かれているからです。

また、山本、米内との手紙のやりとりの多さ自体も隠しておきたかったでしょう。山本は左派の言論人や学者たちと親しい付き合いがありました。昭和十六年（一九四一年）四月には、なんと十二人の言論人学者グループが、横須賀の連合艦隊旗艦長門に山本長官を艦船見学の名目で訪ねています。東京朝日新聞論説委員で風見や尾崎と親しく昭和研究会の設立発起人であった関口泰を始め、政治学の矢部貞治、経済学の大河内一男など昭和研究会の顔ぶれです。

ところで、十二月八日真珠湾攻撃に先立つこと一時間二十分、マレー半島上陸で始まる南方資源地帯獲得をめざした「腹案」第一段作戦は、予想以上の成功を収めます。インドネシアで日本は石油の生産施設をほぼ無傷で獲得し、以後数年当初計画を大幅に上回る石油を手に入れたのです。シンガポール陥落は、欧米列強によるアジア植民地支配の一大拠点を壊滅させた人類史的偉業です。

イギリスのチャーチル首相は、日本の第二段作戦の西進を大英帝国の危機として恐れました。チャーチル首相は自らの致命的な弱点を熟知していたのです。「対米英蘭蔣戦争終末促進に関する腹案」の第二段作戦はイギリス屈服に重点を置き、ビルマ、インド（洋）、更には西アジアを見据えての西進が基本です。

一方、ドイツはイラク・イランへと進出し日本と連携すべく、またスエズ・北アフリカを睨みつつ油田確保も狙って、コーカサス（黒海とカスピ海に挟まれた地域）作戦を企図しました。イギリスは日本軍によってプリンス・オヴ・ウェールズなどを撃沈され、この時インド洋の覇権を失っていました。そのため豪州やインドからの派兵ができず、コーカサス、西アジアは枢軸側にとってこの上ない戦場だったのです。

昭和十七年（一九四二年）四月十五日に海軍が決定した第二段作戦は、「腹案」では日本に成算がないと勝手に唱えていた山本連合艦隊司令長官の意向を反映した東向きの積極作戦となっていました。彼の威光は緒戦の勝利で勢いづいたのです。そしてまたもや永野軍令部総長がこれを承認します。陸軍は攻勢の限界を超えることを恐れました。

陸軍は、ジャワ占領によって第一段の戦略目標は達成したので、概ねその線で長期持久態勢を固め、連合艦隊の主力をインド洋に指向し、インド脱落、西亜（ペルシャ、イラク、アラビア方面）打通に資する作戦のみにすべきと主張します。これは正論です。真珠湾で空母を討ち漏らした山本長官はハワイ攻略に挑みたかったのですが、航空兵力の整備を待つ間にセイロン島攻略によりインド洋のイギリス東洋艦隊を誘いだして撃滅し、西正面の態勢を整えようとしました。

この時、ドイツも日本に対してインド洋でのイギリスの後方攪乱を要請します。開戦時に大損害を被ったイギリス東洋艦隊は、その後本国艦隊から増援を受け、戦艦五隻、空母三隻の大艦隊を復活させていたため、ビルマ攻略を控えた日本軍には脅威となっていました。当然にインド洋作戦は陸軍の望むところです。

日本海軍は、第一段作戦の最終章のインド洋作戦として、四月五日から六日にセイロン島沖で空母機動部隊によるイギリス東洋艦隊の再撃滅をめざし、空母一隻、重巡二隻、そしてベンガル湾内の商船二十一隻を撃沈するという一方的勝利を収めました。しかし、イギリス東洋艦隊の多くをインド西岸やアフリカ東岸にとり逃がし撃滅は達せられていなかったのです。

他方、チャーチルはルーズベルト宛書簡で「今、日本がセイロン島と東部インドから更に西部インドへ前進してくれば対抗できない。蔣介石支援ルート、ペルシャ湾経由の石油輸送ルートやソビエト支援ルートが遮断される」とし、四月末までにアメリカ太平洋艦隊が日本の西進を止め東へ転じさせるべく牽制行動をとるよう切望しました。米英共に、日本軍が西進し、インド・中東においてドイツと出会うことで枢軸側による制覇がなかば達成されることを恐れたのです。

ですから、日本海軍は脇目をふらずにインド洋方面に積極展開すべきだったのです。チャーチルの書簡に対してルーズベルトは次のように返事をしています。

「太平洋艦隊が今取りかかっている手段は軍機密の要求上細部にわたってはお知らせしてありませんが、近くご承知になる時、効果的だとお思いくだされば結構です」

当時、アメリカ艦船による日本本土攻撃は、日本軍による周辺海域の厳しい警戒下で困難な状況でした。そこでアメリカは奇策を練ります。

すなわち、日本から離れた地点で陸軍の長距離爆撃機を海軍の空母から決死の発艦をさせ、日本本土を空襲する。その後、着艦は不可能なので海を越えて中華民国の飛行場に着陸するという特攻作戦です。空襲部隊の指揮官はリンドバーグと並ぶ空の英雄、二十四時間アメリカ大陸横断飛行に成功したドゥーリトル陸軍中佐です。チャーチルからルーズベルト宛の書簡と符合する時期、日本では衆議院選挙中の昭和十七年(一九四二年)四月十八日の朝、B-25十六機が東京などに空襲を敢行しました。この空襲で死者八十七名、重軽傷者四百六十六名の被害が出ます。本土上空でのアメリカ軍機の第一発見者は、偶然にも内情視察のため水戸にむかって陸軍機で移動中の東條首相でした。東條は直ちに視察を中止し天皇への報告に参内します。ドゥーリトル空襲が海軍に与えた衝撃は甚大で、山本長官のプライドは大きく傷つき、一方で「空襲を防ぐにはミッドウェー島占領が必要だ」という彼の主張に弾みが付いてしまいました。ミッドウェー作戦は狙いと成果に疑問が多く、海軍内において作戦発動時期などについて議論がありペンディング状態であったのですが、不幸にもドゥーリトル空襲を背景に議論が一気に収束してしまったのです。

山本長官は、ドゥーリトル空襲に連合国側が込めた日本の「西進」を「東進」に転換させるという意図の実現に協力したのです。真珠湾攻撃に続く大罪です。そして、日本の国家戦略「対米英蘭蔣戦争終末促進に関する腹案」がふっ飛んだのです。

ちなみに翌五月、英ソ相互援助条約が結ばれ、対ソ支援ルートとしてイランが明確化されます。当時、英米の海上輸送を破壊するための日本の潜水艦は、インド洋や豪州近海に数隻を配備するのみでした。ドイツは大西洋を中心に、最大三百七十五隻を配備して英米の船舶を猛攻していました。従って、日本海軍主力の速やかな西進がますます必要とされたのです。ミッドウェー作戦の結果は日本の大敗北でした。海軍の慢心もあり、アメリカ海軍の待ち伏せにより主力空母四隻と艦載機を一挙に喪失しました。しかも海軍はこの壊滅的損害を陸軍側に知らせなかったのです。

ところがこの後再びインド洋作戦、即ち「対米英蘭蔣戦争終末促進に関する腹案」への回帰のチャンスが巡ってきます。昭和十七年（一九四二年）六月二十一日、ドイツ軍がリビアのトブルクにあるイギリス要塞を陥落させ、エジプトに突入しました。枢軸側の画期的な勝機到来です。

急遽六月二十六日に、日本海軍は、再編した連合艦隊を投入するインド洋作戦を決定します。陸軍参謀本部もセイロン島攻略を東條首相に進言しました。

しかしながら連合艦隊に引きずられた海軍は、「対米英蘭蔣戦争終末促進に関する腹案」を遥かに逸脱して「米」豪遮断の準備も進めていました。「腹案」に沿った「英」豪遮断ではありません。そして、のちに設定される絶対国防圏から遠いラバウルに基地航空部隊を集中させ、更にそこから千キロメートルも離れたガダルカナルに進出し、七月から航空基地の建設を始めたのです。八月七日、このガダルカナルにアメリカ軍が突如上陸しました。日本側は激烈な消耗戦となり、多くの搭乗員を含む陸海軍兵、航空機と艦艇、石油までもを失います。無意味な消耗戦でした。日本の国力から、その後この損失を回復することは不可能でした。これによってインド洋作戦を始めとする西進戦略はすべて崩壊、日本の戦争戦略は完全に破綻したのです。

永野軍令部総長や山本連合艦隊司令長官たちによる意識的な戦争戦略からの逸脱が、二度の大きな勝機があったインド洋作戦・西進戦略を崩壊させ、わが国をそもそも意図せざる「太平洋」戦争の地獄へと転落させたのです。

この時点で日本は戦争に敗れたのです。日本がインド洋を遮断しなかったのでアメリカは大量の戦車と兵員を喜望峰回りでエジプトへ送ることができ、ドイツ軍は前進を止められ、結局昭和十八年（一九四三年）五月、チュニジアの戦いで壊滅しました。ドイツも日本海軍を怨みます。

近衛も尾崎も風見も、超大国アメリカを真珠湾攻撃によって「本気で」参戦させたら、南方の資源を手に入れそののち西へ行ったとしても結局やられてしまうと悟っていました。支那事変拡大、南部仏印進駐、真珠湾攻撃、そしてミッドウェー、ガダルカナルと、亡国への水先案内人米内、永野や山本は、近衛にとって敗戦に向けての実に頼もしい駒でした。そして、真珠湾攻撃によって「平和」は「戦争」に敗れ、その後人類は大戦の惨禍と戦後の共産主義陣営の跋扈《ばっこ》という悲劇に突入していきます。

その意味で、真珠湾攻撃は日本への裏切りであると同時に人類への裏切りでした。

第六章

顚末と苦難

習近平

日本側において己の野望のために日米開戦へのレールを敷いた藤原(近衛)文麿は、国際金融資本家や国際共産主義者たちの意向により東京裁判前に殺されたと考えられます。自殺を勧められたかも知れませんが拒否したでしょう。

もし彼が東京裁判に出廷していたら、「近衛上奏文」を証拠提出し、風見章の正体を暴露し、昭和天皇の戦争責任も問うて、自身の身の保全を図ったでしょう。そうなっては「陸軍を中心とする軍国主義者らの謀議によって日本が侵略を行った」という東京裁判史観は成り立ちません。この章ではまず、近衛の首相退任後の動静から〝昭和の藤原の乱〟の顚末までを見ていきます。

ピエロの執念

首相退任後の近衛は、「日米交渉ノ経過」に関する文書を日米開戦前に書きあげ、早々に「平和への努力」というアリバイを完備しました。昭和十六年(一九四一年)十二月八日、真珠湾攻撃成功のニュースに日本中が沸き立つと彼は周囲の者に「とうとうやったね。僕は悲惨な敗北を実感する。こんな有様は初めのうちだけだろう。一年目はいいが、二年目から悪くなる」と言います。彼のシナリオ通りです。痔を直し、体調万全の近衛は、敗戦後を睨んで昭和十九年(一九四四年)頃から積極的に動き始めます。

戦時中の彼の主情報源は、戦局は陸軍の酒井鎬次中将と海軍の高木惣吉少将、国際情勢や米英側の動向は第二次第三次近衛内閣情報局総裁の伊藤述史《のぶふみ》と外務省の加瀬俊一、宮中は近衛の意向で高松宮の連絡係となった女婿の細川護貞、そして国内情勢は第二次第三次近衛内閣書記官長の富田健治でした。

また彼は、NHKの対敵放送を担当していた牛場友彦や松本重治を通じて、アメリカの短波放送も情報源としました。昭和十九年（一九四四年）十二月の前駐日大使グルーの国務次官就任の報に近衛は喜びました。グルーは、彼の日米開戦前の「日米交渉」「平和への努力」の大切な証人です。

しかしソビエトの膨張を警戒するグルーを共産主義者達が攻撃し、グルーは二十年（一九四五年）八月十五日終戦と同時に国務次官を辞任します。近衛にとっては痛手です。IPRにおける日本に関する討議については、外務省も近衛も大きな注意を払いました。

他方で、和平への転換に向けて、重臣たちとの連携をめざす近衛グループ的なものが次第に形成されます。近衛文麿の和平論は、アメリカの影響下での自らの覇権獲得を目的とした、アメリカとの「丸腰」の和平です。東條内閣打倒のポーズや敗戦後の戦争責任回避と責任転嫁のための味方づくりは、この時期の大切なことでした。高木惣吉、吉田茂、小畑敏四郎などがこのグループの筆頭です。吉田茂は、原田熊雄、池田成彬、樺山愛輔などの大磯の住人たちと親英米的和平派（大磯グループ）を形成します。これらの面々が、後述しますが昭和二十年（一九四五年）二月の「近衛上奏文」の起草に協力し、この戦争を共産主義者と陸軍統制派の陰謀として天皇に訴え、かつ戦後に伝えます。

近衛の屋敷は、杉並の荻外荘《てきがいそう》、軽井沢の別荘「草亭」がよく知られています。永田町、目白、小田原入生田、湯河原、鎌倉山、そして京都御室などの別邸もありました。空襲嫌いの近衛は、愛人が住む小田原入生田を住居の本拠地としました。松本は昭和十八年（一九四三年）から鎌倉にいました。鎌倉も空襲を受けません。彼も昭和二十年（一九四五年）七月に、やはり空襲のない軽井沢に移ります。風見は早々に茨城県の水海道で悠々自適の生活に入っています。昭和十五年（一九四〇年）頃から十九年（一九四四年）の春頃まで、風見は六本木にある東京一のうなぎ店に近衛や有馬と頻繁に出かけます。十八年から二十年にかけて、彼はこの店で近衛、白洲、牛場、岸たちと盛んに会っています。**西園寺公一**も招かれます。牛場は常に近衛にぴったり寄り添っています。二十年、いよいよ戦火が本土を襲ってくる中で、敗戦を待ちわびていた近衛は絶好調でした。七月には元老西園寺公望の秘書であった原田熊雄が「（近衛は）至極健康。健康過ぎはせぬか」と木戸幸一に書き送っています（『木戸幸一関係文書』）。木戸も近衛に違和感を感じていました。

白洲次郎は、日米開戦の一年前には東京郊外の町田に「武相荘」（ぶあいそう、武蔵国と相模国から由来）を購入していて、疎開かたがた農業を始めます。食糧の自給自足体制です。白洲は引っ越しの時に、風見に「武相荘」と書いてもらい額装して居間に飾ります。戦争たけなわの昭和十八年（一九四三年）から十九年（一九四四年）にかけての『有馬頼寧日記』に、白洲に関する記事があります。著者の元農林大臣の有馬は、帝国水産の社長でした。このとき白洲は帝国水産のふまじめな理事でした。

有馬は「白洲の親米的な言辞が気になる」「白洲君より空襲の危険迫った話あり」「白洲君の話に、大島大使が独逸はもはや一ヵ月くらいとの事。英国では灯火管制を解いたという。どこ迄も米英的な人」「どうして白洲君は日本の敗ける事を前提としてのみ話をするのであろう」などと記しています。白洲は欧米の情勢や日本の戦況に通じていました。彼は昭和十八年（一九四三年）に三井物産の仕事で上海に行きます。アヘンの密輸関係であったといいます。更に彼は、吉田茂、樺山愛輔、牧野伸顕などの間での連絡係でした。白洲は戦後すぐ、吉田茂外相のひきで中央終戦連絡事務局参与（従次長）に就任し吉田茂の側近第一号と呼ばれます。第一次吉田内閣では経済安定本部次長、第二次吉田内閣では初代貿易庁長官です。

昭和十九年（一九四四年）十月から十一月にかけて、『風見章日記』で風見は次のように述べています。

「そうしなければ権力あるものからにらまれる。（中略）形式だけ天皇崇拝の態度を示しているに過ぎないのではないか」

彼は期待を込めて日本の状況は革命前のロシアと同じと見ます。ロシアの民衆も「敬愛しなければおそろしい目にあうという恐怖が、敬愛の形をとって表面化していたまでのことに過ぎなかったなればこそ、けろりと敬愛の念を棄て去ることが出来た」と。大東亜戦争も後半となれば、風見たちにとっては「革命」への道筋の輪郭は一層はっきりとしていたのです。

更に、「戦争が長引けば長引くほど、人々はますます戦争に無関心になって行くだろう。戦意は低下して行く一方であるに相違ない。その結果はどうなるか」「従来の如き政治組織は、この戦争で払拭されるに相違ない。新しき社会秩序の誕生がこの戦争で約束される」「ふるき制度の代議士をやめて（中略）その制度の崩壊と同時にその存在の足場をも失わねばならぬであろう」と記しています。

そして、昭和二十年（一九四五年）二月時点で仲間の代議士に代弁させる形での結論的な言辞は、風見たちが何を目論んでいたかを鮮明に物語るものです。

「今犠牲を出来るだけ少なくするには最悪の条件を鵜呑みにして、ソ連にすがって和平の途を求むることだろうが、それは現在の如き政府の場合相手が承知しまいから、戦争の責任無き民衆の力による政府の出現を待たなければならぬ。（中略）ふまれても千切られても、尚伸びて行ける雑草の如き旺盛なる生活力を持つ民衆が頭をもたげ来ることが予想できる。この予想が外れぬ場合は一種の革命である。それが遠くはあるまい、遅くとも六カ月より遅れまい」

「遅くとも六カ月より遅れまい」とは、すなわち二月から半年後ですから昭和二十年（一九四五年）八月頃です。これが風見のシナリオでした。但し、アメリカ軍の進駐を待つ近衛にとっては既に意味がなくなっているシナリオです。昭和二十年（一九四五年）八月上旬、片山哲が風見の許に来ます。片山は戦後社会党委員長となり、昭和二十二年（一九四七年）の総選挙で第一党の地位を獲得し連立内閣の首相となる人物です。

「なによりもまず必要なのは、一刻もすみやかに講和をはかるために、一種の革命的独立政権をつくりだすことである、それには、同志結束してたちあがらねばならぬが、それにしても、それには近衛氏の蹶起をうながさねばならぬ、近衛氏がたちあがったとなれば、国民も安心して、そのあとについてくるだろう」と片山は言い、段取りを二人で打ち合せます。片山の近衛への信頼もこの時点では完全です。この時の風見の情勢判断は次の如くです。

「わたしも片山氏の相談にはすぐに賛成した。それというのも、わたしもまた、近衛氏さえ同じ考えになって、たちあがってくれたなら（中略）人心は近衛氏にあつまり、目的を達することは不可能ではないと見てとったからである」

近衛と一心同体であった風見が次に述べたことは、私に衝撃を与えました。

「もっとも、かかる計画の実現は、天皇を反対の立場に追い込むわけで、そうなると近衛氏は皇室と運命をともにするわけにゆかなくなるわけだが、しかし、『大義親を滅す』の勇断に出ることを信じて疑わなかったので、片山の片棒をかつごうという決心もしたのである」

要するに、敗戦講和を実現させる「革命的独立政権」は天皇陛下と反対の立場であり、「大義親を滅す」性格の政権なのです。風見は、近衛は「民族の幸福のために必要とあらば、いつでも皇室にそむくことを、ちっともためらうものでないということを見ぬいていた」と言います。彼は、近衛によって「近衛は共産主義革命の側の人間」と信じ込まされていたのです。風見の近衛への信頼は絶対的でした。牛場はこの時期、様子を見に風見の許を訪問しています。八月九日、風見のソビエト参戦時点での情勢判断は「こうなると、ソ連仲介の和平交渉は問題ではなくなったが、さて、あとを政府がどうするかは、見当がつかなかった。あるいは、戦争継続焦土決戦をいいだすかも知れぬと想像された」です。

鈴木貫太郎内閣に下駄を預けた表現ですが、本音は本土決戦および革命政権樹立です。実際、彼は「ひそかに身辺を整理しつつ、近衛氏を動かすため、上京の用意にとりかかっていた。だが、まもなく、無条件降伏に決定したことがわかったので、それっきり、片山との交渉も絶えたのである」。天皇陛下が本土決戦ではなく終戦の聖断を下されたのです。民衆も「革命」には立ち上がりませんでした。

日本には第一次世界大戦におけるドイツやロシアのような革命の脅威は現れず、多大な国民の犠牲の上に真に一億の完全なる戦争への一致した姿があったのです。戦争状態下の社会的な制圧、どうしても負けられないといった国民心理、弱音をはくことを恥とする社会意識なども背景にあり、国民は歯を食いしばって耐えたのです。風見たち共産主義者達は完全に読み違えていました。

しかし近衛の読み通りでした。革命の「好機」を逃した風見は、「もしこのとき政府が戦争継続ときめたとしたら、近衛氏は片山の希望を入れて、きっと講和政権の樹立に、一身をささげたにちがいない」と書き残しています。彼はまだ近衛の「裏切り」を知らなかったのです。「近衛上奏文」の話もまだ伝わっていません。そもそも、ソビエトをバックとする敗戦革命は風見が熱心に説くものの、近衛にとっては可能性がほとんどないシナリオでした。

ちなみに戦争末期において、米内海相の下で海軍はなぜかソビエトとの提携を期していました。例えば、本土決戦を目的として日本の軍艦とソビエトの石油や軍用機との交換が具体的に検討されました。海軍の特に米内は親ソ的です。国際情勢を正確に読んでいた松岡洋右に言わせると「英米、特に米との関係上、スターリンは日ソ提携に応じない」「それでも提携を申し入れるならば、少なくとも南樺太、千島、北海道、事によりては満洲、朝鮮北半分位はソ連に手土産として与える覚悟が必要」という情勢であったのに（『木戸幸一関係文書』）

近衛は、戦争責任回避のための「平和への努力」の証を用意するとともに戦争責任転嫁の理屈もしっかりと用意しました。いわゆる「皇道派史観」を利用して形づくった共産主義陰謀説です。「共産主義者と陸軍（統制派）が悪かった」「近衛は騙されただけ」という理論武装です。近衛と陸軍の皇道派とのつながりは、満洲事変後、荒木貞夫が陸相であった前後からです。他方、矛盾するようですが、近衛は皇道派を始めとする軍や右翼に対して恐怖を感じていました。万一、皇統に対する秘めたる敵意や野望を見破られた場合の暗殺への恐怖です。これに対する防衛策としても皇道派に近づいたのです。近衛が二・二六事件後の大命を拝辞したのち、元老の西園寺は秘書の原田にこう言っています。

「どうも近衛も、真崎や荒木を弁護してみたり……、自分本来の考えであるのか、言わせられておるのか、或いは恐怖心からそういう風に言っておるのか、判らない」

原田も、近衛は「右翼に対しては非常に怖がっている」と見ていました。近衛は、井上準之助や団琢磨を暗殺した血盟団の井上日召や五・一五事件の実行犯である三上卓などをブレーンだと言って持ち上げ、警護隊と称して荻外荘に住まわせ厚遇し取り込みます。井上も近衛にころっと騙されます。

近衛は第一次近衛内閣組閣の際には皇道派に媚を売り、これを起用できないかと考えました。真崎を始め、二・二六事件で厳しい処分を受けている者たちを大赦で復活させたいとも考えました。これは昭和天皇に対する最大限の心理的攻撃です。天皇が長年連れ添った忠臣たちを殺され、怒髪天を衝く怒りを露わにされた二・二六事件です。近衛は法制局長官に命じ大赦の詔書の文案まで作らせます。これに対し宮中、元老そして重臣などは、西園寺や木戸を筆頭にこぞって反対し近衛に実現を諦めさせたのです。

ところで、陸軍の派閥は、そもそも「革新」に関わって生じたものです。国家改造を志す革新分子が「総力戦体制」への理解に応じて統制派と皇道派に分派し、一時激しく争いました。総力戦は軍事・政治・経済の一体運営の賜物です。軍事・政治・経済のコンセンサスが大事であり、これを軍事では軍政（統制）が担います。

だから、議会主義の下で政治が軍政をコントロールし、軍政が軍令（作戦）をコントロールするという枠組みが基本です。陸軍内で陸軍大臣の下での軍政（統制）優位を確立していなければなりません。

ところがこの軍政（統制）優位を良しとせず「作戦」優位を唱え、現地が中央に反発し競うことをも慫慂《しょうよう》したのが荒木と真崎たちであり、いわゆる「皇道派」です。天皇機関説攻撃も展開します。小国主義に徹して長期総力戦構想を嫌いました。そもそも日本は大国になり得ないという発想が基です。この皇道派がいわゆる「皇道派史観」をもって統制派を「赤」と非難攻撃します。

しかし、二・二六事件後の粛軍は、皇道派を掃滅すると共に対立していた統制派という「派閥」もなくしてしまいました。当時、皇道派の首脳とみられていた、真崎、柳川、小畑といった者たちはその後も自らを「皇道派」と称しますが、既に予備役となり軍の組織の中にいません。

けれども近衛は依然陸軍には「派閥」が存在すると敢えてみなし、「現在は統制派が指導層だから、これを粛清するには皇道派を起用するのが良い」という理屈を大袈裟にふりあげて重宝に使うのです。近衛には「皇道派」の小国主義、非戦主義が、自分のアリバイづくりに資するという計算もあります。

近衛は昭和十八年（一九四三年）一月以降、次のような説を発信し始めます。

「第一次近衛内閣に於ける支那事変、第二次近衛内閣に於ける日米交渉等に関し軍部と折衝したる体験を顧みると、陸相や軍首脳部が意図を持っていたとは考えられないが、少なくとも統制派に属する『軍部内の一団』が国家革新を目的に、故意に支那事変を起こし拡大させ、故意に交渉を遷延させ対米戦争を誘発する行動にでた」「彼らにとり戦争の勝敗の如きは問題外で、むしろ敗戦こそ国家革新にとって望ましい」

この近衛の発信は『木戸幸一関係文書』でも確認できます。自分のことを棚に上げ、陸軍次官であった梅津美治郎や企画院にいた池田純久などに戦争責任を転嫁する出鱈目な説です。

昭和十八年（一九四三年）三月、ある海軍大将に対する近衛の荻外荘での発言は次の通りです。

「いつの間にか、赤に乗せられた軍中堅層は革新を目標に、而してその手段として長期戦争を企つるに至ったと考えられるのである」

近衛は共産主義陰謀説のストーリーを作りあげていきます。「赤」が軍部を利用しようとして軍中堅層を乗せたというのです。自分たちが出てこない形でのストーリーを何とか工夫しようとしているのです。真崎・小畑たちの「皇道派史観」との一体化も進んでいきます。昭和十八年（一九四三年）七月には近衛は、共産主義陰謀説、統制派赤《アカ》説を皇弟の高松宮に語ります。近衛は『近衛日記』でも、「赤」とは「例えば、さきに企画院にありて、いわゆる革新政策の推進力となりし池田、秋永両少将の如きを指す」と注記しています。池田、秋永とは企画院の革新政策でよく知られた池田純久と秋永月三です。

更に近衛は、「敗戦に伴う左翼的革命さらに恐るべし」『いわゆる統制派は戦争を起こして国内を赤化せんとしつつあり」と日記に抜け目なく書き記します。近衛は「皇道派史観」を擁する「自分にとって都合がいい皇道派の面々を、陸軍首脳部に起用すべきとの主張も展開し始めます。

七月十八日、重臣たちが力を合わせ東條内閣を総辞職に追い込みます。重臣会議で、後継首相は最終的に小磯国昭大将に落ちつきました。この会議でも近衛は共産主義革命の懸念を力説します。すべての戦争責任を陸軍「統制派」あるいは「軍官民に亘って連絡をとり左翼革命を企てる者」に転嫁し、自分の責任を回避するのです。昭和十九年（一九四四年）六月、近衛は高松宮と次のようなやりとりをします。

「最近の滔々たるマルキシズム的傾向について申し上げ、一部には日本の国体は、上に天皇を戴き下万民は皆平等なるべしとして、いわゆる天皇共産主義を主張する者あるも、凡そ共産主義と日本の国体とは相容れざるものにして、家族制度を破壊し私有財産を否認することは、結局皇室をも否認するの思想なるを以って、かかる考えは革命思想と何等異なることなしと言上したる所、殿下は黙して何も御答えなかりき。しかし別の機会に殿下は最近の赤の傾向は困ると仰せありたり」

昭和二十年（一九四五年）二月十四日、近衛は昭和天皇に重臣として拝謁上奏します。その内容は「近衛上奏文」として伝えられ、いわゆる共産主義陰謀説の代表的な文書としてその名を残しています。「皇道派史観」ともぴったり重なります。更に、ソビエトが東欧に勢力を拡げている情勢や中国共産党の動きなども外務省調査局の報告などを基礎に示されています。

「近衛上奏文」の「此の一味を一掃せずして、早急に戦争終結の手を打つ時は、右翼左翼の民間有志、此の一味と饗応して国内に大混乱を惹起し、所期の目的を達成し難き恐れ有之候《これありそうろう》。従って戦争を終結せんとすれば、先ず其の前提として、此の一味の一掃が肝要」が近衛の主張を要約しています。

そして、支那事変も、「『永引くがよろしく、事変解決せば国内革新が出来なくなる』と公言せしは、此の一味の中心的人物に御座候」「徹底的に米英撃滅を唱うる反面、親ソ的空気は次第に濃厚になりつつある様に御座候。軍部の一部はいかなる犠牲を払いてもソビエトと手を握るべしとさえ論ずるものもあり、又延安との提携を考え居る者もあり」などと革命への危機が述べられています。「延安」とはここに拠点を置く中国共産党を指します。

結論として、共産革命から日本を救うためには「此の一味」、すなわち敗戦革命の企図に踊らされている陸軍の「統制派」の面々を一掃すべきだと、勇断を陛下に求めたのです。近衛は天皇の御下問に答える形で「思想を基準に粛軍せよ」と提言します。もちろん、その上での「一日もすみやかに戦争終結の方途を講ずべき」、すなわち「無条件降伏しても、アメリカと講和する以外に方法はない」という趣旨です。自らの野望を実現するための「丸腰」の和平論です。

もし昭和天皇が近衛の提言を受け入れ粛軍に踏みきったら、祖国を命がけで護る将官たちを背後から冤罪に陥れようという話に繋がります。ひょっとしたら反粛軍のクーデターも起こるかもしれません。それを実行せよ、という屁理屈を近衛は言うのです。当然ながら昭和天皇は彼の提案を採用しません。実は「近衛上奏文」の狙いは別にありました。

つまり、近衛自身が自ら述べるところの「敗戦革命」（日本革命）を企図する側の人間ではない、あるいは企図する側の人間ではなかったという心証形成です。そしてそれ以上に、「戦争責任は共産主義者と陸軍にある」という責任転嫁です。

敗戦後にアメリカ軍が乗り込んで来ても、ここで共産主義者と陸軍を告発した近衛の立場は、自由主義・民主主義陣営の側に立つものであり、戦後日本における存在として好ましいものに映るだろうという算段です。上奏文というこの上ない文書にそれを残して後日の身の保全を図ったのです。公卿政治家のしたたかさです。

近衛上奏文の重要な点は、「無知単純なる軍人」「此の一味」は「一部新官僚」および「民間有志」に踊らされていると言っている点です。「背後より操りつつある左翼分子」「共産分子」とも表現しています。陸軍統制派だけを悪者にしては説明がつきにくいことに気づいていた近衛は、これを踊らせている共産主義者たち、左翼分子、共産分子を登場させたのです。確信犯は彼らだという論旨です。

この「一部新官僚及民間有志」という表現にも、真相を糊塗しようとする工夫があります。我々はこの問題を考える時、「一部新官僚」という言葉に、例えば、役所の実務家・事務方職員を対象とした企画院事件などを連想して眼を眩まされてはいけません。彼らは社会主義的思考の影響を受けていたかも知れませんが、閣僚でもない、政権（内閣）中枢にも近くない、という意味で低いレベルの者たちです。近衛が利用した最も核心的な確信犯は「民間有志」あるいは「背後より操りつつある左翼分子」『共産分子』として括られる中に入りますが、彼らはこれまでに本書に数多く登場してきた閣僚級を含む政権（内閣）中枢に直接関わった高いレベルの者たちです。特に近衛と企図を共にしていたのは、風見を筆頭に、尾崎、西園寺、蠟山、有馬、佐々、笠、後藤、帆足たち近衛内閣、昭和研究会、朝飯会、初期大政翼賛会、そしてIPRなどに関わり参画していた有力メンバーたちです。近衛は上奏文で風見たちの名前は出さずに隠します。自分に近すぎるから、ここで風見たちの名前を出せば近衛自身が危険になります。「共産主義者」『左翼分子』『共産分子』とだけ抽象的に表現するに留め真相を糊塗しているのです。

なぜなら、自分たちが犯人であることを隠すのが上奏文の目的であるからです。だから、もうこの時期、風見には田舎に引っこんでいてもらうのが好都合でした。実際、風見は選挙にも出ずそうしていました。昭和研究会や朝飯会がもはや存在していないことや、主だった者たちが大政翼賛会から手を引いていたことも、近衛にとって誠に好都合でした。

もちろん、近衛自身も一線から身を引いていました。更には、一番の目立ちたがり屋の尾崎が、逮捕され拘留されていることはこの上なく都合の良いことであったのです。近衛は、自らについて、革新論者の「主張の背後に潜める意図を十分看取する能わざりしは、全く不明の致す所」と述べています。自分は知らなかった、騙されていたということです。しかし真実は、近衛が「彼らの主張の背後に潜める意図を十分看取し之を利用した」のです。さんざん利用しておいてよく言うよ、といったところです。

近衛のとりあえずの企図を知っていた少数の共犯者を挙げるとすれば、やはり風見、尾崎、蠟山、西園寺、佐々、笠、後藤、帆足、有馬、有沢、犬養そして牛場、松本、白洲あたりを挙げない訳にはいきません。

更に言えば、次の筋書き、つまりアメリカ占領下での親米政権樹立のプログラムまでを見通していたと考えられる者となれば、牛場、松本、白洲などを挙げない訳にはいきません。すぐ後で触れる吉田茂たちもそうでしょう。こちらが近衛のメジャーシナリオだったのです。

昭和二十年（一九四五年）六月、近衛は内務省出身の富田健治に次のような言葉を残しています。「私は日本をこのような敗戦に陥れた野心家の者どもを、私達を国賊扱いした私心家どもを、終戦後一大検挙をして、思い知らしてやりたいと思う。そのとき残忍なことの出来るのは、あなたよりも私ですよ」

日本を戦争へと導いた大野心家の近衛が、終戦後に小野心家どもや小私心家どもに残忍な処罰を下したいと言っているのです。近衛の狡さといやらしさ、そして自信が表れています。

さて、皇統の長い歴史を熟知し、時にこれを操ってきた藤原氏の末裔である近衛にすれば、退位を想定していない明治憲法下でも天皇の退位はあり得ないことではなかったのです。それどころか、政変次第で退位は随時あり得るという感覚でした。日本史上の鵺《ぬえ》的な存在、藤原氏の血と伝統にとって、明治の制度などは長い歴史における仮初《かりそめ》のものでした。

だから近衛は、大東亜戦争中から昭和天皇の退位に向けて積極的に動いたのです。昭和十九年(一九四四年)六月、サイパンが陥落し連合艦隊がほぼ壊滅して東條内閣への非難の声は一挙に高まり、木戸内大臣は東條打倒に舵をきります。七月八日、近衛は木戸の執務室を訪ね次のように説きました。

「東條内閣は総辞職すべきだ。だが、陸海軍ともに戦争を継続する意思を持っているから、いますぐ講和というわけにはいかない。中間内閣を置き、そのあと東久邇宮内閣を戦争終結の内閣にする。講和はイギリスに申し入れる」

「そのさい、今上天皇は御退位になり、皇太子に天皇の地位をお譲りになって、高松宮を摂政とする」

と早くも「退位」を持ち出すのです。皇室の存在が英米によって保障されたとしても、降伏する前に天皇の退位は不可欠であると何故か近衛は考えていました。「昭和天皇は退位しなければならない」と説いていたのは近衛一人でした。

終戦後に公表されたものですが、開戦までの日米交渉を綴った近衛の手記『第二次及第三次近衛内閣に於ける日米交渉の経過』には、天皇退位を求める論拠が一部触れられています。近衛は昭和天皇が日米交渉などについて消極的であったと述べています。

「……日本の憲法というものは、天皇親政の建前であって英国の憲法とは根本に於て相違するものである。殊に統帥権の問題は、政府には全然権限無く、政府と統帥部とを両方押さえられるのは天皇ただ御一人なのである。それを英国流の運用で、陛下が消極的であられることは、平時は兎も角、戦時には困ることが多いのである。英国流に激励とか注意とかを陛下が与えられるだけでは納まりの付かぬことを、日米交渉において痛感された次第である」

即ち、日米交渉に絡めて昭和天皇の責任に言及しているのです。

第二次三次近衛内閣の書記官長であった富田健治は、その著書『敗戦日本の内側―近衛公の思い出』で近衛が次のように語ったと記しています。

「御上には最悪の場合の御決心もあると思う。恐れ多いことだが、その際は単に御退位ばかりでなく、仁和寺とか大覚寺にお入りになり、戦没将兵の英霊を慰められるのも一方法かと思うし、又申すも憚られることだが、連合艦隊の旗艦に召されて、艦と共に戦死して頂くことも、これこそが、ほんとうの我国体の護持ではないかとも思う」「日本人が全部死んで行く。国体護持のために一億国民が玉砕する。そんなことは意味をなさない。言葉だけのことだと思う。九十歳の老人も、生れたばかりの赤坊も皆日本人が玉砕する。そんなことはあり得ないことだ。一ヶ連隊、せいぜい一ヶ師団の全滅ということならあり得るだろう。況んや一億玉砕して天皇制を護るというのは意味が解らない。敗戦の暁どうして国体を護持できるか、私は陛下にお願いして、連合艦隊の旗艦に乗って頂いて、最後の決戦に艦と運命を共にして頂く、これこそが天皇制を護る道ではないかと思っている。一億の国民ことごとくを玉砕させて天皇制を護る、そんな馬鹿なことはない。天皇独り免れて国民皆討死させる。これこそ日本の国柄には絶対にないことだと信ずる」

更に、近衛が次のように述べたと記しています。

「憲法に『天皇は神聖にして侵すべからず』とあることは、その文字の裏に天皇自らその絶大無限の責任を国民に対して負っておられることを示したものである。元来国家の成立には、人民と領土を必要とする。君主制（天皇）であるか、共和制（大統領）であるかは国家論としてはどちらでもよい。そこで日本の場合でも、この日本国民を全部失ってしまうような事態になって、天皇と領土だけということになっては、国家存立の意味をなさない。そこ迄追いつめられて、国体の選択を迫られたなら、私は陛下は天皇制を捨てて、共和制におつきになる場合もあって然るべきものだと思う。国民の利益になることであるならば、日本の天皇はそれをお採りになるべきものだと思う。どんなことがあっても、国民を皆殺しにして天皇制を護るということはあり得ない。寧ろ天皇の五体を失い、天皇制を捨てても、日本国民と国土をお護りになると信ずる。……」

しらじらしい論法です。近衛がこのような論法を早々に掲げた狙いは、敗戦後の自らの身の保全と覇権獲得に向けて昭和天皇に戦争責任を押し付けて退位させること、つまり天皇退位自体にあったと考えられます。

この後近衛は、昭和天皇の退位時期を「敗戦後」に定め、具体的な準備に掛かります。彼にとって敗戦は既定のこと、天皇退位のほうは自ら率先して本気で取り組むべき課題です。昭和二十年（一九四五年）一月、近衛は京都の虎山荘にいました。虎山荘は約三千坪ある陽明文庫の敷地に建てられた新しい別邸です。虎山荘の茶室で彼は重臣岡田啓介、海軍大臣米内光政、そして皇室とゆかりが深い仁和寺の門跡（住職）岡本慈航の四人で密議を行います。敗戦後の昭和天皇の退位についてです。

「和平とはいっても場合によっては無条件降伏も覚悟してかからねばなるまい。降伏によって、連合軍が陛下の責任を追及して来たらどうするかだが、万一の時は先例にならって陛下を仁和寺にお迎えし、落飾を願ってはいかがかと考えている」

落飾《らくしょく》とは出家のことです。仁和寺は虎山荘の近くに位置する真言宗御室派の総本山。明治に至るまで皇子や皇族が歴代の門跡を務める皇室ゆかりの寺でした。近衛は歴史に倣って天皇を落飾させて仁和寺の門跡とする計画を定めたのです。近衛ははっきりと「（陛下は）最悪のご決心があるように拝察し奉る。それで申すのも恐れ多いが、その際は御退位ばかりでなく、仁和寺あるいは大覚寺にお入り遊ばされ、戦没将兵の英霊を供養遊ばされるのも一法だと思っている」と語ったと近衛の女婿で秘書の細川護貞も伝えています。実は近衛は、仁和寺の一番奥にある「金堂」こそ「裕仁法皇」がおわすのにふさわしい場所と決めていました。「金堂」は京都御所由来の格式高い建物ですが、仏堂なので居住性は劣ります。造りも佇まいもまるで「幽閉」場所です。

密議の翌日、近衛は同じ茶室に皇弟の高松宮をお迎えします。当時、高松宮は昭和天皇としっくりいっていないという噂がありました。この日、近衛は高松宮に前日の四者による密議の模様を伝え、万一の時に備え退位した昭和天皇を仁和寺に迎える手筈を整えていると告げ、暗に了承を求めたのです。高松宮も「ことここに至っては近衛のいう通り、法皇として仁和寺にお入りいただくのに自分も賛成する」との反応だったとのことです。この後二人は「御上のご意思による御退位に向けた段取りを打ち合せ乾杯して席を立ったと言います。

昭和二十年（一九四五年）六月、近衛が語った次の内容は、海軍少将高木惣吉が記録に留めています。

「譲位は強要による形にせず、其の前にご自身の自発的形式をとる。重臣その他も皆引責する。新人物が後図を収拾することを考えている。摂政は勿論、高松宮か」

見方によってはクーデターです。千四百年の間、藤原氏は幾度となくこの種のことに関わってきました。近衛のブレーンであった白洲次郎の証言もあります。

「近衛はよく、『陛下は退位して京都へ行かれるべきだ』と言っていた。京都人ならいつ天皇が戻っても、『天皇はんお帰りやす』と言ってそっとお迎えするというんだ」

近衛はポツダム宣言受諾後、果敢に天皇退位に向けて動きます。

彼は昭和二十年（一九四五年）十月二十一日にはアメリカＡＰ通信記者のインタビューで、マッカーサーから新しい政治の陣頭に立つように言われたことや自らの憲法改正の作業が十一月末までに終わることに加え、「ポツダム宣言の履行をしたら、陛下は退位されるだろう」と述べます。これには日本中が仰天しました。彼の勝手な断定に、木戸は「そんなことをしたらかえって御上を戦争犯罪人にしてしまう。すぐ取り消せ」と猛反発しました。木戸と近衛の間に決定的なひびが入ります。世上でも近衛への非難が高まります。近衛は事態の収拾を考慮し、十月二十四日記者会見で弁明します。

「通訳を通してのことで意を尽くされずに発表されてしまった。真意はこうである。……陛下の御退位に関して種々憶測されているが、陛下はポツダム宣言を受諾して履行の義務を負っておられるから宣言の遂行前に御退位遊ばさることは国際信義の上からも軽々しく実行できるものではない。……米国の輿論が非常に硬化していることに陛下も重大なる御関心をお持ちになっておられるとのことである」

近衛は執拗に「大陸侵攻や日米開戦への賛否に拘らず、統帥権を総攬する天皇は何らかの形でご責任を示さざるを得ない」と考えていました。昭和天皇個人は何らかの形で退位し、憲法は天皇の統治権を大幅に制限した民主的なものに改正する。そのことで欧米の批判をかわすとともに、民主化という連合国軍総司令部（ＧＨＱ）の要望にも応え、結果的に天皇制を存続させる、それが近衛の理屈であったのです。

従って、近衛が取り組んだ憲法改正案は、天皇の権限を大幅に制限しています。木戸内大臣の考え方とは全く相反します。しかも政府の改憲論議すら遅々として進まない時に、近衛が俄然天皇退位を唱えていたことは余りに突出していました。彼はＧＨＱの意向や世論の動向によっては「天皇制に関する国民投票を実施する」との案まで持っていました。

そして、天皇制に拘《こだわ》るあまりに日本の国家としての存立が危うくなるような場合には「共和制も已む無し」と考えたのです。近衛は理屈をつけていますが、一貫して昭和天皇の退位それ自体を追求します。それに対して、木戸を含め皇統護持を真剣に考えた人々が真っ向から反対したのです。その甲斐あってか、結局、アメリカやマッカーサーも昭和天皇に退位を求めません。近衛の覇権獲得に向けての企図、昭和天皇の退位は果たせないで終わるのです。

少し先の話ですが、近衛は昭和二十年（一九四五年）十一月、予想に反して戦犯容疑で米国戦略爆撃調査団の厳しい取り調べを受け、ひどく悲観的になりました。

そして、あろうことか「米国があういう考え方でやってくるなら、もう日本の皇室は駄目だ。しかし（米国が天皇を逮捕しても）陛下が自決されれば皇室は助かる」、と婿で秘書の細川護貞に語ります。

細川は近衛について「天皇家の存続のために、ひとりの天皇に対して無慈悲になれるという一見矛盾した両面を持っていたことがわかる」と解説しています。けれども、取り調べでは近衛自身が徹底的に責められたのです。そのことに衝撃を受け、谷底につき落とされたのです。「陛下が自決されれば皇室は助かる」は完全に常軌を逸した発言です。まさか自らの窮地を逃れるべくの「陛下が自決されれば自分は助かる」が本意ではなかったと信じたいものです。

昭和二十年（一九四五年）八月十七日以降、近衛はすぐにアメリカの下で日本の舵とりに関わり始めます。シナリオ通りです。具体的には、まず東久邇内閣に副総理格の無任所国務大臣として入閣します。政治経験のない東久邇首相を補佐するのです。この内閣は近衛と緒方竹虎や前田多門など、『朝日新聞』関係者で支えられました。直前には近衛は軽井沢で鳩山一郎との仲直りを策して、鳩山に「近衛が政権を担うべき」と言わしめています。鳩山が先んじて新党を旗あげするのを防ぐための押さえです。

この時期、文隆の留学時代の友人と称するアメリカ人青年が、終戦直後の混乱のなか、荻外荘を探し当て訪ねてきました。本国から飛行機をフィリピン経由で乗り継いで来たそうです。文隆はソビエト軍に捕まっていて日本にいませんでしたが、一家はこのアメリカ人青年を大いに歓迎しもてなしました。青年は満足して帰ったそうですが、彼は荻外荘や近衛周辺を偵察する任務を与えられていたのでしょう。

十月四日、近衛は皇居前の第一生命ビルにマッカーサーを訪問します。彼は持論の軍部赤化論と日本の共産化危機論を説明し、共産化を防ぐために如何に自分を含む保守勢力が大事かを説きました。彼とマッカーサーとの会談には、GHQ参謀長リチャード・サザランドとGHQに国務省から派遣されていた政治顧問団団長で中国共産党シンパのジョージ・アチソンが陪席しました。近衛が何を言うかを摑むため、GHQ参謀第二部対敵諜報部調査分析課長ハーバート・ノーマンと政治顧問団団員ジョン・エマーソンが急遽アチソンに陪席を頼んだのです。因みに、対敵諜報部は戦犯容疑者を探す使命を持った部署です。アチソン、エマーソンはともに国務省の中でも中国派と呼ばれ、戦争中は重慶のアメリカ大使館などに在任し延安の中国共産党を高く評価していました。エマーソンは戦後の日本統治を目的として、延安で野坂参三と一緒でした。エマーソンとノーマンは共産主義者です。アチソンがまとめた近衛の発言の要旨をエマーソンとノーマンが読み、エマーソンは近衛がマッカーサーに説いた要点をのちに自身の自叙伝の中で次のように記しています。

「軍国主義や超国家主義勢力を盛り立てて、満洲事変以来陰険な舞台裏の役割を演じてきたのはマルクス主義者だ」「反共の防波堤として自分らは今後も日本で必要とされる」と案の定言っているのです。これに対しマッカーサーは、「有益かつ参考になった」と述べます。更に近衛が「政府組織および議会の構成につき、御意見なり、御指示があれば承りたい」と尋ねると、マッカーサーは「自由主義勢力を結集して、憲法改正のリーダーシップをとるように」と説いたのです。

別れ際には「公はいわゆる封建的勢力の出身ではあるが、世界に通暁するコスモポリタンである。世界を広くみておられる。しかも公はまだお若い。敢然として指導の陣頭に立たれよ」という激励をマッカーサーから受けます。

近衛はこれに狂喜しました。遂に近衛覇権の実現につながる「近衛を頼りにする」というアメリカ側の姿勢を確認したのです。日本について不勉強でしかも政治に疎いマッカーサーにすれば、近衛の説明は耳に入り易いものでした。しかし、マッカーサーの下僚としてあるいは政治顧問として入りこんでいた共産主義者たちにとっては、近衛の発言は、数年前までは手を携えていた共産主義者達を売り、近衛だけの身の安全を図ろうとするものであり、更には自分達のこれからの企図を破壊する許し難いものです。彼らが一番隠しておきたい共産主義者が仕組んだ戦争への道の事実を、近衛は臆面もなく自分に都合よく加工してマッカーサーに語ったのです。

治安維持法廃止や共産主義者釈放を躊躇《ためら》った東久邇内閣は十月五日に総辞職します。

この日、木戸内大臣は平沼枢密院議長と、①アメリカ側に反感をもたれていない、②戦争責任の疑いがない、③外交に通じている、の三つの選考基準で後継首相を協議し、幣原喜重郎しかいないという結論に達します。

この一方、富田健治や国務大臣であった小畑敏四郎は、近衛に組閣させようと動きます。近衛もすぐに「内閣を引き受けてもいい」と答えます。「待ってました！」ということです。幣原は大正末期から満洲事変勃発まで日本外交の主役でしたが、その後は「水底の人」と自称し、支那事変以降の戦争には無縁でした。ＧＨＱのサザランド参謀長は幣原が七十二歳と聞いて「近衛の方が若くていいのではないか」とマッカーサーがいる席で言っています。

しかし木戸は猛反対し、木戸に頼まれた外務大臣吉田茂が、嫌がる幣原を首相になるよう説き伏せることに成功するのです。

東久邇宮内閣が総辞職し私人となった近衛は、さっそく近衛新党をつくるため十月十五日に荻外荘で集会を開きます。富田を始めとしてほとんどのメンバーが集まりました。

ところが風見章は姿を現しません。風見は終戦後「近衛上奏文」の内容を知り、風見たち共産主義者の企図を告発し自らは戦争責任を逃れようとする近衛を許せなかったのです。

実際、彼は近衛の集会について、「その運動に加わるようにしばしば電報や手紙をうけとったが、わたしはいつもそれをことわっていた」と述べています。

そもそも親米・反共を掲げることになった近衛とは政治行動を共にすることができません。国際共産主義勢力と通じる風見との決定的な決裂の影響はすぐに近衛を襲います。しかしこの時点では、己の再登板と野望の成就に向けて近衛は有頂天でした。白洲次郎や牛場友彦がお膳立てをして、アメリカ人新聞記者を全員招いての近衛主宰パーティーまで催しました。近衛は十月八日には、高木八尺、松本重治、そして牛場を伴って、ジョージ・アチソン政治顧問団団長を訪ねます。アチソンは近衛に十項目にわたる改憲原則を示しました。これを受け、近衛は昭和天皇から内大臣府御用掛に任じられ、憲法改正に関する要綱づくりを始めます。彼は憲法改正案の起草を京大名誉教授で憲法学者の佐々木惣一に依頼します。佐々木は箱根で作業をし、近衛も毎日出向いて富田、細川、酒井とともに検討に参加しました。牛場、松本、高木たちはＧＨＱとの折衝連絡にあたりました。近衛は佐々木案に不満で、天皇大権を大幅に縮小した近衛案を十一月二十二日に天皇に提出します。

実はこの時、既に近衛に対する内外からの攻撃が始まっていました。

十月二十九日の『朝日新聞』は『ニューヨーク・タイムズ』の社説を紹介し、「何回となく首相に就任し日本の圧迫政治に尽くした近衛公がマッカーサー元帥によって戦争犯罪人として牢獄に抛り込まれたとしても、恐らく唯一人として驚くものはあるまい」と伝えます。

十月三十一日の『ニューヨーク・ヘラルド・トリビューン』の社説は「日本における民主主義の発展を促進させるためにマッカーサー元帥によってなされた軍のすばらしい行動は、元帥が日本を民主主義に導く人間として近衛を受け入れることによって、全く無効にされてしまっている」と近衛を登用したマッカーサーを非難します。

十一月一日、GHQは突然、改憲を巡るGHQと近衛の関係を反故にする声明を出しました。五日、GHQ対敵諜報部調査分析課長ハーバート・ノーマンは「近衛はファシズム体制の構築とアジア侵略・対米開戦に責任がある戦争犯罪人だ」とするレポートをアチソンに提出します。アチソンはこれをバーンズ国務長官に送付します。ノーマンは近衛のことを「淫蕩なくせに陰気くさく、人民を恐れ軽蔑さえしながら世間からやんやの喝采を浴びることをむやみに欲しがる近衛は、病的に自己中心的で虚栄心が強い。彼が一貫して仕えてきた大義は己れ自身の野心にほかならない」「彼が公務にでしゃばり、よく仕込まれた政治専門家の一団を使って策略をめぐらし、もっと権力を得ようとたくらみ、中枢の要職に入り込み、総司令官に対し自分が現情勢において不可欠の人間であるようにほのめかすことで逃げ道を求めようとしているのは我慢がならない」と述べています。「一貫して仕えてきた大義は己れ自身の野心」「もっと権力を得ようとたくらみ、中枢の要職に入り込み」「自分が現情勢において不可欠の人間であるようにほのめかす」など近衛の本質を正確に言い当てています。

ハーバート・ノーマンは、戦前は東京のカナダ公使館に書記官として勤務しました。風見とは家族ぐるみの付き合いです。

戦後はアメリカ政府の要請でカナダ外務省からGHQに出向し、昭和天皇・マッカーサー会談のGHQ側通訳を務めるなど、GHQの中枢にいた共産主義者です。昭和二十一年（一九四六年）にGHQが戦前の日本の政党の活動を禁止した中で、日本共産党だけはノーマンの助言で禁止を受けません。昭和二十一年（一九四六年）八月には、駐日カナダ代表部主席に就任します。

のちにノーマンはソビエトスパイの容疑をかけられ、エジプト大使として赴任したカイロで飛び降り自殺をします。ノーマンの近衛に対する心証は、ハーバード大学時代の共産主義同志であり義理の伯父に木戸幸一内大臣をもつ都留重人や風見からの情報提供によって形成されたのでしょう。因みにノーマンは、ハーバード大学燕京研究所でロックフェラー財団から奨学金を得て三年間の研究生活を送っていました。ここにもロックフェラーの影響がみられます。

近衛は、十一月六日と七日、政治顧問団のマックス・ワルド・ビショップに会い、自分に戦争責任がないこと、いかに戦争回避と東條内閣打倒、そして戦争終結に努力したかを釈明します。「英米がかつて日支和平交渉の仲介役を申し出ていた事実を知らなかった」と嘘までつくのです。

十一月九日、近衛は米国戦略爆撃調査団の副団長ポール・ニッツと永田町の霞山会館で会談する手筈でした。この調査団は、戦略爆撃（空爆と艦砲射撃）の効果を検証する米陸海軍合同機関で、調査は軍事・社会・経済・政治の広い領域に及び、日本の戦争指導者との会談（尋問）の任務も負っていたのです。真珠湾攻撃の理由、降伏決定の経緯、原爆の効果なども調査対象です。ポール・ニッツは、ウォールストリートの投資会社出身でのちに海軍長官や国防副長官となる人物です。近衛はそこからニッツたちに通訳の牛場だけの同行で芝浦桟橋から舟に乗せられ、東京湾上に浮かぶ「提督（アドミラル）」という通称の指揮艦アンコン号に連行されたのです。彼はこのまま東京湾に投げ入れられるのではないかという心理状態に陥ります。彼はアンコン号の船長室で、午後二時から四時間近くに及ぶ厳しい尋問を受けます。尋問者（弾劾者）はニッツの部下で、ハーバード大出の経済学者ポール・バランでした。バランは近衛を中国侵略と対米戦争を企んだ張本人と指弾します。

バランは「近衛公」と呼ばず「近衛さん（ミスター近衛）」と呼び、彼の答えのすべてを信用しませんでした。バランの助手として彼に質問をしたのはトーマス・ビッソンです。近衛が、昭和九年（一九三四年）の訪米時のIPRメンバーたちとの座談会で自分を厳しく攻めたてた反日の旗手ビッソンその人であると気付くのに時間を要さなかったでしょう。ビッソンがコミンテルンのアメリカにおける枢要メンバーであり、ソビエト軍のスパイであったことがのちに「ヴェノナ」で判明します。近衛は専ら軍の責任と「共産革命」の危惧を訴えます。近衛はまた「日米交渉への努力」を描いているアリバイ本を提出しました。近衛は、この尋問を通じて、バランによる攻撃とともにビッソンの存在にも慄然としたことでしょう。

「なぜビッソンがいるのか？」

マッカーサーに容共派の部下がいることは近衛もわかっていました。けれども、この時彼は、調査団やGHQのより「奥深く」に多くの反日主義者や共産主義者が入りこんでいることを遅まきながら懸念し始めるのです。彼が自分に都合よく、共産主義者を利用して進めた「敗戦革命路線」から「親米政権樹立路線」へと鮮やかに切りかえた「覇権獲得シナリオ」に危機が訪れたのではないか……。思い返せば、戦争末期、重光葵が、「日本からアメリカに申し込んでも、ソビエトには筒抜けだ」と言っていたのに対して、近衛は「違うと思う」と述べています。近衛の情報収集力と情勢認識の限界を示すものであったのかも知れません。

米国戦略爆撃調査団は、九月六日の御前会議の内容を含め多くの極秘情報を得ていました。近衛は誰がこれらを提供したのか、怪しみます。「調査団側についているらしい都留重人だろうか、その後には伯父の木戸がいる……」。実は、都留は調査団のメンバーとして近衛尋問のアドバイザーでした。そもそも都留は「支那事変の原因は日本にある」と結論付けるIPRの「インクワイアリー・プロジェクト」の文書執筆を、カーター国際事務局長から直接依頼された人物です。この時期、都留は調査団の幹部への応対、もてなしなどで大忙しでした。十月、ビッソンは木戸が同居している都留宅を訪問します。その後、都留宅でビッソンを始め、調査団員たちやノーマンを招いてのパーティーが開かれます。都留宅に、木戸、ビッソン、バラン、ノーマン、そして経済学者ガルブレイスも集います。ビッソン、バラン、そしてノーマンという気心知れた三人は、その後も度々、都留宅での夕食会に招待されています。都留は日本IPRの再建にも関わり、ビッソンにアメリカIPRとの連携への協力を求めます。牛場や松本もここに関わります。この後都留は、経済安定本部総合調整委員会副委員長（次官級待遇）、ハーバード大学客員教授、一橋大学学長、朝日新聞社論説顧問を歴任することになります。

近衛はすっかり自信を覆されました。

帰りの車中で「やられた、やられた」と独り言を繰り返すのを牛場は聞いています。牛場は「いつも泰然たる公爵に似合わず、この米国戦略爆撃調査団の調べのときは、全くシドロモドロで、はたの見る目も気の毒な位であった。余程こたえたらしい」と後日述べています。彼の近衛を見る目はいつも冷静です。近衛はそんな牛場に対して何ら疑いの目を向けていません。調査団の面々は牛場をIPRの人間、すなわち自分たちの側にいる人物と見ていました。

数日後の日曜日の夜、ビッソンを始めとする調査団の面々は、牛場と非公式な会合を開きます。IPRのオーエン・ラティモアも東京にいて、ビッソンたちと合流します。十一月十七日、ビッソンたち調査団の面々は、日本IPRのメンバーとの夕食会に招待されます。経済問題がテーマでしたが、都留も牛場もいたことでしょう。IPR関連の会合は、この時期頻繁に東京で開催されました。近衛の運命の終章で、再びIPRが現れたのです。ちなみに戦後の日本IPRの正式スタートには、西園寺公一や都留たちのほか、労農派経済学者の大内兵衛や講座派歴史学者の羽仁五郎なども理事として加わり、丸山真男まで関わります。IPR会議開催のために日本からロックフェラー財団に援助を求める動きも出てきます。またまたロックフェラーが関わってきます。

アンコン号の尋問の最後に、名誉団長と名乗る年配者が「文隆はどうしているか?」と近衛に聞きました。牛場が「文隆は満洲にいて、ソビエト侵攻後の消息はわからない」と答え、名誉団長はうなずくだけで何も言いません。これは「文隆を人質にとっている」という近衛へのサインであったのでしょうか。この名誉団長は、プルデンシャル生命保険社長のフランクリン・ドーリエです。

近衛はアンコン号での体験を経て、早晩戦犯として逮捕命令が出され巣鴨拘置所に収容されること、極東国際軍事裁判（東京裁判）の被告となることを確信しました。近衛は秘書の細川に「マッカーサー司令部にはユダヤ人多きためか」「赤化も計りおる如し」と語りました。近衛はすぐに軽井沢の別荘「草亭」で裁判対策の詰めに取り組みます。この頃、枢密顧問官の伊沢多喜男は近衛に「死んではならぬ、裁判に出て天子をお庇いしなければならぬ」と言いました。

これに対して彼は「絶対に大丈夫です。お上の前に立ちはだかってお護りする」と答えています。生来細心にして慎重な近衛は、来る東京裁判に対して着実に準備を進めていました。近衛は元来テロなどに臆病で、飛行機にも一度も乗らず、側近が陰で笑うくらい自分の命を大切にしていました。彼は支那事変の責任は認めていましたが、対米戦については戦争への道をつくったとは言わず、専ら日米和平交渉、即ち戦争回避に力を尽くしたと言っていました。「平和への努力」です。当時の東京裁判に関する観測では、検察側は支那事変段階ではなく太平洋戦争段階を最重要視するだろうとのことでした。日米和平交渉という実績があり、しかも東條にバトンを渡して開戦には直接関わっていないので、太平洋戦争段階については「無罪」であると自信を持っていた近衛は、アンコン号で衝撃を受けながらも、いやそれだからこそ余計に裁判への闘志を燃やしたのです。

この頃、調査団の一員ハリー・エマーソン・ワイルズが近衛の様子を窺いに軽井沢の「草亭」を訪ねます。ワイルズはアンコン号下船前に近衛に茶菓子を出して慰労した人物です。近衛は彼を歓迎し泥酔するほど飲んだと牛場がのちに証言しています。近衛は彼に気を許していろいろと話したようです。ワイルズは裁判に向けての彼の万全の準備を確認しました。帰り際には彼に向かって「（裁判では）『自分に責任がある』と言ってはならない」とありきたりのアドバイスをします。ワイルズはこの後、ガルフ石油役員や日本興業銀行顧問となります。

昭和二十年（一九四五年）十二月六日、遂に近衛に戦犯容疑者としての逮捕命令が出ました。巣鴨拘置所入所日は十六日で、十日間の猶予がありました。彼は軽井沢で五日間、裁判対策を仕上げます。法廷における主張の軸には「近衛上奏文」があります。

「近衛上奏文」では、まず、第一の戦争責任は革命を企図した共産主義者とそれに踊らされた陸軍統制派にある、という戦争責任転嫁の論理です。近衛は迂闊にも、支那事変において彼らの企図を見破れなかったという過誤を犯しただけです。法廷では風見や尾崎たちの名前を出します。

次に、裁判で最大の焦点になると考えられた日米戦については、近衛は開戦回避に向け最善を尽くしたと主張するのです。彼自身の戦争責任回避のための具体的なアリバイの最重要のものが、日米首脳会談に向けた「平和への努力」です。彼は一連の手記を完成させています。裁判対策、そして世論対策として、素早い発表スケジュールも計画します。中身は真偽とり混ぜた近衛のい い訳ととり繕いです。

天皇への責任転嫁もしています。昭和天皇の根本的な責任に法廷の関心を向かわせるのです。彼は、東京裁判自体の国際法における位置づけにも疑義を呈するつもりでした。極東国際軍事裁判法廷の判事や検事たち、そして連合国や国際共産主義者たちにとって、近衛は最も手強い被告となるはずでした。

これらの準備が終わると、近衛は十一日夜、新聞記者達の囲みを破って自動車で帰京します。彼は荻窪で妻千代子を降ろし、世田谷の支援者宅に向かいます。牛場は常に近衛と一緒です。十二日朝、近衛は富田にこう言います。

「終戦後において戦敗国の人間を勝手に裁判にかける、そのために逮捕する。一体そんなことが、国際法の上から許されることでしょうか」「そんな権限は国際法上認められていないと思います。そこで、伊藤述史君に至急連絡して、この問題を国際法の上から研究して貰って下さい」と。

伊藤述史は外交官で情報局総裁であった人物です。

しかし、これに対する伊藤の返答は、「実際問題上、敗戦国としてはどうしようもない」でした。近衛は入院によって巣鴨出頭を避けることも策し、医者の診断書を用意して吉田茂外相にGHQへの働きかけを頼みます。しかしこれも実現しませんでした。牛場はこの間「東京裁判は十一月二十日に始まったナチスを裁くニュルンベルク裁判と同じ方式になるのかどうか」を探るべく、また近衛の動静の「報告」も兼ねて頻繁にGHQに通います。

ピエロの死

巣鴨拘置所出頭日の前々日の夕方、近衛は荻外荘に戻りました。翌十五日土曜日、即ち出頭日の前日、近衛は、牛場、松本、山本有三、後藤隆之助、富田、岸たちと夜遅くまで語り合いました。近衛は自決の意志は少しも示さず、懸念して問う者があればキッパリと否定していました。元内務大臣の安井英二が来て、巣鴨のことや入所している人々のことを話しましたが、近衛は「必要なことは筆記しておいてくれ」と頼んでいます。妻千代子たち家人が彼を巣鴨に送るために蒲団や寝衣の仕度に心を込めていた時も、近衛は特に言葉を発しませんでした。夜になって訪問者も次第に帰りましたが、荻外荘にはその夜宿泊する親戚と側近たちが残りました。近衛は果敢な法廷闘争を決意し、準備も万端でした。自分には充分なアリバイがある。悪いのは共産主義者と陸軍（統制派）である。昭和天皇にも責任がある。裁判自体も国際法上の疑義がある。そして、何といっても我が命が大事である、と。しかし近衛は出頭日の未明に最期を迎えました。口封じに殺されたのでしょう。種々の状況から自殺と見るのは不自然で無理があります。

出頭日前日に近衛と夜遅くまで語りあった者たちの中に牛場と松本がいました。牛場と松本は、その夜、夜通し隣の部屋から「書斎」の近衛を窺っていました。側近たちの中で二人はそのような役割を担ったのです。二人が自ら買って出たのかも知れません。松本がこの時のことをのちに後藤隆之助との対談の中で吐露し、『近衛時代』(昭和六十二年発行)という著書に掲載します。

松本　僕、自殺する人の隣の部屋に寝てたなんていうの、ないね。空前絶後。

後藤　あそこへ泊ったのか。

松本　泊ったよ。牛場の友さんと二人で泊ったよ、あの部屋に。

後藤　ああ、そうか。あなたがたは、まだ、僕と山本とは違って、ああいう場面で一応やったのと、やらずに想像しておったのと、少し違いがあったね。

松本と牛場は「隣の部室」で寝たと言っています。松本と牛場は、隣室で一晩中近衛を見守る役です。ふすま戸越し、あるいはふすま戸を少し開けて見守ることは可能です。「空前絶後」の体験です。「ああいう場面で一応やったのと、やらずに想像しておったのと、少し違いがあったね」という発言の意味は何でしょう。松本と牛場が「一応やった」とは何をやったのでしょうか?

後藤は思わず口走ってしまったのでしょうか？　隣の部屋にいた人間の証言、しかも大人が二人も隣の部屋に一晩中いて、真冬のし～んと静まり返った日本家屋で、近衛と息子との最後の会話や床に入る近衛がたてる物音にも聞き耳を立てていたのです。当夜、何があったのでしょうか？

ここでより詳しく、出頭日前日の十五日夜十一時過ぎからの様子を追っていきます。近衛と次男の通隆との会話です。

通隆が「何か書いておいて下さい」と言うと、近衛は「僕の心境を書こうか」と言って筆と紙を求めました。近くに筆がなかったので通隆が鉛筆を渡し、有り合わせの長い紙を切って出したら、「もっといい紙はないか」というので、近衛家の用箋を探して出すと、硯箱のふたを下敷きにして、鉛筆で、床の中で寝たまま、次のような一文を書き流して「字句も熟していないから、ミミ（通隆）だけで持っていてくれ」と言って通隆に渡しました。それは次のような文面でした。

「僕は支那事変以来多くの政治上過誤を犯した。之に対して深く責任を感じて居るが所謂《いわゆる》戦争犯罪人として米国の法廷に於て裁判を受ける事は堪え難いことである。

殊に僕は支那事変に責任を感ずればこそ此《この》事変解決を最大の使命とした。そして此解決の唯一の途は米国との諒解にありとの結論に達し日米交渉に全力を尽くしたのである。その米国から今犯罪人として指名を受ける事は残念に思う。

しかし僕の志は知る人ぞ知る。

僕は米国に於てさえそこに多少の知己が存することを確信する。

戦争に伴う昂奮と激情と、勝てる者の行き過ぎた増長と敗れた者の過度の卑屈と故意の中傷と誤解に本づく流言蜚語と是等一切の所謂世論なるものもいつかは冷静を取戻し正常に復する時も来よう。

其時始めて神の法廷に於て正義の判決が下されよう」


通隆は、この時の父との会話を自ら書き記して残しています。これが「通隆氏手記」というタイトルで陽明文庫に保管されています。次のようなものです。

「昭和二十年十二月十六日午前一時ごろ、父の居まにおいて、雑談したる際、父は今の自分の心境として別紙のようなメモを渡した。字句の整ったものではないが、といいながら、当家の用箋に鉛筆で走り書きをしたものである。勿論、遺書としてではなく、気軽に書いたものである」

父との会話を「雑談」と表現しています。更に重要なことは、文面は「気軽に書いたもの」で「メモ」と表現されています。自殺を前提とした「遺書」ではないのです。

十六日朝、近衛が布団の中で死んでいるのが「発見」され、早々に国際検事局からキーナン主席検事の代理将校たち三名が検死に来ます。

しかし、近衛の亡骸を確認しただけで検死はろくにしません。盛んにフラッシュを焚いて写真をとり、「遺書」と呼ばれることになる「メモ」を押収します。六年を経て漸く遺族に返還されたと言います。彼らは、千代子夫人、通隆、牛場たちに種々の質問をし、通隆たちの談話、近衛の

「遺書」（「メモ」）そして近衛の死の前後の模様についてそのまま公にすることを禁じました。GHQは「近衛が残した文面については特に最後の一文を公にしてはならない」との命令を出します。

近衛の裁判対策関係の書類や手紙の類などがGHQに接収され多くが行方知れずです。東京裁判でも日の目をみることはありませんでした。何といっても、近衛が東京裁判に出なくなったことにより、「陸軍を踊らせ、近衛を騙した」共産主義者たちの陰謀が世界にむけて白日の下に晒される心配がなくなったのです。近衛は死に、共に戦争を煽った風見は戦犯にならずに戦後に再始動します。

近衛は自殺をするつもりはなかった、裁判に死力を尽くすつもりだった、相当の戦いができると信じていた、自殺など慫慂されても拒んだ、しかし近衛は死んだのです。死因は、恐らく、強力な複数の腕に押さえつけられての薬物注射でしょう。静かに数分で死ぬ薬物が使用されたと思われます。「青酸カリ」では、真夜中に音も立てずに静かにすっと死ぬことはできません。「青酸カリ」で自殺したという従来から流布されていたストーリーでは、矛盾や無理がありすぎます。松本と牛場は隣室にいて、「万一の場合をおもんばかって、近衛氏の寝がえりの音ひとつも聞きもらすまいと、夜どおし、まんじりともせず、聞き耳をたててがんばって」いました。近衛の死後、状況説明に関して、家族を含め近衛が死んだ「書斎」の周囲にいた者たちの間で確認や統一が図られたでしょう。

けれども、たとえ口裏合わせがあったとしても、「書斎」で起きたことの重大さと異常さ故に、その後、不自然さと混乱が生じています。「通隆氏手記」が一番すっきりとした内容です。他の者がのちに著わした記述は余計なものが多く書かれすぎ、混乱を極めています。情報操作もあるでしょう。実は、通隆は近衛の死の翌日細川護貞に、死の直前に巣鴨行きを促した際の近衛の返答は「あぁそれあ行くとも」であったと伝えています。富田も「近衛は勇気がなく自殺できる訳がない」と言っていました。近衛はどこまでも自分大事です。都合の悪いことは避け、一方、命をかけて何かをするということは絶対にないのです。自ら命を絶つということも決してあり得ない類の人間です。近衛の死後、彼の遺体にむけて日米のカメラマンによって実に多くのフラッシュが焚かれました。余りにも多くの「服毒自殺後の近衛文磨」の写真が報道され公開され、今日まで伝わっています。貴種の死に臨んで、この国にしてこの扱いは誠に不自然です。「静かな自殺」の印象づけ作業でしょう。

日曜日だからかも知れませんが、『昭和天皇実録』は、近衛が死んだ昭和二十年（一九四五年）十二月十六日には何も記事を記していません。けれども、近衛が死んだことを知ると、昭和天皇は「近衛は弱いなあ……」と仰せになったといいます。『朝日新聞』において、十二月二十日から「日米交渉に就いて」が「近衛公手記」として十一回にわたり連載されました。開戦前の日米交渉に自身が果たした役割が語られています。これを読んだ昭和天皇は「近衛は自分にだけ都合の良いことを言っているね」と呆れ気味に語っています。

近衛は優柔不断でもなく、平和主義者でもなく、皇室の藩屛《はんぺい》でもなく、共産主義者でもありませんでした。彼は諸勢力の「扇の要」に居ながら、敗戦革命をめざす共産主義者を利用して支那事変を拡大させ日米戦争を起こし、強大なアメリカ軍をもって天皇の軍隊を粉砕し、昭和天皇の退位を謀ったのです。ゴールは親米政権としての自らの覇権獲得です。大東亜戦争は、藤原（近衛）文麿による〝昭和の藤原の乱〟であったのです。その乱もこうして終わりを告げました。

近衛は国際金融資本家たちの期待通りに乱を起こし、そして口封じに消されたのでした。彼にとってはすべてが駒でしたが、国際共産主義者たちや国際金融資本家たちにとってもまた、彼は駒でした。彼はピエロのように踊ったのです。

けれどもフーバーにとって、彼はあくまでもリベラルな平和主義者、賞賛に値する勇気ある政治家であったのです。

再始動

近衛のメジャーシナリオ、親米反共路線を継承し政権を手にしたのは結局吉田茂でした。近衛がもともと余りあてにせず途中で打ち捨てたマイナーシナリオを、近衛の裏切り後も生涯追求したのが風見章です。近衛政権で共産主義者風見は、コミンテルンの意向に沿った動きを巧妙かつ大胆に行いました。世界の共産主義陣営の彼に対する評価は絶大です。彼は、終戦後いち早く松本重治が主宰する雑誌『民報』にて、天皇制廃止や天皇の非政治化等のテーマで、松本や『朝日新聞』の緒方竹虎と鼎談します。昭和二十六年（一九五一年）にも雑誌『改造』九月号で松本や緒方と鼎談します。

この時は「政治と言論」をテーマに松本がリード役でした。松本は彼を「新聞界の大先輩にしてこれからの政界になくてはならない人物」と持ちあげます。昭和二十二年（一九四七年）二月、風見にGHQから出頭命令が出ましたが、終戦連絡中央事務局次長の白洲次郎やノーマンたちの計らいで嫌疑をかけられず、戦争遂行者たちを「狂人」とみなし、自己弁護を述べただけで「了」とされました。

支那事変と新体制運動を仕掛けた張本人の風見が戦犯にならないことは実におかしなことです。国際共産主義者たちの意向でしょう。白洲は西園寺公一や牛場とも連絡をとりあっています。

昭和二十二年（一九四七年）四月、初の参議院選挙で全国区から無所属で西園寺が立候補し、風見の地元の票を頼りに当選します。昭和二十六年、白洲の努力で追放解除となった後、風見は占領政策転換後の反共・反ソ政策に抗していきます。講和条約締結の対象にソビエトと共産党政権下の中国を含むべきとする「全面講和」論を掲げ中国共産党との接触を強めます。

風見は、帆足計《ほあしけい》たち現元国会議員が外務省の制止をふりきって戦後初めてソビエト入りし、国際経済会議に参加するのを助けます。

帆足計は昭和研究会に所属し、近衛の朝飯会の幹事役であった元革新商工官僚です。帆足たちはそのまま北京入りし第一次日中民間貿易協定を締結します。風見は昭和二十七年（一九五二年）九月の衆議院選挙で「平和憲法擁護」「日中・日ソ国交回復」を公約として国会への復帰を果たします。昭和二十八年（一九五三年）国会では、風見たちの采配で「日中貿易促進の決議」が満場一致で採択されました。国会議員団の訪中も開始されます。この訪中で風見が推進したのが中国共産党要人との交流と「お詫び」外交です。彼は支那事変をさんざん煽った人間です。近衛と共に戦犯となるべき人物が、中国共産党との交流の日本側トップとして歓迎されます。この事実を以て支那事変の裏の構造と風見の正体が露わになっています。

彼は昭和三十年（一九五五年）に左派社会党に入り、同年左右統一時に社会党顧問となりました。更に「日中日ソ国交回復国民会議」理事長に就任し、政界の親中・親ソ派を率います。翌年の鳩山首相による日ソ国交回復は、彼が早くから日ソ間を取りもったことが背景にあると言います。昭和三十二年（一九五七年）、風見はモスクワでフルシチョフ第一書記と、北京で周恩来首相と、平壌で金日成主席と、加えてハノイでホー・チ・ミン主席と会見します。彼らにとって風見は、支那事変拡大と大日本帝国崩壊の「偉大な」仕掛人であり共産主義者の鏡であったのです。

昭和三十三年（一九五八年）、彼が満を持して呼びかけたのが、中国に対する日本側の「反省」と「お詫び」の表明です。中国側は風見たちを招き、一月の国慶節に参列させた後、共同声明に調印させました。

声明の要旨は、「現在の台湾海峡をめぐる戦争の危機は、アメリカ帝国主義の侵略的挑発行為に基づくものである。沖縄をはじめ日本国土にある米軍基地は、中国に対するアメリカの作戦行動に使用されている。したがって米帝国主義は日中両国人民の共通の敵である」です。風見の中国共産党とのパイプが、戦後日本の謝罪外交の基礎をつくり、かつ左翼反米運動の基本的構図を打ち立てたのです。

風見は昭和三十六年（一九六一年）十二月に七十五歳で亡くなります。日本での共産主義革命を目指した革命児の最期でした。日本国民の厖大な犠牲を生んだ彼の企図は決して許されません。

危篤の知らせを受けた地元市議会は名誉市民条例案を満場一致で可決し、彼を第一号に指定します。彼の死を受けて、衆議院本会議では全議員が一分間黙禱し弔詞を贈ることを決議し、同郷の元防衛庁長官の赤城宗徳が追悼演説を行いました。歴史が全く見えていません。

白洲次郎は昭和六十年（一九八五年）に八十三歳で亡くなります。遺言は「葬式無用　戒名不要」でした。予めケズウィック家が葬式などに関して何か言ってきていたのでしょうか。なお「武相荘」は現在一般公開されていて、風見の筆による額装は展示の目玉となり、多くの白洲ファンが訪れています。

松本重治は平成元年（一九八九年）に八十九歳で亡くなります。彼が設立に尽力したロックフェラーゆかりの国際文化会館（麻布鳥居坂）で会館葬が執り行われました。同会館は今も多くの関係者に会議や懇談などで盛んに利用されています。平成三年（一九九一年）、ソビエトが建国六十九年目にして崩壊、漸く「ユートピア」幻想は終わりました。牛場友彦はソビエトの崩壊を見届けた後、平成五年（一九九三年）に九十一歳で永眠しました。

悪魔の使いの死

話をアメリカに戻します。

ルーズベルトの夢は国際連盟に代わる国際組織を設立し、その長になることでした。彼は根っからの国際主義者で、議会が認めなかった国際連盟加盟の必要性を猛然と訴えていた時期があったことはよく知られています。

このルーズベルト大統領にも死は訪れました。ルーズベルトの左眉の上（あるいは瞼付近）に生じた皮膚癌が、一九四四年（昭和十九年）夏頃に脳と腹部に転移したのです。この頃、長男がルーズベルトの激しい腹痛や土気色の顔の様を見ています。ハワイでルーズベルト大統領と会ったダグラス・マッカーサー将軍は「彼の肉体は魂の抜け落ちた抜け殻のようなものだ」「大統領は一年以内に亡くなるな」と語ったと言われています。

一九四五年一月のヤルタ会談では、ルーズベルト大統領は衰え思考能力を失っていました。会談で彼の後ろに常に控えメモを入れていたのはソビエトのスパイで、国務省特別政治問題担当副部長のアルジャー・ヒスでした。ルーズベルトは三月には視野欠損が起き、演説原稿もきちんと読めなくなります。ルーズベルト大統領は医師の指示で「執務」は一日四時間以内に制限され、しかも下顎が下がって口が開き目が虚ろとなり、死に瀕した病人のようでした。この時期にルーズベルト大統領の名で出された公電や覚書は、ホワイトハウスのスタッフの誰かが作成し決定を下していたのです。ルーズベルト政権には厖大な数のソビエト工作員が潜入していました。

一九四五年四月十二日、ルーズベルトは、六十三歳で急死します。直接の死因は、高血圧性脳出血で、死亡日の血圧は三百／百九十ｍｍＨｇ、一年前から最高血圧は二百以上であったと言われています。

いずれにせよ、ルーズベルトの死により、ルーズベルトの口から、ルーズベルト政権下で展開された共産主義者たちの陰謀が世界に向かって白日の下に晒される心配がなくなったのです。近衛の死の場合と全く同じです。似たような歴史的役割を果たしたルーズベルトと近衛、二人は共に早い死によって歴史的な証言をすることなく逝ったのです。真実の一端すら当人の口から語られる機会は永遠に葬られたのです。

第二次世界大戦の惨禍

第二次世界大戦での戦闘員・民間人の犠牲者は、最大八千五百万人と言われています。史上空前と言われた第一次世界大戦の犠牲者の約五倍です。ソビエト二千八百万人、ドイツ九百万人、そしてポーランド五百八十二万人、日本三百十二万人、アメリカ四十二万人(内日米戦は十万人)です。アメリカの犠牲者はほぼすべてが軍人です。日本の犠牲者三百十二万人の内訳は、軍人二百十二万人(内陸軍百六十五万人――その七〇%が餓死)、民間人百万人です。この数字を見ても、「戦争」を企てた者たち、共産主義者たちの心は痛まないのです。近衛は己の野望のため、風見や尾崎たちは、厖大な犠牲は革命のために良いこと、必要なことと見做しました。

国際主義者(国際共産主義者・国際金融資本家など)たちは、ソビエトの拡大に力を貸し、第二次世界大戦によって、米・ソ二極の冷戦構造をつくり出しました。フーバーたち「不干渉主義者」は、この動きを阻止しようとしたのです。フーバーは戦後すぐ「共産主義の勝利」に対して警鐘を鳴らしました。

「共産主義が二億のロシア人、九億のアジア人をがっちり押さえ込んでしまった。それだけではなく、世界の近代文明の存立までをも脅かしている。当然ながら世界のどこにも平和は訪れてはいない。私はこのメモワールの中で、ルーズベルトとチャーチルが人類にもたらした厄災を語ることにした。……彼らはスターリンとともに、世界に訴える宣言を繰り返し、また裏では彼と密約を結んだ。……奴隷状態の下、悪夢の中でのたうつ人々は、時にルーズベルトの言葉（約束）を思い返すことがあろうが、現実は警察国家の中で生きていることを思い知らされるのである。これからも共産主義はますますその影響力を拡げようとしている」と。

アメリカは国民から集めた税金によって天文学的数字の援助でソビエトを支援したのです。その結果得たものは、ソビエトの台頭、共産主義支配（独裁政治）の拡大、ソビエトによる東欧支配、東西冷戦、中国共産党の台頭、中華人民共和国の成立です。一九四六年にフーバーは朝鮮半島のアメリカ軍政庁にさえ共産主義者が多く潜入していると指摘しています。彼らは南朝鮮に細胞を組織して軍政庁の転覆を画策しました。アメリカ軍兵士のなかにも共産主義に染まる者がいたのです。見つかった共産主義者たちは本国に送還されました。一九四九年七月、アメリカ国務省で幅を利かせていたオーエン・ラティモアは次のように書いています。「したがって、なすべきことは、韓国を崩壊させることである。ただし、我々がそれを後押ししたように見られてはならない」(『裏切られた自由』)

共産主義体制での粛清、虐殺、飢餓による犠牲者は、中国六千五百万人、ソビエト二千万人、北朝鮮二百万人、カンボジア二百万人、ベトナム百万人、東欧百万人など、合計一億人と言われ、第二次世界大戦の犠牲者数の八千五百万人を上回ります。ここに更に、中国共産党支配下のチベットやウイグルなどでの数百万人の虐殺が加わります。共産党独裁がもたらした人類の大惨劇です。

世界の苦悩

二十世紀末、ソビエトが崩壊、「自由世界が勝利した」と歓喜の声が沸き起りました。しかし二十一世紀初頭、国際主義者たちは共産中国の拡大に力を貸し、米ソに替わる米中二極の〝新冷戦〟構造をつくろうとします。地球上の「伝統的な富の格差」は、引き続き冷戦の陰に隠れます。二つの超大国が鎬《しのぎ》を削れば、そこに軍事・科学・産業など、必然的に莫大な経済的利益が生じます。共産中国の覇権構造は異形です。閉鎖的なソビエト型経済から大胆に止揚された経済のあり方、すなわち欧米の産業資本や技術を無節操に取り込み真似ていく、旧社会主義国とは異次元の経済体制で支えられています。外資企業の中国市場への進出も怒濤の如くでした。グローバリズム(市場第一主義)と表裏一体です。日本の経済界も、ご多分に漏れず目先の算盤をはじいて中国でおこぼれを頂戴しています。

習近平の中国共産党は、経済発展により国民の物質欲を充足させつつ、人権や自由を抑圧し、ジョージ・オーウェルの小説『一九八四』を地で行くような完全監視社会・現代的専制国家を完成させせようとしています。現在の中国では、「民主」とは独裁のことであり、「自由」とは隷属のことであり、「自治」とは弾圧のことです。

二〇一七年、実兄三世が交通事故死して以来、四十年間実質上のロックフェラー家当主であったデイヴィッド・ロックフェラー（百一歳）が心不全で亡くなります。

彼はチェース・マンハッタン銀行の会長兼CEOとして海外事業を拡大し、世界の政界や経済界に多彩な人脈を築き民間外交に活躍した、自他ともに認めるグローバリズムの守護神でした。日本への関与も深く、昭和天皇や今上陛下は訪米時には必ずロックフェラー邸を訪れています。奇しくもこの年、反グローバリズム・反中国の旗手ドナルド・トランプがアメリカ大統領に就任し、その後自ら企図した政策を積極的に進めています。

二〇一七年はグローバリズムをめぐる節目の年であったと後世語られることになるのでしょうか。

エピローグ――「平和」が「戦争」に負ける訳

「戦争」を企む側は日本に手を回していました。「戦争」の側は〝昭和の藤原の乱〟を上手く使いこなしました。「戦争」の側の長期展望、情報力と駒の使い方、人の潜り込ませ方には凄まじいものがあります。圧倒的な資金力がその背景にあります。近衛は「戦争」の側を利用したつもりでしたが、実は利用されたのであり、最終的に身の破滅を招いたのです。この図式を「平和」を維持しようとする側は気が付いていません。「平和」の側は、「戦争」の側と違って、日本の歴史の本質や深奥の内情についても知りませんでした。フーバーも日本理解を欠いていました。このような所に決定的な力の差が表れています。

もし、「平和の天使」フーバーの日本への造詣が深く、日本の立ち位置と情勢を正確に把握していたら、きっと適切な時期に日本に乗り込んで、確固たるアメリカ国民の反戦・非戦の世論を伝え、日本のその後の動きに大きな影響を与えたことでしょう。彼はきっと重臣たちや閣僚たちと対話し、更には直に日本国民に訴える機会をも工夫したことでしょう。その結果として、罠や仕掛けではない、本当の意味での日米和平のためのテーブルが用意されていたはずです。

そこでは民間識者も活躍します。

しかしこれは、設立理念の通りならば、本来は「ＩＰＲ」が果たす役割だったのです。やれる立場にあり、その能力も備えたはずでした。だから日本政府や新渡戸稲造を始めとする日本を想う識者たちは、「ＩＰＲ」に太平洋の和平を賭けたのです。けれども、彼らがすがった藁は悪魔の杖でした。「ＩＰＲ」は早くから「戦争」の側に奪われ、その道具となっていたのです。悪魔の杖の周辺には日本の若者たちも集いました。まるで魔宮に吸い込まれるように、反日の志を抱いて。

今も戦争の危険と恐怖は絶えません。「平和」の側が「戦争」の側に勝つのは生やさしいことではありません。「平和」の側が「戦争」の側以上にしたたかで周到でなければ「平和」は「戦争」に勝てないのです。平和を維持できないのです。これがシンプルですが冷然たる教訓です。

本書では、ルーズベルト（悪魔の使い）、フーバー（天使）、近衛（ピエロ）の動き、そして国際金融資本家ロックフェラーたちの「関与」を並列的に叙述しました。日米共通の歴史認識が必要との問題意識がそうさせたのです。次回作は更に大きな視野から展開します。いよいよ本丸です。

最後になりましたが、本書の出版にご尽力賜りましたワック株式会社の仙頭寿顕編集長、安田みゆき様ほか皆様に心より御礼申し上げます。

主要参考文献

・『近衛文麿　野望と挫折』林千勝　ワック
・『日米開戦　陸軍の勝算―「秋丸機関」の最終報告書』林千勝　祥伝社
・"Freedom Betrayed: Herbert Hoover's Secret History of the Second World War and Its Aftermath"Herbert Hoover. Hoover Institution Press
・『裏切られた自由―フーバー大統領が語る第二次世界大戦の隠された歴史とその後遺症　上・下』ハーバート・フーバー　草思社
・『ルーズベルトの責任―日米戦争はなぜ始まったか　上・下』チャールズ・オースティン・ビーアド　藤原書店
・『ルーズベルトは米国民を裏切り日本を戦争に引きずり込んだ―アメリカ共和党元党首H・フィッシュが暴く日米戦の真相』青柳武彦　ハート出版
・『ウェデマイヤー回想録　第二次大戦に勝者なし』A・C・ウェデマイヤー　読売新聞社
・『ロックフェラー家と日本―日米交流をつむいだ人々』加藤幹雄　岩波書店
・『ロックフェラー回顧録』デイヴィッド・ロックフェラー　新潮社
・『21世紀に向けて』デービッド・ロックフェラー　盛田昭夫　読売新聞社
・『第二次アメリカ革命』ロックフェラー三世　英宝社
・「不況と取組む日本」国際文化協会会報　第328号　ロックフェラー・J・D　国際文化協会
・「日本の国際舞台への再登場」　世界週報　第46巻第23号　ロックフェラー・J・D　時事通信社
・「『日本の将来』――経済重点主義が誤解招く〔国際文化会館開設20周年記念講演"The Promise of Japan"('72.11.14)〕」世界週報　第53巻第50号　ロックフェラー(3世)ジョン・D　時事通信社
・「文化について―日米間における文化交流の必要性等について」ジョン・D・ロックフェラー三世　国際文化会館
・『富との闘い　ロックフェラー二世の生涯』レイモンド・B・フォズディック　鏡浦書房
・『ジョン・デイ・ロックフェラー―人及びその事業』有川治助　昭和図書

・『ロックフェラー　お金の教え』ジョン・D・ロックフェラー　サンマーク出版
・「ジョン・D・ロックフェラー1世の企業家活動と富の集積、1839-1911（1）（2）」経済学論叢　第62巻第3号・第4号　鮫島真人　同志社大学経済学会
・「ジョン・D・ロックフェラー1世の什一献金とフィランソロピー活動」経済学論叢　第63巻第3号　鮫島真人　同志社大学経済学会
・『ロックフェラー対ロスチャイルド』藤井昇　徳間書店
・『高木文庫』IPR関係資料」東京大学アメリカ太平洋地域研究センター図書室
・「太平洋問題―第六回太平洋会議報告」尾崎秀実・牛場友彦・鶴見祐輔ほか　日本国際協会
・「IPR大窪コレクション」一橋大学附属図書館
・「オーウェン・ラティモアの場合―太平洋問題調査会と共産党」世界とわれら　一九五四年一〇号　天羽英二　日本国際連合協会
・「太平洋問題調査会の天皇論―E・H・ノーマンらの見解をめぐって」世界　第三八八号　武田清子　岩波書店
・「『日本悪玉論』を拡散するジョン・ダワー」歴史通（WiLL2018年8月号増刊）岡部伸　ワック
・「太平洋問題調査会（IPR）と満州問題―第三回京都会議を中心として」法学研究　第五二巻第九号　片桐庸夫　慶応義塾大学法学研究会
・「グンター・シュタインについて―太平洋問題調査会とマッカーシズムとの関係」アジア文化　第二九号　山岡道男　アジア文化総合研究所出版会
・「太平洋問題調査会（IPR）と政治的勢力均衡及び平和的調整問題―第六回ヨセミテ会議を中心として」社会科学討究　第四三巻第一号　片桐庸夫　早稲田大学アジア太平洋研究センター
・「研究資料シリーズ第一号　太平洋問題調査会関係資料　太平洋会議参加者名簿とデータ・ペーパー一覧」早稲田大学アジア太平洋研究センター
・「歴史評論　2016年1月号　No.789」歴史科学協議会
・「WIAPSリサーチシリーズNo.6　太平洋問題調査会（IPR）とその群像」早稲田大学アジア太平洋研究センター太平洋問題調査会研究部会　早稲田大学アジア太平洋研究センター
・「『太平洋問題調査会』ソ連支部の設立と米ソ関係」渋沢研究　第29号　高光佳絵　渋沢史料館

・「1934（昭和9）年の近衛訪米をめぐる日米民間団体の協力—『太平洋問題調査会（IPR）』を中心に」千葉大学人文社会科学研究（29）1-13　高光佳絵　千葉大学大学院人文社会科学研究科
・「戦間期における国際通信社と国際政治—岩永裕吉・クリストファー・チャンセラーと日英関係」千葉大学人文社会科学研究（32）14-25　高光佳絵　千葉大学大学院人文社会科学研究科
・「国際主義知識人のトランスナショナル・ネットワークと満州問題—『太平洋問題調査会（IPR）』における中国をめぐる日米英関係」史学雑誌　123（11）64-88　高光佳絵　史学会
・「一九三〇年代における経済的相互依存をめぐるアメリカの認識—「グローバリゼーション」と東アジア国際関係」千葉大学人文社会科学研究　（14）1-12　高光佳絵　千葉大学大学院人文社会科学研究科
・「近代中国をめぐる国際政治　歴史のなかの日本政治3」第4章　戦間期アジア・太平洋秩序と国際的民間団体　高光佳絵　中央公論新社
・「一九二〇年代の日本と国際関係—混沌を超えて『新しい秩序』へ」第6章　ホーンベックの非政府組織への期待と初期太平洋問題調査会（IPR）　高光佳絵　春風社
・「アメリカ・アジア太平洋地域研究叢書　第2巻　アメリカ外交の分析—歴史的展開と現状分析」第4章　1930年代におけるアメリカの中国認識と対日政策　高光佳絵　大学教育出版
・「戦間期の東アジア国際政治（中央大学政策文化総合研究所研究叢書6）」第8章　ホーンベック国務省政治顧問の対日強硬化とアメリカの日中戦争観　1937-1938　高光佳絵　中央大学出版部
・『アメリカと戦間期の東アジア—アジア・太平洋国際秩序形成と「グローバリゼーション」』高光佳絵　青弓社
・『ヴェノナ—解読されたソ連の暗号とスパイ活動』ジョン・アール・ヘインズ、ハーヴェイ・クレア　PHP研究所
・『誰が第二次世界大戦を起こしたのか—フーバー大統領「裏切られた自由」を読み解く』渡部惣樹　草思社
・『日米戦争を起こしたのは誰か—ルーズベルトの罪状・フーバー大統領回顧録を論ず』序　加瀬英明　勉誠出版
・『第二次世界大戦　アメリカの敗北—米国を操ったソビエトスパイ』渡辺惣樹　文藝春秋
・『風見章日記・関係資料』みすず書房
・「[回想記]信毎時代一」ほか　風見章関係文書　大学史資料センター・保守と革新の近現代史データベース　早稲田大学

・『鬼怒川雑記』風見章　常陽新聞社
・『祖国』風見章　理論社
・『風見章とその時代』須田禎一　みすず書房
・『風見章　評伝　野人政治家の面目』宇野秀　茨城新聞社
・『政治家風見章』利根川一沙　筑波書林
・「早稲田大学史記要　第37巻・第38巻　父・風見章を語る―風見博太郎氏に聞く」早稲田大学大学史資料センター
・「牛場友彦氏談話記録　第一回〜第三回」木戸日記研究会
・『ハーバート・ノーマン全集　第二巻』岩波書店
・『スパイと言われた外交官―ハーバート・ノーマンの生涯』工藤美代子　筑摩書房
・『ビッソン日本占領回想記』トーマス・A・ビッソン　三省堂
・『尾崎秀実伝』風間道太郎　法政大学出版局
・『鳩山一郎・薫日記　上巻（鳩山一郎篇）』鳩山一郎　中央公論新社
・『有馬頼寧日記4　昭和十三年〜昭和十六年』山川出版社
・『昭和天皇実録　明治34年〜昭和60年』CD　国会議員閲覧用
・『大元帥・昭和天皇』山田朗　新日本出版社
・『木戸幸一日記　上巻・下巻・東京裁判期』東京大学出版会
・『木戸幸一関係文書』木戸日記研究会編　東京大学出版会
・『情報天皇に達せず　上巻・下巻』細川護貞　同光社磯部書房
・『細川家十七代目』細川護貞　日本経済新聞社
・『重臣たちの昭和史』勝田龍夫　文藝春秋
・『大東亜戦争の真実―東條英機宣誓供述書』ワック
・『大東亜戦争全史』服部卓四郎　原書房
・『杉山メモ　上』参謀本部編　原書房
・『大本営陸軍部戦争指導班　機密戦争日誌　上』軍事史学会編　錦正社
・『鈴木貞一氏談話速記録　下』日本近代史料研究会

・『近衛文麿公関係資料目録』防衛庁防衛研修所戦史部
・『近衛文麿関係文書目録』国立国会図書館憲政資料室
・『近衛文麿関係文書　マイクロフィルム　リール』国立国会図書館憲政資料室
・『日支両国の識者に望む―遍く東亜の同志に愬う』近衛文麿・岡部長景　東亜同文会
・『近衛文麿公・手記―最後の御前会議』時局時報社
・『近衛文麿手記―「平和への努力」』日本電報通信社
・『失はれし政治―近衛文麿公の手記』朝日新聞社
・『近衛日記』共同通信社
・『大統領への証言』近衛文麿　毎日ワンズ
・『国際検察局（IPS）尋問調書　第4巻』日本図書センター
・『国際検察局（IPS）尋問調書　第11巻』日本図書センター
・「兄・文麿の死の陰に」近衛秀麿　文藝春秋　一九五二年三月特別号
・『濁流―雑談・近衛文麿』山本有三　毎日新聞社
・『近衛公秘聞』木舎幾三郎　高野山出版社
・『内政史研究資料　第66～第70集』内政史研究会
・『近衛文麿』矢部貞治　読売新聞社
・『近衛文麿』杉森久英　河出書房新社
・『語り継ぐ昭和史2』細川護貞ほか　朝日新聞社
・『近衛時代―ジャーナリストの回想　上・下』松本重治　中央公論社
・「風にそよぐ近衛」文藝春秋　昭和三十一年八月号　牛場友彦　文藝春秋
・『近衛新体制―大政翼賛会への道』伊藤隆　中央公論社
・『敗戦日本の内側―近衛公の思い出』富田健治　古今書院
・『近衛内閣史論―戦争開始の真相』馬場恒吾　高山書院
・『公爵近衛文麿』立野信之　講談社
・『近衛文麿―『運命』の政治家』岡義武　岩波書店

・『近衛文麿―天皇と軍部と国民』岡田丈夫　春秋社
・『近衛文麿―教養主義的ポピュリストの悲劇』筒井清忠　岩波書店
・『近衛文麿』古川隆久　吉川弘文館
・『外交史料館報　第25号』外務省外交史料館
・『近衛上奏文と皇道派―告発　コミンテルンの戦争責任』山口富永　国民新聞社
・『終戦と近衛上奏文―アジア・太平洋戦争と共産主義陰謀説』新谷卓　彩流社
・『憲兵秘録』大谷敬二郎　原書房
・『特高警察秘録』小林五郎　生活新社
・『人物日本史　昭和―時代小説大全集6　近衛文麿』尾崎秀樹　新潮社
・『近衛内閣』風見章　中央公論社
・『この世をば　上・下』永井路子　新潮社
・『藤原氏の正体』関裕二　新潮社
・『日本史の影の主役　藤原氏の正体　鎌足から続く1400年の歴史』武光誠　PHP研究所
・『天皇家の密使たち―秘録・占領と皇室』高橋紘・鈴木邦彦　徳間書店
・『聞書・わが心の自叙伝』松本重治　講談社
・『上海時代―ジャーナリストの回想　上・中・下』松本重治　中央公論社
・『昭和史への一証言』松本重治　毎日新聞社
・『岩畔豪雄氏談話速記録』木戸日記研究会　日本近代史料研究会
・『J．K．エマーソン氏談話速記録』東京経大学会誌　第九九号　竹前栄治・天川晃　東京経大学会誌編集委員会
・『東京旋風：これが占領軍だった』ハリー・エマーソン・ワイルズ　時事通信社
・『宇垣・孔祥煕工作』防衛大学校紀要　昭和六十二年九月　五五号　社会科学分冊　戸部良一　防衛大学校
・『揚子江は今も流れている』犬養健　文藝春秋新社
・『日本の曲り角―軍閥の悲劇と最後の御前会議』池田純久　千城出版
・『陸軍葬儀委員長―支那事変から東京裁判まで』池田純久　日本出版協同

・『赤色革命は迫る—日本敗戦裏面史』山崎倫太郎　自由評論社
・『秘録　永田鉄山』永田鉄山刊行会編　芙蓉書房
・『永田鉄山—平和維持は軍人の最大責務なり』森靖夫　ミネルヴァ書房
・『永田鉄山—昭和陸軍『運命の男』早坂隆　文藝春秋
・『近代日本史料選書　1-2　真崎甚三郎日記　昭和十年三月～昭和十一年三月』山川出版社
・『近代日本史料選書　1-3　真崎甚三郎日記　昭和十一年七月～昭和十三年十二月』山川出版社
・『評伝　真崎甚三郎』田崎末松　芙蓉書房
・『隠された真相—暗い日本に光明』真崎勝次　思想問題研究会
・『年報・近代日本研究—昭和初期の軍部』伊藤隆ほか　山川出版社
・『東條英機と太平洋戦争』佐藤賢了　文藝春秋新社
・『石原莞爾の素顔　新版』上法快男編　芙蓉書房
・『多田駿伝—「日中和平」を模索し続けた陸軍大将の無念』岩井秀一郎　小学館
・『秘録　板垣征四郎』板垣征四郎刊行会編　芙蓉書房
・『軍務局長　武藤章回想録』上法快男編　芙蓉書房
・『最後の参謀総長　梅津美治郎』上法快男編　芙蓉書房
・『毛沢東—日本軍と共謀した男』遠藤誉　新潮社
・『日本陸軍と日中戦争への道—軍事統制システムをめぐる攻防—』森靖夫　ミネルヴァ書房
・『日本の内と外』伊藤隆　中央公論新社
・『近代日本研究入門』中村隆英・伊藤隆編　東京大学版会
・『太平洋戦争への道　開戦外交史4（日中戦争　下）』日本国際政治学会太平洋戦争原因研究部　朝日新聞社
・『大東亜戦争とスターリンの謀略—戦争と共産主義』三田村武夫　自由社
・『現代史資料2　ゾルゲ事件（二）』みすず書房
・『ゾルゲ・東京を狙え　上・下』ゴードン・W・プランゲ　原書房
・『昭和研究会　ある知識人集団の軌跡』酒井三郎　TBSブリタニカ
・『昭和塾』室賀定信　日本経済新聞社

・『十五年戦争と満鉄調査部』石堂清倫・野間清・野々村一雄・小林庄一　原書房
・『滞日十年　下』ジョセフ・C・グルー　筑摩書房
・『高木惣吉日記』毎日新聞社
・『高木惣吉―日記と情報　下』伊藤隆編　みすず書房
・『石井秋穂回想録』石井秋穂
・『陸軍・秘密情報機関の男』岩井忠熊　新日本出版社
・『戦時日本経済』東京大学社会科学研究所編　東京大学出版会
・『開戦期物資動員計画資料　第3巻　昭和16年』現代史料出版
・『昭和社会経済史料集成　第10巻　海軍省資料』大東文化大学東洋研究所
・『激動30年の日本経済―私の経済体験記』稲葉秀三　実業之日本社
・『戦時経済体制の構想と展開　日本陸海軍の経済史的分析』荒川憲一　岩波書店
・『回想―有沢広巳の昭和史』編纂委員会編　東京大学出版会
・『学問と思想と人間と―忘れ得ぬ人々の思い出』有沢広巳　毎日新聞社
・『戦争と経済』有沢広巳　日本評論社
・『産業動員計画』有沢広巳　改造社
・『国防国家の綱領』企画院研究会　新紀元社
・『朗風自伝』秋丸次朗
・『資料年報　昭和15年12月1日現在』陸軍省主計課別班　昭和15年12月
・『抗戦力判断資料　第5号（其二）第一編　物的資源力より見たる米国の抗戦力』陸軍省主計課別班　17年3月
・『陸軍省主計課別班報告書（秋丸機関報告書）』有沢広巳　16年3月
・『経研報告　第1号（中間報告）經濟戰爭の本義』陸軍省主計課別班　16年3月
・『経研報告　第3号　独逸経済抗戦力調査』陸軍省戦争経済研究班　16年7月
・『英米合作経済抗戦力調査（其一）』陸軍省主計課別班　16年7月（東京大学経済学図書館所蔵資料デジタルアーカイブ）
・『ソ連経済抗戦力判断研究関係書綴』　陸軍省主計課別班　研究部第4分科　16年2月

・『秋丸陸軍主計大佐講述要旨　経済戦史』総力戦研究所　17年7月
・『占領接収旧陸海軍資料総目録：米議会図書館所蔵』田中広巳編　東洋書林
・『戦史叢書　大東亜戦争開戦経緯（5）』防衛庁防衛研修所戦史室　朝雲新聞社
・『戦史叢書　大本営陸軍部（3）（4）』防衛庁防衛研修所戦史室　朝雲新聞社
・『戦史叢書　南西方面　海軍作戦　第二段作戦以降』防衛庁防衛研修所戦史室　朝雲新聞社
・『GHQ歴史課陳述録　終戦史資料（下）』佐藤元英・黒沢文貴編　原書房
・『大東亜戦争　収拾の真相』松谷誠　芙蓉書房
・『日本陸軍戦争終結過程の研究』山本智之　芙蓉書房出版
・"Strategy and Diplomacy,1870-1945"Paul Kennedy. George Allen & Unwin
・『真珠湾の真実』ロバート・B・スティネット　文藝春秋
・『海よ永遠に―元帥海軍大将永野修身の記録』永野美紗子編　南の風社
・『山本五十六と米内光政』高木惣吉　光人社
・『山本五十六の恋文』望月良夫　考古堂書店
・『山本五十六―戦後70年の真実』NHK取材班、渡邊裕鴻　NHK出版
・『主力艦隊シンガポールへ―日本勝利の記録　プリンス・オブ・ウエルスの最期』R・グレンフェル　錦正社
・『第二次大戦回顧録　13』W・チャーチル　毎日新聞社
・『ドゥーリトル日本初空襲』吉田一彦　三省堂
・『日米全調査　ドーリットル空襲秘録』柴田武彦・原勝洋　アリアドネ企画
・『潜艦U-511号の運命―秘録・日独伊協同作戦』野村直邦　読売新聞社
・『帝国を中心とする世界戦争終末方策（案）』陸軍参謀本部第一部第一五課　昭和18年3月

林千勝（はやし・ちかつ）
近現代史研究家・ノンフィクション作家。東京大学経済学部卒。富士銀行（現みずほ銀行）等を経て、近現代史の探求に取り組む。著書に『日米開戦 陸軍の勝算』（祥伝社）、『日米戦争を策謀したのは誰だ!』『近衛文麿　野望と挫折』（ワック）、『ザ・ロスチャイルド―大英帝国を乗っ取り世界を支配した一族の物語』（経営科学出版）、翻訳に『ロスチャイルドの代理人が書いたアメリカ内戦革命のシナリオ「統治者フィリップ・ドルー」』（ハウス大佐著・高木書房）がある。ネット番組の「これが本当の近現代史」「月刊インサイダーヒストリー」では、原爆やプランデミック等の本質的情報も発信中。

日米戦争《にちべいせんそう》を策謀《さくぼう》したのは誰《だれ》だ！
ロックフェラー、ルーズベルト、近衛文麿《このえふみまろ》 そしてフーバーは——

2019年２月27日　初版発行
2024年３月31日　第12刷

著　者　林　千勝

発行者　鈴木　隆一

発行所　ワック株式会社
東京都千代田区五番町 4-5　五番町コスモビル　〒 102-0076
電話　03-5226-7622
http://web-wac.co.jp/

印刷製本　大日本印刷株式会社

ISBN978-4-89831-481-4

好評既刊

日本のＩＴ産業が中国に盗まれている

深田萌絵

ファーウェイ創業者の娘・孟晩舟の逮捕、それを聞いた著者は体が震えたという。中国企業のスパイ網を暴き、ＩＴへの無知が国を滅ぼす現状に警告を鳴らすノンフィクション大作！

本体価格一三〇〇円

歴史を捏造する反日国家・韓国

西岡力

B-292

ウソつきのオンパレード――「徴用工」「慰安婦」「竹島占拠」「レーダー照射」「旭日旗侮辱」……いまや、この国は余りにも理不尽な「反日革命国家」となった！

ワックＢＵＮＫＯ　本体価格九二六円

それでも、私はあきらめない

黒田福美

B-279

長年、友好を願いながらも日韓の相克をみつめてきた女優、黒田福美。太平洋戦争で、「日本兵」として散っていった朝鮮人兵士のため、韓国に慰霊碑を建立しようとしたが……

ワックＢＵＮＫＯ　本体価格九二六円